THE PASSPORT PROGRAM

REBT 기반 인성교육 프로그램 ①

창의적 사고와 포용을 중심으로

Ann Vernon 저 | 박경애 · 김미경 · 조화준 · 정다운 공역

초등학생용
8~12세 권장

학지사

역자 서문

이 책의 저자 Ann Vernon은 상담 및 심리치료 이론으로 독보적인 위치에 있는 인지행동치료의 원조 Rational Emotive Behavior Therapy를 아동 및 청소년기 연령의 대상자에게 적용할 수 있는 많은 프로그램을 개발하였다. 특히 2006년에 REBT 프로그램을 아동 및 청소년에게 적용할 수 있는 『Thinking, Feeling, Behaving: An Emotional Education Curriculum for children Grade 1-6』과 『Thinking, Feeling, Behaving: An Emotional Education Curriculum for Grades 7-12』의 저서가 대표적인데, 이는 역자대표에 의해 2018년 『REBT를 활용한 정서교육 프로그램 1』과 『REBT를 활용한 정서교육 프로그램 2』로 번역하여 한국의 독자들에게 선을 보였다. 이 책의 반응이 좋았기 때문에 Ann Vernon에 의한 후속 저서인 PASSPORT 프로그램을 번역하여 『REBT 인성교육 프로그램』이라는 이름으로 다시금 세상에 내놓게 되었다.

이 책의 내용은 각 연령 단계를 8세에서 12세, 13에서 15세, 그리고 16세에서 19세로 세분하여 정서 영역, 사회성 영역, 인지 영역, 그리고 자기 자신에 대한 영역으로 구분하여 REBT 기초 개념을 적용하여 전반적인 건강성을 증진하고 함양하기 위한 다양한 활동 프로그램을 제시하고 있다.

일선에서 상담을 수행하면서 깨닫게 되는 것은 문제가 생긴 다음에 이를 교정하고 치료하는 것보다, 문제가 발생하기 전에 예방을 하는 것이 무엇보다도 중요하다는 것이다. 이 책을 활용하면 이 연령대의 아동 및 청소년들과 집단으로 활동하면서 문제 상태로의 진입 자체를 차단하며 연대 의식을 강화할 수 있다. 또한 아동 및 청소년들에게 REBT의 기본 개념을 삶의 지표로 하여 삶에 대한 깊은 철학적 심지를 심어 줄 수 있다. 부디 이 책이 일선 현장의 교사나 상담자에 의해서 많이 활용되기를 기대해 본다.

이 책이 출간될 수 있도록 번역 작업에 참여해 주신 REBT연구회의 김미경 박사, 조화준 선생, 김현정 선생, 함현미 선생, 박수진 박사, 김석우 선생께 감사하며 오랜 캐나다 생활을 바탕으로 문화의 차이를 고려하여 번역이 되었는지를 살펴보아 준 정다운 선생께도 고마움을 표한다. 마지막으로, 편집을 맡아 고생해 주신 학지사의 김준범 부장, 백소현 차장께도 심심한 감사를 드린다.

광운대 연구실에서 역자대표 박경애

추천의 글

1970년대 초 합리적-정서교육(Rational-Emotive Education: REE)은 앨버트 엘리스(Albert Ellis)의 눈을 번뜩이게 했습니다. 그가 가장 초기에 시도한 것 중 하나는 뉴욕에 있는 합리적 생활연구소(Institute for Rational Living)가 운영하는 선구적인 학교인 리빙 스쿨(Living School)이었습니다.

이후 교육자와 정신건강 전문가들은 합리적 사고와 정서적 자기관리 기술을 활용하여 아동·청소년들의 긍정적인 정신건강을 기르는 데 큰 도약을 이루어 냈습니다. 가장 풍부하고 창의적인 공헌들 중 하나는 미국의 뛰어난 상담교육자 중 한 명인 앤 버논(Ann Vernon)에 의해 이루어졌습니다. 그녀가 저술한 합리적 정서교육과정에 대한 두 권의 책은 미국과 해외의 학교 및 상담센터에서 널리 사용되고 있습니다.

이 책에서 버논 박사는 어떻게 하면 청소년들이 행복하고, 자기수용적이며, 잘 기능하는 성인이 되도록 도울 수 있는지에 대한 그녀의 생각을 드러냅니다. 요즘 아이들은 정상적인 발달 문제뿐만 아니라 이전 세대에서는 상상할 수 없었던 무수히 많은 잠재적 스트레스 요인에 직면해 있습니다. 교육자, 부모, 정신건강 전문가로서 우리는 분명히 우리의 아이들이 자기비하, 비합리적인 생각, 쇠약하게 하는 감정, 그리고 자기패배적인 행동으로부터 보호하도록 돕기 위해 동원할 수 있는 모든 자원이 필요할 것입니다.

이 책의 특별한 점은 모든 문화적, 사회경제적 배경을 가진 청소년들에게 적용할 수 있는 다양한 에피소드를 제공한다는 것입니다. 여기에는 시험을 잘 못 치르거나 불공평과 거절에 대처하거나, 삶에 지장을 주는 가족상황이나 친구들의 유혹에 대처하는 상황들이 다루어집니다. 버논 박사는 아동·청소년들의 경험적 세계를 들여다보는 데 탁월합니다. 이 책의 시리즈에서 등장하는 많은 이야기들은 청소년들 스스로에 의한 투쟁과, 어떻게 그들이 합리적 사고 능력을 사용하여 자기수용력을 높이고 힘든 감정을 다루며 자기비하 행동을 극복할 수 있었는지에 대한 1인칭 서술입니다. 학교 수업과 상담시설 모두에 적용 가능한 각각의 교육들은 청소년들이 지적 통찰력으로부터 개념과 기술을 자신의 삶에 적용할 수 있도록 발달의 적절한 자극 활동과 그 자극에 대처하는 기술, 후속 질문과 활동들을 제시합니다.

이 실용적인 자료는 자신의 가치관이 확고하고, 삶의 스트레스 요인 및 어려움에 탄력적이고 유연하게 대처하며, 효과적이고 책임감 있게 타인과 관계를 맺고 꿈을 추구할 수 있도록 아동·청소년들을 성장시켜 주고자 하는 모든 사람에게 큰 도움이 될 것입니다.

앨버트엘리스연구소 부소장
자넷 L. 울프 박사

감사의 글

이 책을 포함해서 13~15세, 16~19세 아동 · 청소년을 위해 간행된 2권과 3권은 우리가 아이들의 성장 과정을 간과할 수 없다는 확신을 보여 주는 결과물입니다. 오히려 아동 · 청소년들이 완전히 성장하기 전에 포기하지 않도록 각 발달 단계를 어떻게 잘 헤쳐 나갈 수 있는지 체계적으로 가르쳐야 합니다. 제가 볼 때, 청소년들에게 인지정서행동치료(REBT)의 원리를 성장 문제에 적용하는 방법을 가르치는 것보다 더 좋은 것은 없다고 생각합니다. 저는 수년간 아동 · 청소년들과 함께 인지정서행동치료를 사용해 왔습니다. 앨버트 엘리스(Albert Ellis), 자넷 울프(Janet Wolfe), 레이 디지우세페(Ray DiGiuseppe), 도미니크 디마티아(Dominic DiMattia)가 그들의 전문적인 지식을 공유하고 이러한 개념을 교육 환경에 적용하려는 저의 노력을 지지해 준 것에 감사의 말씀을 전합니다.

저는 제 자료에 대해 철저한 검토와 비평을 해 준 데이비드 마르티노(David Martino)에게 감사의 마음을 전하며, 이러한 자료들을 수집하고 많은 제안을 해 준 제 제자들이기도 했던 학교 상담교사들에게도 감사의 말을 전해 드립니다.

이 프로젝트를 진행하는 동안 열렬히 지지해 주고 여러 제안을 해 주면서 많은 도움을 주신 Research Press 직원인 앤 웬델(Ann Wendel), 러스 펜스(Russ Pence), 케렌 스테이너(Karen Steiner)에게도 감사 인사를 전합니다. 그들과 함께 일하는 것은 언제나 즐겁습니다.

마지막으로, 저의 개인상담에서 그들의 자녀와 함께 일할 수 있도록 저를 믿어 주신 부모님들께 감사의 마음을 전하고 싶습니다. 무엇보다 저의 내담자였던 청소년들에게 깊은 감사를 드립니다. 이 책들의 많은 아이디어는 제가 그들과 함께했던 작업에서 비롯되었습니다. 그들을 통해 배운 것들은 매우 값진 것이었고, 개입의 결과로 그들이 어떻게 더 건강한 방식으로 생각하고 느끼고 행동할 수 있는지를 보는 것은 만족스러운 일이었습니다. 여기에 실린 이야기들은 모두 아이들이 저와 나눈 실제 경험을 바탕으로 한 것입니다. 이 책을 포함한 나머지 두 권의 책에 실린 이야기와 시(詩)도 청소년들이 썼는데, 이들은 모두 '자신의 이야기를 들려주는 것'이 다른 또래 아이들의 발달 과정에 도움이 되기를 바라는 마음으로 썼습니다.

서론: 발달의 관점

'그때는 과거였고, 지금은 현재이다. 어떤 것은 변하고 어떤 것은 변하지 않는다.' 이 두 구절은 제가 아동·청소년 발달에 대해 되새겨 볼 때 생각하는 것들을 정확하게 묘사하고 있습니다. 어떤 면에서, 오늘날 청소년으로 산다는 것은 우리 중 많은 사람들이 자랄 때와는 상당히 달라졌습니다. 그 당시에는 우리가 '신체적인' 병이 있을 경우에 약을 썼습니다. 하지만 요즘 청소년들은 '정서적인' 통증을 위해 약을 씁니다. 그 당시에 폭력은 큰 도시에서 가끔 일어났지만, 이제 폭력은 어디에든 존재하고 아동·청소년들의 삶에 엄청난 영향을 끼칩니다. 그 당시만 해도 청소년의 우울증은 드물었지만, 이제는 거의 유행병처럼 존재합니다. 이제 대부분의 아이들은 맞벌이 가정에서 자라며, 그들 중 많은 아이들은 한부모 가정이나 혼합된 가정 구조를 가지고 살고 있습니다. 그리고 그 당시에는 아동 자살이나 청소년 자살에 대해 거의 듣지 못했지만, 지금은 청소년들의 두 번째로 주요한 사망 원인이 되었습니다.

이러한 비교는 끊임없이 있습니다. 어떤 면에서는 아동·청소년들의 삶은 매우 다르지만, 또 다른 면에서 볼 때 그들이 갖고 있는 많은 문제들이 매우 비슷합니다. 저는 제 아들이 고등학교 3학년 여름이었을 때 그와 함께 나눴던 대화가 기억납니다. 아들은 가족휴가로 위스콘신주로 가야 하는 것에 대해 불평한 적이 있었습니다. "엄마, 엄마는 날 절대 이해하지 못할 거예요. 이번 여름이 제 친구들과 함께 있을 수 있는 마지막 여름이고 그들은 저에게 너무 중요하기 때문에 집에 남아 친구들과 함께 놀고 싶어요. 이번 가족휴가로 인해 모든 것을 놓치고 싶지 않아요." 이렇게 제 아들이 말했습니다. 아들은 제가 이해할 수 없을 거라고 확신하는 것 같았지만, 그의 말이 저에게 많은 기억을 되살렸습니다. 저는 아무 말 없이 서랍 쪽으로 가서 편지 하나를 꺼냈습니다. 그 편지에는 제가 고등학교 3학년 여름에, 가족과 별장에 가는 것에 대해 부모님과 대화를 나눈 내용이 적혀 있었습니다. 그 편지를 제 아들 에릭에게 주었습니다. "엄마에게"라고 쓰여 있었습니다. "저는 이번 여름에 집에만 있어야 해요. 별장에서 제가 할 일이 하나도 없다는 거 알잖아요. 엄마는 아마도 이해 못 하시겠지만 제 또래 아이들은 활동하기를 원해요. 그게 우리의 방식이기 때문에 어쩔 수 없어요. 저는 친구들과 꼭 함께 있어야 해요. 그러니 제발 안 가면 안 될까요?"

그 후로 에릭은 더 이상 아무 말도 하지 않았습니다. 에릭과 남편, 저는 에릭이 얼마나 집에 있을지에 대해 협상했습니다. 그리고 저는 아들이 며칠 동안 친구들과 잠시 떨어진다고 해서 많은 것을 놓친다고 생각하지 않습니다. 하지만 물론 18세라는 나이에는 그런 식으로 보지 못한다는 것을 이해합니다. 이는 어떤 것들이 어떻게 그대로 유지되는지를 보여 주는 하나의 예에 불과합니다. 그리고 상담 시간에 아동·청소년들이 저에게 자신의 생각과 감정을 표현하는 것을 들으면서 발달 단계가 비교적 일정하게 유지되어 왔다는 사실을 거듭 상기하게 됩니다.

우리가 발달 단계와 특성에 대해 아는 것은 필수적입니다. 성장에 대해서 잘 이해하지 못한다면, 우리는 문제가 있는 증상에 대해 과잉반응하거나 과소반응을 하게 될 수도 있으며, 그 상황을 객관적으로 보지 못하는 위험을 무릅쓰게 됩니다. 이러한 점은 제 수련생 중 한 명이 틀어 준 녹음파일을 듣고 실감하게 되었습니다. 그 수련생은 자신의 내담자가 그의 어머니와 학대적인 관계에 있을 수도 있다고 믿었습니다. 저는 수련생에게 "녹음파일을 들어 봅시다."라고 말했습니다. 그리고 제가 들었을 때, 저는 열다섯 살 여자아이가 어머니와의 갈등관계에 대해 설명하는 것을 들었습니다. 여자아이는 어머니가 자신에게 아무것도 하지 못하게 하고, 항상 소리를 지르며, 계속해서 자신이 하고 싶지 않은 일을 하게 만든다는 것에 대해 말했습니다. 저는 수련생에게 특정한 예시들을 떠올려 봤는지 먼저 확인했고, 어린 청소년들은 지나치게 일반화하는 경향이 있어서 모든 것을 이분법적으로 접근한다는 것, 즉 모든 것을 할 수 있다거나 아니면 아무것도 할 수 없다고 말하는 것이 매우 특징적이라고 설명했습니다. 저는 이 경우에 학대적인 관계가 물론 큰 영향을 차지한다는 것을 알지만, 수련생들이 여러 관점을 통해 문제를 살펴보고, 구체적인 예를 들면서 사춘기 여자아이에 대해 우리가 알고 있는 것들, 다시 말해 어머니와의 강한 애증관계를 갖는 것이 일반적이고, 그들의 독립의 필요성을 약화시킨다는 이유로 억압받는다는 감정을 느낀다거나, 그들이 원하지 않는 것을 강요당하고 싶지 않다는 점들을 고려해 볼 것을 주의시켰습니다. 제 수련생은 새로운 시각을 가진 채로 상담실로 돌아갔습니다. 내담자 아이와 그녀의 어머니와의 면담을 포함한 몇 번의 상담이 진행되는 동안, 이 사건은 학대적인 관계가 아니라 전형적인 청소년 문제를 예시하는 것이 분명해졌습니다.

발달적 특성은 문제를 평가할 때만 고려되어야 할 뿐만 아니라 청소년들이 사건을 어떻게 해석하는지에 대해서도 고려해야 합니다. 어느 3학년 학생은 자신에게 무슨 일이 생겼을 때 자신의 소중한 물건을 친구들이 어떻게 받을지를 지정하기 위한 유언장을 썼습니다. 학생의 부모는 아들이 자살을 고려하고 있을지도 모른다는 생각에 당연히 걱정했습니다. 하지만 알고 보니, 이 학생은 최근에 선생님에게 동굴에 갇힌 아이들에 대한 사건을 듣고 유언장을 쓰게 된 것이었습니다. 이 어린아이는 그런 일이 다른 아이들에게 일어난다면 자신에게도 일어날 수 있다고 생각했으며, 그럴 경우 자신의 친구들이 좋아하는 것들을 받길 원했습니다. 어린아이들은 구체적인 사고방식을 갖고 있기 때문에 어떠한 현상이나 사물을 있는 그대로 받아들입니다. 이런 경우, 인지적 발달은 아이들이 상황을 해석하는 방법을 제한했고, 이러한 한계들은 결국 아이의 행동에 영향을 미쳤습니다. 우리는 또한 인간의 발달 단계와 특징이 수십 년 동안 크게 변하지 않았음에도 불구하고, 결국 달라진 것은 청소년들의 삶에 영향을 미치는 문화적·사회적 요소라는 것을 기억해야 합니다. 현대사회의 아이들은 더 빨리 성장합니다. 『오필리아의 부활(Reviving Ophelia)』의 저자인 메리 파이퍼(Mary Pipher)는 "우리가 한때 '어린 시절'이라 불렀던 시기는 더욱 짧아졌다."(1994, p. 28)라고 했습니다. 이제는 그 자체로 어렵고 혼란스러울 수 있는 일반적인 성장 문제를 다루는 것 외에도 아동과 청소년들은 대처해야 할 문제들이 훨씬 더 많습니다. 많은 아이들은 가난한 가정에서 자라기도 하고, 학대의 피해자이기도 하며, 부모의 이혼이나 재혼으로 어려움도 겪습니다. 이러한 문제들에 정상적인 성장 과정에서 발생하는 문제들까지 포함해 보면, 너무 많은 청소년들이 해로운 방법으로 그들의 문제를 다루는 것은 놀라운 일이 아닐지도 모릅니다. 부분적으로, 건강하지 못한 반응은 발달 능력을 반영하기도 합니다. 시간 감각이 '지금 여기(here and now)'라고 여기고, 생각이 아직 구체적 상태에 머물러 있는 어린 청소년들에게, 마약과 술로 고통을 무감각하게 하는 것은 삶이 위압적일 때 가장 쉽게 할 수 있는 일처럼 보입니다. 그들은 결과를 신중하게 고려할 능력이 없을 수도 있습니다.

아동·청소년이 발달 및 상황 문제에 어떻게 대처하는지에 대한 가장 두려운 점은 그것에 따르는 장기적인 결과들이 그들의 삶에 매우 부정적인 영향을 미칠 수 있다는 것입니다. 그러나 그들은 현재에 살고 있고 먼 미래를 볼 능력이 없기 때문에 많은 청소년들은 자신의 발달 수준을 고려해서, 최선을 다해 이러한 스트레스 요인들을 처리합니다. 즉, 그들이 다양한 관점을 갖거나 대안을 고려할 수 없다면, 성인으로서 올바른 판단을 하는 것이 어렵다는 것입니다. 우리는 청소년들이 자신의 세상을 우리와 다르게 해석한다는 것을 기억해야 합니다.

많은 청소년들이 성장 과정에서 여러 어려움을 겪을 수 있지만, 우리는 우리가 '정상'인지, 즉 우리에게 일어나는 일이 일반적인 것인지 궁금해했던 기억이 있을 것입니다. 저는 제 내담자들에게 그들이 정상적이라고 말해 주면서 안심시키고, 그들의 발달 수준을 고려하면서 그들이 생각하고 느끼고 행동하는지에 대한 이유를 이해시키도록 도울 때 이들이 안심하는 것을 보게 됩니다. 우리는 실제로는 전혀 근거가 없는데도, 어린아이들이 무엇이 정상인지 다 알고 있다고 가정함으로써 너무 많은 것을 당연하게 여깁니다. 이 가정은 불안과 혼란을 야기합니다. 이 두려움이 해결되지 않으면 다른 문제들을 악화시킬 수 있으며, 아이들은 압도당하고 낙담할 수 있습니다. 여기가 우리가 가장 개입해야 할 지점입니다.

정서적 건강 커리큘럼

'REBT 인성교육(패스포트) 프로그램' 시리즈인 이 책은 교육자 및 정신건강 전문가에게 청소년들이 긍정적인 정신건강에 대한 개념을 배우는 데 도움을 주고, 성장하면서 상황적·발달적 문제들을 잘 해결해 나갈 수 있도록 돕는 포괄적인 커리큘럼을 제공합니다. 이 책은 80개의 활동들을 제시하며, 8~12세 아이들을 대상으로 각 분야의 테스트를 거쳤습니다. 이러한 활동들은 청소년에게 정상적인 것이 무엇인지 가르칠 뿐만 아니라 그들이 자신의 연령대에 적합한 특징적 문제들을 다루기 위한 효과적인 전략을 배울 수 있도록 돕기 위해 고안되었습니다. 학년별로 구성된 이 활동들은 '자기 발달, 정서 발달, 사회성 발달, 인지 발달'의 네 가지 주요 영역을 다룹니다.

활동들은 다 순차적이며, 청소년기 초기 및 중반을 위한 다른 권과 함께 사용할 경우, 8~19세 아동·청소년을 위한 종합적인 발달 커리큘럼을 제공합니다. 각 활동에는 발달의 관점, 명확한 목표, 단계별 진행 절차, 내용 질문과 개인 질문에 대한 짧은 설명이 포함되어 있습니다. 내용 질문들은 자극 활동의 내용과 직접 관련이 있으며 개념의 숙달과 처리를 보장하도록 설계되었습니다. 개인 질문들은 초기 청소년들이 배운 개념들을 그들의 개인적인 삶에 적용하도록 격려합니다. 이러한 질문들은 그들이 배운 개념들에 대해 지적으로 이해하는 것에서 개인적으로 통합하는 것에 이르기까지 그들을 변화시킵니다. 각 활동의 핵심에는 목표를 충족하고 초기 청소년들이 이러한 문제를 다루는 기술을 습득할 수 있을 뿐만 아니라, 그들의 연령 그룹의 전형적인 발달 문제에 대해 더 많이 배울 수 있는 기회를 제공하는 창의적이고 발달적으로 적절한 자극 절차가 있습니다. 마지막에는 실제 기술 연습을 포함하여 다양한 방법으로 개념을 강화하는 후속 활동들이 있습니다.

이론적 기초

이 커리큘럼의 중요한 특징은 발달 이론뿐만 아니라 인지정서행동치료(REBT)의 원칙에 기반을 두고 있다는 것입니다. 이론에 대한 개요는 다음과 같으며, 독자들은 이 서론의 끝부분에 있는 추천 자료들과 참고문헌을 더 연구해 볼 것을 권합니다.

발달적 특성: 아동기

일부 전문가들은 아동기(만 6~11세)가 발달의 가장 좋은 시기라고 주장하는데, 이는 그 시기가 상대적으로 느리고 꾸준한 성장기이기 때문입니다. 아동기는 과업의 숙달과 밀접한 관련이 있으며, 이 시기의 아이들이 정보를 처리하는 방식에 따라 '구체적 조작기'라고 합니다. 이 발달 기간 동안 아동들은 점차적으로 부모에게 덜 의존하게 되고, 학습과 발견에 에너지를 쏟게 됩니다. 아이들의 자기이해가 확장되고, 또래 집단의 맥락에서 사회화가 시작되며, 보다 나은 문제해결 기술이 개발됩니다. 이것은 이가 빠지거나, 처음으로 집을 떠나거나, 새로운 것을 배우는 등 많은 수의 '처음'이 있는 시기입니다.

많은 사람들이 이 발달 기간이 가장 문제가 되지 않는다고 주장하지만, 엘킨드(Elkind, 1988)는 이 시기의 아이들이 '너무 빨리, 너무 일찍' 자라야 한다는 압박감이 크고, 점점 더 많은 아이들이 사회적·정서적·행동적 문제를 경험한다고 말합니다. 아이들은 자신이 경험한 것을 개념화하고 말로 표현하는 능력에 다소 제한이 있기 때문에, 이들이 일상에서 겪는 어려움이나 골치 아픈 상황적 요인에 직면할 때 지원이 필요합니다. 어른이 되면, 친구와 다투거나 집단 앞에서 책을 읽는 것에 대한 불안이 우리 자신이 직면하는 문제와 스트레스만큼 중요하다는 사실을 잊기 쉽습니다.

REBT의 원리

앨버트 엘리스(Ellis, 1994; Ellis & Dryden, 1997)가 개발한 인지정서행동치료 (Rational Emotive Behavior Therapy: REBT)는 우리가 생각하는 것이 곧 우리가 어떻게 느끼고 행동하는지를 직접적으로 결정한다는 가정에 기초하고 있습니다. 엘리스는 선행사건(Activating events: A), 신념(Beliefs: B), 정서적 · 행동적 결과 (Consequences: C) 간의 관계를 설명하기 위해, 정서장애의 'A-B-C 모델'을 만들었습니다. 이 이론에 따르면, 선행사건은 정서적 혼란을 일으키지 않습니다. 왜냐하면 두 사람이 같은 사건을 경험한다 해도, 두 사람은 그것에 각각 다르게 반응할 수 있기 때문입니다. 오히려 각자가 그 사건에 대해 생각하는 것이 정서적 · 행동적 반응을 일으킵니다. 엘리스는 혼란스럽고 부정적인 정서가 '절대적이고, 경직되고, 당위적인 요구' 때문에 발생한다고 주장했고, 그는 이것을 '비합리적 신념'이라고 불렀습니다. 비합리적 신념은 다음의 세 가지 주요 범주로 나뉩니다. 첫째, '당위성(반드시 ~해야 한다)'은 사람 또는 상황에 대한 비현실적인 요구를 반영합니다. 아동과 청소년의 경우 당위성은 다음과 같이 해석됩니다. '나는 항상 내가 원하는 것을 할 수 있어야 하고, 사람들은 내가 생각하는 대로 나를 대해야 하며, 삶의 모든 것은 항상 공정해야 한다.'입니다. 둘째, '가치에 대한 평가'는 자신이 가치 있는 사람이라고 여겨지기 위해서 잘해야만 하고 인정받아야만 한다고 생각하는 것입니다. 즉, '나는 완벽해야 하고, 실수하면 안 되고, 남들이 나를 거부하거나 내가 잘 못하게 되면 나는 쓸모없는 사람이다.'라고 믿는 것입니다. 셋째, '욕구 진술'은 자신이 편안해야 하고 좌절이 없어야만 한다고 생각하는 것입니다. 인생의 모든 것은 쉬워야 한다는 청소년들의 비합리적인 믿음, 즉 '나는 어떤 일을 너무 열심히 하거나 지루한 일을 하지 말아야 하고, 불편함을 참을 수 없다.'라는 신념입니다. 이러한 비합리적 신념은 강렬한 부정적 정서를 유발하며, 아동 · 청소년의 효과적인 문제해결을 방해합니다.

심리적인 건강을 위해서, 이러한 비합리적인 신념은 합리적인 신념으로 대체되어야 합니다. 합리적인 신념은 유연하고 덜 혼란스러운 정서를 불러오며, 현실을 기반으로 하고, 목표를 성취하도록 도와줍니다. 합리적인 신념이 확인되는 과정은 논박(Dispute: D)을 통해서입니다. 논박에는 생각, 감정, 행동을 변화시키는 다양한 기술이 포함됩니다. 특히 논박의 주요 방법으로는 합리적·정서적 심상법, 자기독백, 자신과의 대화를 사용하여 이러한 감정을 분석하도록 고안된 질문들을 함으로써 비논리적이고 비현실적인 신념을 감지하게 하는 것이 있습니다. 또한 강화, 기술훈련, 과제와 같은 행동적 기법들도 널리 사용되고 있습니다.

일단 논박을 통해 비합리적 신념이 확인되면, 그 결과로 불안한 정서가 감소됩니다. 이것은 사람들이 우울함에서 행복함으로 또는 분노에서 약간만 짜증이 날 정도를 말하는 것이 아닙니다. 그러나 비논리적이고 비합리적인 신념이 합리적인 생각으로 대체되면서 정서의 강도가 감소됩니다. 예를 들어, 어떤 아이가 생일파티에 초대받지 못했는데, 이를 두고 아무도 자신을 좋아하지 않는다거나, 다시는 친구가 없을 것이라고 생각한다든지, 거부당했기 때문에 자신은 가치가 없다고 비합리적으로 생각한다면, 이 아이는 매우 슬퍼할 것입니다. 그러나 이 아이가 파티에 초대받지 않았더라도 자신은 여전히 가치 있는 사람이라는 것을, 그리고 아무도 자신을 좋아하지 않거나 다시는 친구가 없을 것이라는 점을 뒷받침할 증거가 없음을 논박을 통해서 깨닫는다면, 아이는 약간의 슬픔을 느낄 수 있지만 그렇게 강렬하지는 않을 것입니다. 그리고 아이가 또 다른 일로 슬퍼질 때 며칠 동안 무기력하게 지냈을지 모르지만, 자신이 조금만 슬퍼한다면 다른 방법으로 스스로를 즐겁게 한다든지 그러한 행동에서 즐거움을 찾을 수 있을 것입니다. 따라서 모델의 마지막 단계는 E(Effect, 효과적인 새로운 철학)와 F(Feeling, 새로운 정서)입니다.

REBT는 치료 환경뿐만 아니라 교육 환경에서도 아동과 청소년을 대상으로 한 오랜 역사를 가지고 있습니다. 이 원칙은 젊은 층에 쉽게 적용할 수 있으며, 다양한 문제에 적용되어 왔습니다. 교육 환경에서 REBT의 사용을 오랫동안 지지해 온 엘리스는 청소년들이 긍정적인 정신건강 개념을 배움으로써 스스로를 도울 수 있도록 고안된 예방 커리큘럼의 중요성을 강조합니다. REE(Rational-Emotive Education)는 정서교육에 대한 계획이 순차적으로 수업에 제공되는 체계적인 커리큘럼 접근방식입니다. REE의 주요 목표는 아이들이 더 많은 것을 할 수 있도록 합리적인 사고 기술을 가르치는 것이기에, 효과적으로 문제를 해결하고, 정서적인 통찰력을 얻으며, 어린 시절에 흔히 경험하는 정서적 고통을 최소화하기 위한 현명한 대처전략을 배웁니다. 이러한 커리큘럼의 궁극적인 목표는 아이들이 단순히 기분이 좋아지는 것뿐만 아니라 삶이 더 나아지도록 돕고, 현재와 미래의 문제를 보다 효과적으로 다룰 수 있는 정서적 · 행동적 해결 방법들을 제공하는 것입니다. 이 책에 제시된 활동들은 REE의 기본 원칙을 기반으로 하며, 이러한 개념을 발달 문제에 적용하는 것을 강조합니다.

프로그램의 활용

성장하는 것이 그 어느 때보다도 어려운 현실임을 감안할 때 예방 교육의 중요성은 아무리 강조해도 지나치지 않습니다. 예방적 정신건강 프로그램은 발달의 모든 측면을 촉진하고 아이들이 자기수용, 좋은 대인관계 기술, 문제해결과 의사결정 전략, 역기능적 정서를 다루는 기술을 개발하도록 도와주고, 삶에 대한 유연한 시각을 갖게 도와줍니다. 만약 의도적이고 순차적으로 잘 사용된다면, 이 프로그램들은 아이들의 모든 문제를 확실히 제거하지는 않더라도 문제의 강도, 심각성, 지속시간을 최소화할 수 있는 정보와 기술을 제공할 것입니다.

이 책에 나온 활동들은 주로 교실이나 소그룹 상담 환경에서 사용할 수 있습니다. 또한 약간의 변형을 더해 학교나 정신건강을 다루는 개별 상담실에서도 사용할 수 있습니다. 발달 개념은 모든 아동 · 청소년에게 적용 가능하지만, 과정의 일부 활동은 특정 구성원에 맞는 안내가 필요합니다. 각 활동의 끝에 나온 질문들은 토론을 자극하기 위해 고안되었으며, 지도자들은 개인이나 그룹의 필요에 따라 질문을 확장하거나 수정할 수도 있습니다.

자극 활동은 20~30분 동안 지속되도록 설계되었으며, 그 후에 토론이 이어집니다. 물론 이 시간은 그룹에 따라 다를 것입니다. 어떤 수업들은, 하루는 활동을 마치고, 그다음 날에는 토론을 할 수 있도록 나눌 수 있습니다. 토론은 목표를 강화하고 아이들이 자신의 삶에 개념을 적용할 수 있도록 도와주기 때문에 중요합니다. 그리고 많은 활동들에서 자기개방을 할 기회가 많기 때문에, 프로그램을 실행하기 전에 신뢰와 응집성을 갖춘 분위기를 만드는 것이 중요합니다. 대부분의 활동이 위협적이지는 않지만, 아이들은 토론이 불편할 경우 '통과'할 수 있는 권리가 있어야 합니다. 다른 참가자들이 공유하고 토론하는 것을 듣는 것만으로도 아이들의 정서를 정상화하는 데 도움이 되고, 아이들은 그 경험 자체로도 많이 배울 것입니다. 기본 규칙을 정하는 것은 아이들이 서로의 의견과 표현을 존중하도록 하는 데 도움이 됩니다. 아이들은 이러한 토론 내용들이 다 비밀이며, 그룹 내에서만 공유해야 하고, 언제든 '통과'할 권리가 있으며, 서로 비판하면 안 된다는 점을 이해해야 합니다. 기본 규칙은 아이들이 이러한 정신건강에 대한 개념을 배우고 적용할 수 있는 안전한 환경을 제공하는 데 도움이 될 것입니다.

교육자이자 정신건강 전문가로서, 우리는 자기를 비하하고, 비합리적으로 생각하고, 감정을 쇠약하게 하고, 자기패배적으로 행동하는 아동과 청소년들을 보호하기 위해 최선을 다하여 노력해야 합니다. 아이들에게 건강한 방식으로 생각하고, 느끼고, 행동하는 방법을 가르쳐 줌으로써 이들이 회복력을 키울 수 있도록 도와야 합니다. 문제를 예방하는 것이 사후에 문제를 처리하는 것보다 훨씬 쉽기 때문에, 이러한 방법을 제공하는 것이 교육적 우선순위가 되어야 합니다. 이 커리큘럼을 시행하는 것은 아이들의 '자기 발달, 사회성 발달, 정서 발달, 인지 발달'을 촉진하기 위함입니다.

참고문헌과 기타 독서자료

DiGiuseppe, R., & Bernard, M. (1990). The application of rational-emotive theory and therapy to school-aged children. *School Psychology Review, 19, 287-293*.

Dryden, W., & DiGiuseppe, R. (1990). *A primer on Rational-EmotiveTherapy*. Champaign, IL: Research Press.

Elkind, D. (1988). *The hurried child*. Reading, MA: Addison-Welsey.

Ellis, A. (1994). *Reason and emotion in psychotherapy*. New York: Carol.

Ellis, A., & Dryden. W. (1997). *The practice of REBT*. New York: Springer.

Pipher, M. (1994). *Reviving Ophelia: Saving the selves of adolescent girls*. New York: Ballentine.

Vernon, A. (1993). Developmental assessment and intervention with children and adolescents. Alexendria, VA: American Counseling Association.

Vernon, A., & Al-Mabuk, R. (1995). *What growing up is all about: A parent's guide to child and adolescent development*. Champaign, IL: Research Press.

Walen, S., DiGiuseppe, R., & Dryden. W. (1992). *A practioner's guide to Rational Emotive Therapy*. New York: Oxford University press.

Wilde, J. (1992). *Rational counseling with school aged populations: A practical guide*. Muncie, IN: Accelerated Development.

차례

8세

자기 발달

활동

정서 발달

활동

사회성 발달

활동

9세

12세

활동지 차례

11세

REBT 기반 인성교육 프로그램

자기 발달
〈활동〉

1 나는 할 수 있다, 남들은 할 수 있다
2 나는 나다운 게 좋아
3 나는 성장하고 있어요
4 하나뿐인 사람

정서 발달
〈활동〉

1 아주 좋은 감정들
2 별로 좋지 않은 감정들
3 감정에 따라 행동하기
4 무서워요

사회성 발달
〈활동〉

1 우정 쌓기
2 친구 만들고 유지하기
3 함께 나누자
4 내 친구가 되어 줄래?

인지 발달
〈활동〉

1 선택할 수 있나요?
2 결과는?
3 해결책, 해결책
4 어떻게 해야 할까?

자기
발달
1

나는 할 수 있다,
남들은 할 수 있다

발달의 관점

아이들은 학교에 입학하면서 새로운 과제들에 직면합니다. 이러한 과제를 성공적으로 완수하면 숙달감과 성취감을 느끼게 됩니다. 만약 계속 실패한다면 열등감과 무능력감이 자라게 됩니다. 아이들이 배우는 환경은 대개 또래와 함께하기 때문에, 스스로를 다른 사람들과 비교하고 다른 사람들과 연관지어 자신의 능력과 행동이 어떤지 판단하기 시작합니다. 이 정보는 아이들의 자아개념에 포함됩니다. 그러므로 이 나이대의 아이들은 모든 사람이 강점과 약점을 가지고 있다는 것과 자신보다 남들이 더 잘할 수 있는 것이 있더라도 그것이 자신이 무능하거나 무가치하다는 의미가 아니라는 사실을 깨닫는 것이 중요합니다.

목표

▷ 모든 사람은 강점과 약점이 있다는 것 배우기
▷ 약점과 상관없이 모든 사람은 가치 있다는 것 배우기

준비물

▷ 칠판
▷ 집짓기 블록 또는 벽돌 2개
▷ 아이가 밑으로 기어갈 수 있을 정도의 낮은 테이블
▷ 모래로 가득 찬 양동이처럼 힘센 아이만 들어 올릴 수 있을 정도의 무거운 물건
▷ 줄넘기 줄
▷ 공깃돌 한 세트
▷ 1학년이 쓰기 어려운 단어 몇 가지
▷ 1학년이 풀기 어려운 수학 문제 몇 가지
▷ 각 아이에게 제공할 종이와 크레용(후속 활동용)

진행 절차

1. 활동을 시작하기에 앞서 교실을 다음과 같이 배치합니다.

   ▶ 키가 큰 아이만 꺼낼 수 있도록 선반의 높은 곳에 블록 또는 벽돌을 놓습니다.

   ▶ 몸집이 작은 아이만 기어들어 갈 정도로 낮은 테이블을 배치합니다.

   ▶ 그 외의 준비물은 사용 가능하도록 준비합니다.

2. 아이들에게 다음과 같이 할 수 있으면 손을 들라고 하며 수업을 시작합니다.

   ▶ 물 위를 걷기

   ▶ 새처럼 날아다니기

   ▶ 빠르게 달리기

   ▶ 맞춤법 맞히기

   ▶ 남들에게 친절 베풀기

   ▶ 등산하기

3. 누구나 할 수 있는 일이 있고, 아무도 못 하는 일도 있고, 또 어떤 사람은 할 수 있지만 어떤 사람은 할 수 없는 일이 있다는 것을 강조합니다. 아이들에게 몇 가지 일을 도와줄 지원자가 필요하다고 말합니다. 이 활동은 사람들에게는 강점도 있고 약점도 있으며 할 수 있는 것과 할 수 없는 것이 있다는 사실을 보여 줄 것입니다.

4. 첫 번째 활동은 키가 작은 아이와 큰 아이에게 블록 또는 벽돌을 향해 손을 뻗도록 요청합니다. 아이들에게 무슨 일이 일어나는지 관찰해 보라고 합니다. 두 번째 활동을 진행하기 전에, 결과를 간략하게 논의하고 칠판에 기록합니다(남은 활동들도 이와 같이 기록합니다). 두 번째 활동에서는 몸집이 큰 아이와 작은 아이에게 테이블 아래로 기어가 보도록 합니다. 세 번째 활동은 몸집이 작은 아이와 큰 아이에게 무거운 물건을 들어 올리게 합니다. 남자아이와 여자아이에게 줄넘기와 공기놀이를 해 보게 합니다. 받아쓰기를 잘하는 아이 두 명을 뽑아 받아쓰기를 시키고, 수학을 잘하는 아이 두 명을 뽑아 수학 문제를 풀게 합니다.

5. 내용 질문과 개인 질문을 물어보면서 활동을 진행합니다.

토론

내용 질문

지도자 유의사항: 각 활동이 완료된 후 칠판에 기록한 정보를 참고합니다.

1. 두 아이가 블록 또는 벽돌에 손을 뻗었을 때 어떤 일이 일어났나요? 똑같이 쉽게

해냈나요? 아니라면 그 이유는 무엇인가요?

2. 두 아이가 테이블 밑으로 기어갔을 때 어떤 일이 일어났나요? 똑같이 쉽게 해냈나요? 그렇다면, 또는 아니라면 그 이유는 무엇인가요?

3. 두 아이가 무거운 물건을 들어 올릴 때 어떤 일이 일어났나요? 똑같이 쉽거나 어려웠나요? 그 이유는 무엇인가요?

4. 두 아이가 받아쓰기를 하거나 수학 문제를 풀 때 어떤 일이 일어났나요? 둘 모두에게 쉬웠나요? 그렇지 않다면 그 이유는 무엇인가요?

5. 두 아이가 줄넘기를 하거나 공기놀이를 할 때 어떤 일이 일어났나요? 둘 모두에게 쉬웠나요? 그렇지 않다면 그 이유는 무엇인가요?

6. 모든 사람이 모든 일을 똑같이 잘하는 것이 가능하다고 생각하나요? 만약 다른 사람이 자신보다 잘하는 일이 있다는 것은 자신이 쓸모없다는 뜻인가요?

7. 이 활동들 중 아무것도 해내지 못했다고 생각해 봅니다. 그럼 자신은 쓸모없는 아이라는 뜻인가요? 그것은 무엇을 의미하나요?

개인 질문

1. 같은 반 아이들이나 가족 중 다른 사람이 어떤 일을 자신보다 더 잘한다고 생각해 본 적이 있나요? 만약 그렇다면 이유가 무엇이라고 생각하나요? 모든 아이들이 모든 것을 똑같이 잘할 수 있어야 한다고 생각하나요?

2. 만약 같은 반 아이들이나 형제자매가 하는 만큼 무언가를 잘할 수 없다면, 자신을 멍청하고, 바보 같고, 나약하고, 나쁘다고 생각해야 하나요?

3. 다음 번에도 무언가를 해낼 수 없어서 스스로를 나쁘게 생각할 때 자신에게 어떻게 말해 줄 수 있나요?

 후속 활동

부모님에게 모든 사람이 할 수 있는 것을 아이들도 할 수 있어야 한다고 생각하는지 인터뷰하도록 합니다. 다른 활동으로, 종이 한 장을 반으로 나누어 한쪽에는 할 수 있는 일을 그려 보게 하고, 다른 쪽에는 할 수 없는 일을 그려 보게 합니다.

자기 발달 2   나는 나다운 게 좋아

발달의 관점

아이들은 자기인식 수준을 넓히고, 자신의 능력을 또래와 비교하기 시작하면서 무능력감이나 불만족스러운 감정을 느끼기도 합니다. 이러한 감정은 자아개념에 부정적인 영향을 미칠 수 있습니다. 이 발달 단계에서는 아이들이 스스로를 받아들일 수 있도록 돕는 것이 매우 중요합니다.

목표

▷ 자신의 있는 그대로의 모습 중에서 어떤 점을 좋아하는지 알아보기
▷ 자기수용의 태도 개발하기

준비물

▷ 없음

진행 절차

1. 자신이 다른 사람인 척해 봤거나 자신의 실제 모습이 달라지기를 원한 적이 있었다면 손을 들어 보라고 하며 수업을 시작합니다. 이런 경험을 공유하게 합니다.
2. 달라지고 싶었던 한 소년의 이야기를 읽을 것이라고 말합니다. 하지만 소년은 막상 바뀌었을 때, 바뀐 자신이 마음에 들지 않았습니다. 후에 소년은 있는 그대로의 자신을 인정하는 법을 배웠습니다.
3. 다음 이야기를 소리 내어 읽어 준 다음, 내용 질문과 개인 질문에 대해 이야기를 나눠 봅니다.

조지의 카멜레온
데이비드 마르티노 저

조지는 집으로 가는 버스에 올라 창문에 비친 자신의 모습을 바라보면서 오늘 하루에 대해 생각했습니다. 그러고는 꽤 슬픈 기분을 느꼈습니다. 조지는 이렇게 생각했습니다. '난 어디에도 어울리지 않아. 나만 빼고 다들 특별한 일을 할 수 있어.' 버스에서 내려 앞에 있는 돌을 차며 다시 생각합니다. '지미는 축구를 잘하고, 사라는 수학을 잘하고, 피트는 만화를 잘 그리지만 나는… 난 아무것도 못해. 나도 친구들처럼 되면 얼마나 좋을까? 나는 그냥 착한 조지야. 강아지를 부르는 것처럼 '착한 조지'라고 하잖아.'

조지는 현관문을 열고 들어서는 순간 "서프라이즈!" 하는 소리에 깜짝 놀랐습니다. 오늘이 자신의 생일이라는 것을 하마터면 까먹을 뻔했습니다! 엄마, 아빠, 형과 여동생이 식탁 위에 놓인 선물들 앞에 서 있었습니다. 조지는 선물들 중에 그동안 자신이 원하던 것이 있기를 은근히 바랐습니다. 아빠가 말했습니다. "어서 열어 봐." 조지는 선물을 뜯어 보았습니다. 야구 글러브 하나, 만화책 하나, 그리고 청바지 하나. 조지가 바라던 선물은 어디에도 없었습니다. 조지는 억지로 미소 지으며 "정말 좋네요."라고 말했습니다. 엄마는 "하나 더 있단다."라며 소파 뒤에서 동물 케이지를 꺼내 조지에게 건네주었습니다. 그 안에는 조지가 몇 달 동안 원했던 카멜레온이 있었습니다. 엄마는 "왜 카멜레온을 원했는지 모르겠어. 하지만… 자, 생일 축하해!"라고 하였습니다.

조지는 몹시 기뻤습니다. 도서관에서 카멜레온에 관한 책을 빌려 본 이후로 조지는 카멜레온에 관심이 생겼고 푹 빠져 버렸습니다. 특히 카멜레온이 주변환경과 조화를 이루기 위해 피부색을 바꾸는 점을 좋아했습니다. 아니나 다를까 조지가 케이지의 배경을 파란색에서 검은색으로 바꾸자 카멜레온은 파란색에서 검은색으로 피부색을 바꿨습니다. 점박이 배경으로 바꾸면, 카멜레온은 점박이 피부로 변했습니다. 조지는 놀라워했습니다.

조지는 '카미'라고 이름 짓고 침실로 데려가서는 계속해서 카미가 피부색을 바꾸는 것을 지켜보았습니다. 조지는 저녁식사, 숙제, 목욕을 하고는 곧장 카미와 놀기 위해 방으로 향했습니다. 그날 밤 아빠가 조지에게 갔을 때, 조지는 카미의 케이지 앞에서 잠들어 있었습니다. 아빠는 조지를 들어 올려 침대에 눕히고 이불을 덮어 주었습니다.

그날 밤, 조지는 꿈을 꿨습니다. 꿈속에서 조지는 학교에 있었습니다. 그 꿈은 아침

종소리가 나기 전 놀이터에 나가 있는 장면에서 시작되었습니다. 그때 조지는 무언가 이상하다는 것을 알게 되었습니다. 키가 크고 몸집이 큰 친구 지미와 가까워질수록, 자신의 몸도 커지는 것이었습니다. 게다가 조지가 입고 있던 옷도 지미가 입고 있는 옷처럼 서서히 변했습니다. 그러고는 얼굴마저 지미처럼 보이기 시작했습니다. 항상 지미를 보고 감탄했었기 때문에 처음에는 좋았습니다. 조지는 전보다 축구를 잘할 수 있겠다고 생각했지만 누구도 자신을 알아보지 못할 것 같아 겁이 나기도 했습니다. 친구 브렛이 조지를 보며 말했습니다. "조지는 어디 있어?"

조지가 대답하기도 전에 아침 종이 울렸고, 아이들은 실내로 들어갔습니다. 조지는 사라 바로 옆에 있는 자신의 자리에 앉았습니다. 그리고 같은 일이 또다시 일어나기 시작했습니다. 몸과 옷, 그리고 얼굴마저 사라와 꼭 닮아 있었습니다. 수학 문제를 보니 전에는 어려웠던 문제들이 이제는 매우 쉬웠습니다. 하지만 또다시 자신이 누구인지 아는 사람이 아무도 없는 것 같다는 생각에 화가 났습니다. 모두들 그를 조지가 아닌 또 다른 사라라고 생각했습니다. 조지는 연필을 깎으러 갔다가 피트를 만났습니다. 순간 조지의 몸, 옷, 얼굴이 피트처럼 변하기 시작했습니다. 연필을 깎고 나서 하늘을 나는 코끼리 그림을 훌륭하게 그렸습니다. 전에 그렸던 것보다 훨씬 뛰어난 그림이었습니다. 엘리자베스가 와서 조지의 그림을 보더니 말했습니다. "멋진 그림이야, 피트!"

조지는 어떤 방법을 써도 자신이 그저 평범한 조지라는 것을 증명할 수 없을 것 같아서 점점 겁이 났습니다. 친구에게 다가갈수록 변하고 변하고 또 변했습니다. 무서울 정도로 자꾸 모습이 바뀌어서 다른 사람처럼 되지 않기를 바란다고 빌기 시작했습니다. "나야!" 조지는 울부짖었습니다. "나야, 조지라고!" 친구들은 그저 혼란스러운 얼굴로 그를 쳐다보기만 했습니다. 조지는 두 손으로 머리를 감싸쥐고 흐느꼈습니다. "나는 내가 나였으면 좋겠어. 그냥 조지, 평범한 조지!"

"조지, 조지, 조지." 엄마가 부드럽게 조지를 흔들면서 말했습니다. "일어나. 잠꾸러기야, 학교 갈 시간이야."

"엄마?" 조지가 말했습니다.

"이리저리 뒤척이던데, 조지. 나쁜 꿈을 꾸었니?"

"네, 엄마."

"이제 꿈은 끝났어. 일어날 시간이야. 그리고 카미에게 먹이 주는 것도 잊지 말고."

조지는 침대에서 일어났고, 꿈이 너무 생생해서 약간 후들거렸습니다. 조지는 평소처럼 배경에 몸을 숨긴 채 케이지 안에서 힘 없이 앉아 있는 카미를 보았습니다.

조지는 카미가 자신에게 눈짓을 했다고 확신했습니다.

학교에 도착했을 때, 조지는 자신의 몸이나 옷, 얼굴이 변하지 않는지 두 번이나 확인했습니다. 자리에 앉아 전날 밤 꾼 꿈에 대해 생각에 잠겼습니다. 사라가 몸을 숙여 말했습니다. "조지, 무슨 생각을 하고 있는 거야?"

"방금 날 뭐라고 불렀어?"라고 조지가 물었습니다.

"물론 조지라고 불렀지." 사라가 대답했습니다. "그게 네 이름이잖아. 안 그래?"

"맞아." 조지가 말했습니다. "그게 나야." 조지는 자기 자신인 게 얼마나 행복한지 미소를 지었습니다.

토론

내용 질문

1. 왜 조지는 다른 사람처럼 달라지고 싶어 했나요?
2. 왜 조지는 자신이 특별한 게 없다고 생각했나요?
3. 조지는 꿈 속에서 자신이 변한 것에 대해 어떻게 느꼈나요?
4. 이야기의 마지막에 조지는 자기 자신인 것에 기뻐했나요? 만약 그렇다면, 왜 마음을 바꾸었다고 생각하나요?

개인 질문

1. 달라지기를 원한 적이 있나요? 만약 그렇다면, 어떻게 달라지고 싶은가요?
2. 지금 자신의 모습 중 마음에 드는 것이 무엇인가요?
3. 바꾸고 싶은 것들이 있다고 해도 자신을 있는 그대로 받아들일 수 있나요? 조지처럼 자기 자신인 것이 좋은가요?

후속 활동

아이들에게 '나의 어떤 점이 좋나요?'라는 제목의 노래를 만들게 하고 친구들에게 자신이 만든 노래를 불러 줄 시간을 줍니다. 냄비, 프라이팬, 드럼, 트라이앵글 그리고 다른 도구들을 악기로 사용하면 아이들의 창의력을 향상시킬 수 있습니다.

나는 성장하고 있어요

🧑 발달의 관점

유치가 빠지는 것은 이 발달 기간 동안 일어나는 매우 중요한 신체 변화 중 하나입니다. 키와 몸무게, 힘도 점진적으로 변합니다. 근육을 사용하는 능력도 계속 발달하는데, 아이들은 소근육보다 대근육을 훨씬 더 수월하게 사용하기는 하나 소근육의 사용 능력도 점차 개선되기 시작합니다. 또한 아이들이 성장함에 따라 보행 기술, 민첩성, 조정 능력도 더욱 발달하게 됩니다.

👩 목표

▷ 아이들이 신체적으로 성장하고 변화하는 방식 알아보기
▷ 신체 변화와 관련된 역량 파악하기

👷 준비물

▷ 아이들이 집에서 가져온 3장의 사진(1~3세, 4~5세, 6세~현재의 모습)
▷ 각 아이에게 제공할 '나는 성장하고 있어요-활동지'(활동지 1)
▷ 각 아이에게 제공할 종이 1장, 연필, 크레용

👩‍💼 진행 절차

1. 아이들에게 집에서 가져온 사진을 꺼내게 합니다. 각 아이에게 '나는 성장하고 있어요-활동지'(활동지 1)를 나누어 줍니다.

2. 다음으로, 아이들과 함께 도표의 항목인 '치아, 머리카락, 발 크기, 손 크기, 키, 몸무게, 전체적인 겉모습'을 검토합니다. 같음과 다름의 의미를 설명하고, 아이들이 자신의 사진을 보고 '같음' 또는 '다름'에 동그라미를 치게 합니다.

3. 아이들이 자신의 아기 때 사진과 3~4세 사진을 비교하게 합니다. 도표의 각 항목을 읽고 그에 맞는 같음 또는 다름에 동그라미를 치게 합니다. 그다음에 3~4세 사진과 5세~현재의 사진을 비교하게 하고 같은 활동을 하게 합니다.

4. 도표를 완성한 후 내용 질문에 대해 토론합니다. 그리고 종이와 크레용을 나눠 주고 아기였을 때는 할 수 없었지만 4~5세 때는 할 수 있는 것을 그려 보라고 합니다. 또 4~5세 때는 할 수 없었지만 지금은 할 수 있는 것을 그려 보게 합니다.

5. 개인 질문에 대해 토론합니다.

토론

내용 질문

1. 1~3세와 4~5세 항목에 대해 도표에 동그라미 친 것을 보았을 때, 같은 것이 더 많았나요? 다른 것이 더 많았나요? 4~5세와 6세~현재 항목은 어떤가요?

2. 목록을 바탕으로 자신이 변한 것에 대해 어떤 사항을 알게 되었나요?

개인 질문

1. 4~5세였을 때 할 수 없었지만 지금은 할 수 있는 것은 무엇인가요? 아기였을 때 할 수 없었지만 4~5세였을 때 할 수 있었던 것은 무엇인가요?

2. 4~5세였을 때 할 수 있었지만 지금은 할 수 없는 것이 있나요?

3. 자신이 성장하고 변화하고 있다는 사실이 행복한가요? 지금의 나이가 되어 가장 좋은 점은 무엇인가요?

후속 활동

사진들을 교실에 전시합니다. 아이들에게 사진 중 하나를 고르고 해당 나이 때 자신에 대해 기억하는 두 가지를 전체 그룹에 말하도록 합니다.

나는 성장하고 있어요

이름: _____ 날짜: _____

	1~3세와 4~5세		4~5세와 6세~현재	
치아	같음	다름	같음	다름
머리카락	같음	다름	같음	다름
발 크기	같음	다름	같음	다름
손 크기	같음	다름	같음	다름
키	같음	다름	같음	다름
몸무게	같음	다름	같음	다름
전체적인 겉모습	같음	다름	같음	다름

**자기
발달
4** **하나뿐인 사람**

8세

 발달의 관점

이 기간 동안 아이들의 자기인식이 증가하는 것은 전반적인 자기 발달에 있어 중요한 부분입니다. 너무 많은 아이들이 애정 어린 보살핌, 긍정적 강화와 지지가 부족한 가정에서 자라기 때문에 아이들에게 자신이 특별하다는 사실을 인지하도록 돕는 것은 매우 중요합니다.

목표

▷ 각 아이의 특별한 점 알아보기
▷ 자신의 개성을 인식하기

준비물

▷ 고무도장과 돋보기 여러 개
▷ 각 아이에게 제공할 '하나뿐인 사람-활동지'(활동지 2)
▷ 각 아이에게 제공할 작은 종이 접시, 안전핀, 크레용(후속 활동용)

진행 절차

1. 아이들에게 눈을 감고 장난감 가게에 갔다고 상상해 보라고 하면서 수업을 시작합니다. 장난감 가게에 있는 동안, 아이들은 '하나뿐인' 장난감을 찾을 것입니다. 이렇게 하나뿐인 무언가를 찾는 것이 어떤 의미인지 물어봅니다. 의견들을 이끌어 내고, 이것이 장난감에 뭔가 특별하거나 다른 무언가가 있다는 것을 의미한다는 견해를 강조합니다. 아이들도 그런 사람이라는 것을 알려 줍니다. 아이들에게 각자 다른 사람들과는 완전히 다른 특별한 무언가가 있다는 것을 알려 줍니다.

2. 활동지(활동지 2)를 나누어 줍니다. 그다음, 도장을 나누어 주고 아이들이 엄지손가락에 도장의 잉크를 묻혀 활동지 상단에 지문을 찍도록 합니다.

3. 이 활동이 완료되면 각 아이에게 파트너를 찾아 지문을 비교하여 정확하게 일치하는지 확인하도록 합니다(돋보기를 사용하여 편리하게 할 수 있습니다). 두 개의 지문이 정확하게 일치하지 않고, 모든 아이들이 독특하다는 사실에 대해 토론한 후, 다시 활동지를 봅니다. 각각의 구절을 소리 내어 읽은 다음, 아이들에게 그림을 통해 그들의 대답을 설명하게 합니다.

4. 활동지 작성 후, 아이들이 다른 사람들과 같거나 다른 점들을 더 많이 알 수 있도록 자신의 대답을 공유하게 합니다.

5. 내용 질문과 개인 질문에 대해 토론하며 활동을 진행합니다.

🧑‍🏫 토론

내용 질문

1. 자신의 지문을 파트너의 지문과 비교했을 때 무엇을 알게 되었나요? 지문의 어떤 점이 달랐나요?

2. 다른 사람들과 공유한 활동지의 답을 보았을 때, 다른 사람들과 같은 점을 알 수 있었나요? 또는 다른 점을 알 수 있었나요?

개인 질문

1. 자신을 장난감 가게의 특별한 장난감이라고 생각해 봅니다. 다른 장난감들과 비교하여 특별하거나 다른 점은 무엇인가요?

2. 자신에 대해 가장 좋아하는 점은 무엇인가요?

🧑‍💻 후속 활동

작은 종이 접시를 사용하여 아이들에게 '하나뿐인 사람' 배지를 만들게 합니다. 배지에 자신이 얼마나 특별하다고 생각하는지를 보여 주는 것들을 그리게 합니다. 완성된 배지를 옷에 꽂을 수 있습니다.

하나뿐인 사람

이름: _____   날짜: _____

나의 엄지손가락 지문

가족을 돕기 위해 내가 하는 일은: _____

_____

선생님을 돕기 위해 내가 하는 일은: _____

_____

내가 잘할 수 있는 것은: _____

_____

아주 좋은 감정들

정서 발달 1

발달의 관점

아동기는 아이들의 인생에서 종종 '최고의 시기'로 이야기됩니다. 이 발달 기간 동안 성장이 더뎌지기도 하고, 처음으로 할머니 댁에 혼자 걸어가거나, 자전거 타는 방법을 배우거나, 방과 후 동아리에 가입하는 등 새롭고 신나는 다양한 경험에 노출됩니다. 이러한 새로운 경험 중 일부는 불안과 불확실성을 야기하기도 합니다. 그러나 상황적 스트레스 요인에 의해 우울한 기분이 들지 않는 한, 이 발달 시기와 관련된 다양한 긍정적 감정들 또한 존재합니다.

목표

▷ 긍정적인 감정 파악하기
▷ 감정 어휘 개발하기

준비물

▷ 칠판
▷ 각 아이에게 제공할 반으로 자른 1리터 우유팩. 아래쪽 절반을 상자처럼 사용합니다(아이들에게 직접 자기 것을 가져오게 할 수도 있습니다).
▷ 각 아이에게 제공할 '아주 좋은 감정들-카드'(활동지 3)가 담긴 봉투

진행 절차

1. 우리가 갖고 싶어 하는 긍정적인 감정과 갖고 싶어 하지 않는 부정적인 감정의 차이에 대해 토론합니다. 아이들에게 각각 몇 가지 예시를 들어 달라고 요청합니다.
2. '아주 좋은 감정들-카드'(활동지 3) 봉투와 우유팩을 나누어 줍니다. 아이들이 특정 상황에서 어떻게 느끼는지를 표현하는 단어를 골라야 할 때 그에 맞는 단어를 생각할 수 있도록 봉투 속에 있는 단어들을 칠판에 적어 의미를 설명해 줍니다.

3. 다음의 시나리오 중 처음 두 가지를 읽고, 아이들이 이러한 상황에 대해 어떻게 느낄지 설명하는 단어를 선택하도록 합니다. 그리고 그 단어를 우유팩 상자에 담으라고 합니다. 몇몇 지원자들에게 자신들이 선택한 단어들을 공유하도록 요청합니다.

'아주 좋은 감정들' 시나리오

- ▶ 할아버지 할머니를 오랫동안 보지 못했는데, 아버지가 할아버지 할머니가 곧 방문하실 거라고 합니다.
- ▶ 내 생일은 다음 주입니다. 친구 몇 명을 초대해서 생일파티를 열 것입니다.
- ▶ 수학 시험지를 방금 돌려받았는데, 만점을 받았습니다.
- ▶ 방금 목욕을 했고, 잠자기 전에 누나/언니가 동화책을 읽어 줍니다.
- ▶ 오랫동안 새끼 고양이를 키우고 싶었습니다. 오늘 엄마와 동물 보호소로 고양이 한 마리를 데리러 갑니다.
- ▶ 처음으로 케이크를 만들었습니다.
- ▶ 내일 제일 친한 두 친구와 함께 학교에 걸어갈 것입니다.
- ▶ 사촌들이 우리 집에 놀러 옵니다.
- ▶ 새로 태어난 여동생이 내일 병원에서 집으로 옵니다.
- ▶ 어려운 단어의 맞춤법을 알아냈습니다.

4. 모든 시나리오를 읽고 감정을 공유할 때까지, 한 번에 시나리오 2개씩을 읽으면서 이 절차를 반복합니다. 그런 다음, 내용 질문과 개인 질문에 대해 토론합니다.

토론
내용 질문

1. 모든 사람들이 각각의 상황에 대해 같은 감정의 단어를 선택했나요? 그렇지 않다면, 왜 그렇다고 생각하나요?
2. 몇몇 상황을 설명하는 데 둘 이상의 감정이 사용될 수 있다고 생각하나요? 만약 그렇다면, 몇 가지 예시를 들어 봅니다.

개인 질문

1. 이 활동에서 묘사된 것과 비슷한 긍정적인 감정을 경험해 본 적 있나요?

2. 이런 좋은 감정을 느꼈을 때의 경험을 공유할 수 있나요?

3. 좋은 감정을 계속 경험하기 위해 무엇을 할 수 있다고 생각하나요?

 후속 활동

아이들에게 우유팩 상자를 책상이나 방에 두게 합니다. 뭔가 긍정적인 것을 경험할 때마다 상자에 감정 단어를 넣게 합니다. 이로써 아이들은 교사, 부모, 형제와 이러한 긍정적인 감정을 공유할 수 있습니다.

아주 좋은 감정들

지도자 유의사항: 각 세트에는 '자랑스러운(3장), 행복한(3장), 신이 난(3장), 침착한(2장), 쾌활한(2장), 멋진(2장)'이라는 단어가 반드시 포함되어야 합니다.

자랑스러운	자랑스러운	자랑스러운
행복한	행복한	행복한
신이 난	신이 난	신이 난
침착한	침착한	침착한
쾌활한	쾌활한	쾌활한
멋진	멋진	멋진

활동지 3

별로 좋지 않은 감정들

정서 발달 2

👩‍🏫 발달의 관점

초기 아동기와 관련된 긍정적인 감정들과 함께, 부정적인 감정들이 있을 수 있습니다. 즉, 새로운 것을 하는 것에 대한 불확실성, 학교 성적과 관련된 불안감, 친구들과 더 많은 시간을 보내기 위해 가족이 주는 안도감을 저버리는 것에 대한 두려움 등입니다. 가정 환경의 변화, 학대 또는 부모의 알코올 중독과 같은 상황적 요인이 있다면 이러한 부정적인 감정은 매우 증가합니다. 발달상으로, 이 나이대의 아이들은 감정 어휘를 많이 가지고 있지 않기 때문에 자신의 감정을 말로 표현하는 데 어려움을 겪기도 합니다. 그러나 아이들은 다른 사람들의 감정뿐 아니라 그들 자신의 감정에 대해 더 통찰력을 가지게 됩니다.

👩‍🏫 목표

▷ 부정적인 감정 파악하기
▷ 감정 어휘 개발하기

👷 준비물

▷ 칠판
▷ 각 아이에게 제공할 반으로 자른 1리터 우유팩. 아래쪽 절반을 상자처럼 사용합니다(아이들에게 직접 자기 것을 가져오게 할 수도 있습니다.)
▷ 각 아이에게 제공할 '별로 좋지 않은 감정들-카드'(활동지 4)가 담긴 봉투

👩‍🏫 진행 절차

1. 이전의 활동에서 알아본 긍정적인(아주 좋은) 감정과 부정적인 감정의 차이에 대해 토론합니다. 부정적인 감정은 우리가 이런 감정을 가졌을 때 기분이 좋지 않기 때문에 갖기 싫어하는 감정입니다. 아이들에게 이러한 부정적인 감정의 몇 가지 예시를 들어 달라고 합니다.

2. '별로 좋지 않은 감정들-카드'(활동지 4)가 담긴 봉투와 우유팩 상자를 나누어 줍니다. 아이들이 특정 상황에서 어떻게 느끼는지 표현한 단어를 골라야 할 때 해당 단어를 생각해 낼 수 있도록 봉투 속에 있는 단어들을 칠판에 적어 의미를 설명해 줍니다.

3. 다음 시나리오 중 처음 두 가지를 읽고 아이들이 이러한 상황에 대해 어떻게 느낄지 설명하는 단어를 선택하도록 합니다. 그리고 그 단어를 우유팩 상자에 담으라고 합니다. 몇몇 지원자들에게 그들이 선택한 단어들을 공유하도록 요청합니다(아이들이 상황에 대해 긍정적인 감정을 갖게 된다면, 상자 안에 넣을 단어를 봉투에서 고르지 않습니다).

'별로 좋지 않은 감정들' 시나리오

▶ 쉬는 시간에 밖에 있는데, 친구 한 명이 내가 빨리 달리지 못한다고 놀립니다.

▶ 엄마와 함께 시장에 갔습니다. 엄마는 동생에게만 사탕을 사 주고 나에게는 아무것도 사 주지 않습니다.

▶ 수영을 할 줄 몰라서 수영 강습을 받기로 했습니다. 내일이 첫 수업입니다.

▶ 받아쓰기 시험지를 돌려받았습니다. 별로 못 맞혔습니다.

▶ 형이 내 롤러블레이드를 사용해도 되는지 묻지도 않고 가져갑니다.

▶ 아빠가 마약을 판매한 죄로 경찰서에 갔습니다.

▶ 새로운 동네로 이사합니다. 모든 친구들에게 작별을 고해야 합니다.

▶ 처음으로 통학버스를 탑니다.

▶ 엄마와 아빠가 이혼합니다.

▶ 새로 태어난 동생이 부모님과 조부모님의 모든 관심을 받고 있습니다.

4. 모든 시나리오를 읽고 감정을 공유할 때까지, 한 번에 2개씩 시나리오를 읽으면서 이 절차를 반복합니다. 그런 다음, 내용 질문과 개인 질문에 대해 토론합니다.

토론

내용 질문

1. 모든 사람들이 각각의 상황에 대해 같은 감정 단어를 선택했나요? 그렇지 않다면, 왜 그렇다고 생각하나요?

2. 몇몇 상황을 설명하는 데 둘 이상의 감정이 사용될 수 있다고 생각하나요? 만약

그렇다면, 몇 가지 예시를 들어 봅니다.

개인 질문

1. 이 활동에서 묘사된 것과 비슷한 부정적인 감정을 경험해 본 적 있나요?
2. 이런 좋지 않은 감정을 느꼈을 때의 경험을 공유할 수 있나요?
3. 부정적인 감정을 가지고 있다면, 기분이 좋아지기 위해 무엇을 할 수 있다고 생각하나요?

지도자 유의사항: 아이들이 필요에 따라 참고할 수 있도록 아이들의 제안을 목록으로 만들어 교실에 게시합니다.

 후속 활동

아이들에게 우유팩 상자를 책상이나 방에 두게 합니다. 뭔가 부정적인 것을 경험할 때마다 상자에 감정 단어를 넣게 합니다. 이로써 아이들은 교사, 부모, 형제와 이러한 부정적인 감정을 공유할 수 있습니다.

별로 좋지 않은 감정들

지도자 유의사항: 각 세트에는 '기분이 나쁜(3장), 무서운(3장), 질투하는(2장), 걱정스러운(2장), 화가 난(2장), 슬픈(2장)'이라는 단어가 반드시 포함되어야 합니다.

기분이 나쁜	기분이 나쁜	기분이 나쁜
무서운	무서운	무서운
질투하는	질투하는	질투하는
걱정스러운	걱정스러운	걱정스러운
화가 난	화가 난	화가 난
슬픈	슬픈	슬픈

감정에 따라 행동하기

발달의 관점

아이들은 자신의 감정이 행동과 관련이 있다는 것을 배울 필요가 있습니다. 감정을 표현하는 것도 좋지만, 표현하는 방식이 긍정적인 영향을 줄 수도 있고 부정적인 영향을 줄 수도 있다는 것을 배워야 합니다. 부정적인 감정을 표현하는 적절한 방법을 배우는 것은 이 발달 단계에서 중요한 기술입니다.

목표

▷ 감정과 행동의 연관성 배우기
▷ 부정적인 감정을 표현하는 적절한 방법 알아보기

준비물

▷ 칠판
▷ 인형 2개
▷ 어린이 만화 비디오(후속 활동용)

진행 절차

1. 인형 역할을 맡을 지원자 2명을 구합니다.
2. 지원자들을 한쪽으로 데리고 가서, 다음의 시나리오 중 첫 번째 시나리오를 읽습니다. 지원자들에게 다른 학생들을 위해 시나리오를 연기하도록 지시합니다. 다른 방법으로는 지원자 대신 인형들로 시나리오를 연기할 수도 있습니다.

'감정에 따라 행동하기' 시나리오

▶ 생일날, 숙모가 새 셔츠를 선물해 주십니다. 나는 그 셔츠가 하나도 예쁘지 않다고 생각합니다. 아무 말도 하지 않고, 그저 '행복한' 표정을 지으며 상자에 다시 집어넣습니다.

▶ 같은 동네에 사는 친구가 나를 저녁식사에 초대합니다. 그 친구의 부모님은 내가 싫어하는 음식을 준비합니다. 식사가 차려졌을 때, 이 음식을 먹지 못하기 때문에 다른 음식이 없는지 물어봅니다.

▶ 학교에서 친구 한 명이 자진해서 자신의 이야기를 반 친구들 앞에서 큰 소리로 읽었습니다. 나는 그 이야기가 정말 바보같다고 생각합니다. 이야기가 끝나자 나를 제외한 모든 사람들이 박수를 치며 그 아이에게 잘했다고 합니다.

▶ 동네에 사는 한 아이가 방금 새 자전거를 샀습니다. 그 아이는 정말 신이 나 있습니다. 부모님은 나에게 새 자전거를 사 줄 여유가 없어서 중고 자전거를 사 주셨습니다. 나는 그 아이의 새 자전거를 질투하고 있지만, 내가 질투한다는 걸 그 아이가 아는 것이 싫습니다. 나는 그 아이에게 너의 자전거가 보기 흉한 색이라고 말하고 틀림없이 내 자전거만큼 빨리 달리지 못할 거라고 말합니다.

▶ 동네에서 야구를 하고 있습니다. 내 차례가 되었을 때 삼진아웃을 당했습니다. 다른 아이가 나를 놀립니다. 화가 나서 그 아이를 때려눕힙니다.

3. 지원자가 첫 번째 시나리오를 연기한 후, 나머지 학생들에게 다음과 같이 묻습니다.

▶ 감정이 긍정적인가요, 부정적인가요? 어떻게 아나요?

▶ 첫 번째 인형이 두 번째 인형에게 감정을 표현하는 방식은 어떤 결과를 만들었나요?

▶ 나쁜 결과에서 더 나은 결과로 바꾸기 위해 무엇을 다르게 할 수 있나요?

두 명의 새로운 지원자들에게 나쁜 결과에서 더 나은 결과로 바꾸기 위해 할 수 있는 것을 보여 달라고 요청합니다. 다른 방법으로는 아이들이 한 번에 한 명씩 나와서 좀 더 적절한 방법을 제안하는 것입니다.

4. 나머지 시나리오를 설명된 절차에 따라 계속한 후 내용 질문과 개인 질문에 대해 토론합니다.

 토론

내용 질문

1. 자신이 느끼는 감정이 행동 방식에 어떤 영향을 미친다고 생각하나요?

2. 감정을 표현하는 가장 좋은 방법은 첫 번째와 두 번째 중 어느 것이라고 생각하나요? 왜 그렇게 생각하나요?

51

3. 감정에 대한 행동의 첫 번째와 두 번째 방법의 차이점은 무엇이었나요?

  지도자 유의사항: 제안된 차이점을 칠판에 적고 토론합니다.

개인 질문

1. 행복할 때 그 감정에 대해 어떻게 행동하나요? 슬프면 어떻게 행동하나요? 화가 나면 어떻게 행동하나요? 만약 걱정하거나 두려울 때는 어떻게 행동하나요?

2. 긍정적인 결과를 낳는 방식으로 행동하지 않는다면, 이것을 바꿀 수 있는 방법은 무엇인가요?

후속 활동

아이들에게 비디오로 녹화한 만화를 보여 주고 만화 캐릭터가 어떻게 행동하는지, 어떻게 느끼고 있는지, 그리고 그들의 행동이 다른 사람에게 어떤 영향을 미칠지 지켜봐 달라고 요청합니다.

**정서
발달
4**

무서워요

발달의 관점

생생한 상상력은 이 연령대의 특징입니다. 5세와 6세 아이들이 아직도 가끔 환상과 현실을 구분하는 데 어려움을 겪는다는 점을 감안하면, 잠을 잘 때 괴물이 공격해 올 것이라고 상상하면서 어둠을 두려워하는 것은 드문 일이 아닙니다. 또한 이 두려움은 아이들을 잡아가려는 '귀신'이 분명히 마당에 숨어 있을 것이라는 추측을 하게 만들기도 합니다. 보통 1학년이 끝날 무렵에는 아이들이 이 두려움을 극복하지만, 그전까지는 진심으로 무서워하여 잠을 잘 수 있는 능력에 영향을 주거나, 어떤 경우에는 밖으로 나가 노는 것에도 영향을 줍니다. 아이들은 비록 그들의 두려움이 정상이지만, 이러한 두려움을 극복하기 위해 그들이 할 수 있는 일이 있다는 것을 알 필요가 있습니다.

목표

▷ 일반적인 두려움에 대처하는 방법 개발하기

준비물

▷ 각 아이에게 제공할 빈 스프레이 캔 한 개(후속 활동용) (아이들에게 집에서 캔을 가져오게 하거나 캔이 없을 경우 캔 그림을 그려서 복사합니다.)
▷ 각 아이에게 제공할 색종이, 풀, 사인펜 또는 크레용(후속 활동용)

진행 절차

1. 많은 아이들이 괴물이나 귀신 같은 것을 두려워한다고 설명하면서 활동을 시작합니다. 두려움을 느끼는 것은 정상이지만, 다음 이야기가 보여 주듯이, 이러한 두려움으로 무언가를 할 수 있다는 것을 보여 줍니다.
2. 이야기를 아이들에게 큰 소리로 읽어 준 후, 내용 질문과 개인 질문에 대해 토론합니다.

무서워요

1학년이 되기 전 여름, 제이슨은 막 새로운 동네로 이사한 참이었습니다. 그 단지에는 또래 아이들이 많았기 때문에 정말 행복했습니다. 제이슨과 여동생이 뛰어놀수 있는 커다란 뒷마당이 있었고, 부모님은 그들에게 나무집을 지어 주었습니다. 유일한 문제는 제이슨이 혼자 밖에 나가는 것을 두려워한다는 것이었습니다. 처음에 아버지는 제이슨이 새로 이사를 와서 길을 잃을까 봐 걱정했기 때문이라고 생각했지만, 제이슨은 그것이 이유가 아니라는 것을 알았습니다. 제이슨은 길을 알고있었고, 만약 친구들이 밖에 있다면 자신은 괜찮다고 느꼈습니다. 문제는 바로 자신이 밖에 혼자 있는데 아무도 보호해 줄 사람이 없다면 귀신이 자기를 잡으러 올까 봐 두려웠던 것이었습니다. 제이슨은 아이들에게 놀림받을지도 모른다고 생각해서 정말 아무에게도 말하고 싶지 않았습니다. 조부모님은 항상 그가 얼마나 '다큰 아이'인지 이야기하셨고, 제이슨은 다 큰 아이는 귀신 같은 것을 두려워해서는안 된다고 생각했습니다. 친구들을 보면 두려워하는 것 같지 않았고, 심지어 한 살어린 여동생도 두려워하지 않았습니다. 제이슨은 어떻게 해야 할지 몰랐습니다.

어느 날 제이슨은 여동생도 없고 친구들 중 아무도 밖에 없을 때 텔레비전을 보고있었는데, 엄마가 와서 말했습니다. "제이슨, 오늘 날씨가 아주 좋아. 밖에서 놀아야지." 제이슨은 "이 방송을 끝까지 본 다음에 나갈게요."라고 말했습니다. 그런데방송을 보고 있자니 혼자 나가는 것이 걱정되어 배가 조금씩 아프기 시작했습니다. 방송이 끝나자 엄마가 다시 들어왔습니다. "엄마, 배가 아파서 밖에 못 나갈 것 같아요. 그냥 안에서 놀게요." 제이슨이 말했습니다. 엄마는 제이슨을 쳐다보면서 말했습니다. "제이슨, 주변에 아무도 없어서 밖에 나가기 무서운가 보구나. 무엇이 무서운지 엄마에게 말해 준다면 네가 무섭지 않도록 도울 방법을 찾을 수 있을 거야."

엄마는 제이슨의 생각과 달리 웃는다든지 용기를 내라고 말하지 않았습니다. 대신 "엄마도 네 나이 때 침대 밑에 사는 괴물이 나와서 날 잡아갈까 봐 잠 드는 게 무서웠단다. 네가 어떤 기분일지 조금은 알 것 같아. 네가 밖에 나갈 때 좀 더 안전하다고 느낄 수 있는 몇 가지 방법들을 생각해 보자."

제이슨과 엄마는 머리를 굴리며 생각하고 또 생각했습니다. 곧 제이슨이 아이디어를 냈습니다! 제이슨은 엄마에게 무서운 가면을 만들어서 마당에 걸어 놓으면 어떻겠냐고 말했습니다. 그렇게 하면 귀신은 마당으로 들어오는 것을 두려워할 것입니다. 엄마는 훌륭한 아이디어라고 말하면서 또 무엇을 할 수 있겠느냐고 물었고, 제이슨은 놀러 나가기 전에 마당에 뿌릴 수 있는 '귀신 스프레이'를 만드는 생각을 해냈습니다. 벌레퇴치 스프레이가 벌레들을 쫓는 것처럼 귀신을 쫓아낼 수도 있다고 말했습니다.

엄마도 그 생각을 정말 좋아했습니다. "제이슨, 가면과 귀신 스프레이를 만드는 게 좋을 것 같아." 그래서 제이슨은 그것들을 만들러 갔습니다. 완성하자마자 제이슨과 엄마는 가면을 걸어 두고 스프레이를 마당에 뿌렸습니다. 제이슨은 여전히 조금 두려워해서, 엄마는 제이슨에게 한 번에 잠깐씩 밖에 나가 보라고 제안했습니다. 그리고 무서운 일이 일어나지 않는다면, 10분 동안 모든 것이 괜찮았으니 10분 더 있어 보는 건 어떤지 스스로에게 물어볼 수 있다고 말해 주었습니다.

제이슨은 좋은 제안이라고 생각하고 나무집으로 갔습니다. 가면을 걸어 두고 귀신 스프레이를 사용했다는 것에 몹시 신났습니다. 제이슨은 아빠가 점심을 먹자고 부르기 전까지 나무집에서 정신없이 놀았습니다. 시간이 가는 줄도 모른 채 거의 한 시간 동안 무서워하지 않고 바깥에 혼자 있었던 것입니다! 제이슨은 점심을 다 먹고 이렇게 생각했습니다. '밖에 혼자 있어도 무서운 일이 일어나지 않았으니까 겁먹지 않고 다시 도전해 볼 수 있겠는걸.'

토론

내용 질문

1. 제이슨이 다시 마당으로 나가는 것을 두려워할 것 같나요? 왜 그런가요? 혹은 왜 그렇지 않은가요?

2. 제이슨은 밖에 나가고 싶지 않은 이유를 부모님과 친구들에게 말하는 것을 왜 두려워했나요?

3. 제이슨이 두려움을 덜 느끼게 한 것은 무엇인가요?

개인 질문

1. 제이슨이나 제이슨의 어머니처럼 두려움을 느낀 적이 있나요?

2. 두려움을 극복하기 위해 무엇을 했나요?

3. 제이슨이나 제이슨의 어머니처럼 두려움을 느낀 적이 있다면 이 이야기를 통해 도움이 될 만한 것을 배울 수 있었나요?

후속 활동

스프레이 통을 나누어 줍니다. 아이들에게 통을 종이로 감싸고 장식하여 '괴물 스프레이'를 만들게 합니다. 괴물이나 귀신을 겁주기 위해 가면을 만드는 것도 하나의 활동이 될 수 있습니다.

사회성 발달 1

우정 쌓기

🧑 발달의 관점

또래와의 관계는 아이들에게 중요한 기능을 합니다. 아이들은 다른 사람과 상호작용함으로써 사회에서 제 역할을 하는 구성원이 되는 데 도움이 되는 가치관, 행동 그리고 신념에 대해 배웁니다. 우정은 그들의 삶에서 점점 더 중요한 역할을 하기 때문에, 좋은 관계를 발전시키는 방법을 배우는 것은 사회성 발달의 필수적인 부분입니다.

👩‍🏫 목표

▷ 타인과의 좋은 관계를 발전시킬 수 있는 방법 배우기

👷 준비물

▷ 각 아이에게 제공할 종이 2장과 크레용
▷ 마스킹 테이프

🧑‍💼 진행 절차

1. 아이들에게 벽돌담이나 벽돌로 지은 건물을 본 적이 있으면 손을 들어 보라고 합니다. 벽이나 건물을 지을 때, 많은 벽돌들이 놓인다는 사실에 대해 이야기합니다. 지금 이 시간에 '우정의 벽'을 쌓을 것이라고 설명합니다.

2. 각각의 아이들에게 종이 한 장을 주고 이것이 각자의 '벽돌'이라고 설명합니다. 그런 다음, 크레용을 꺼내어(종이는 가로로 놓음) 다음 중 하나를 나타내는 그림을 그려 달라고 합니다.

   ▶ 같이 놀 사람을 초대하는 방법
   ▶ 친구와 협력하거나 나누는 방법
   ▶ 친구가 되고 싶다는 것을 알리는 방법
   ▶ 친구를 위해 할 수 있는 좋은 일

3. 아이들이 그림을 다 그린 후에, 한 번에 한 명씩 자신의 우정 벽돌에 대해 이야기하도록 합니다. 벽돌을 테이프로 붙여 우정의 벽을 만듭니다.
4. 내용 질문과 개인 질문에 대해 토론하며 활동을 진행합니다.

토론

내용 질문

1. 자신의 그림은 우정 관계에서 자신이 한 일을 보여 주었나요?
2. 그린 그림에는 나타나지 않은 우정을 쌓는 다른 방법이 있나요? (예시를 공유합니다.)
3. 우정을 쌓는 데 도움이 되지 않는다고 생각하는 것은 무엇인가요? (예: 때리기, 나눔을 거부하는 것 등. 예시를 들 때 아이들이 이름을 사용해서는 안 된다는 점을 강조합니다.)

개인 질문

1. 자신이 다른 사람들에게 좋은 친구라는 것을 보여 주는 한 가지는 무엇인가요?
2. 다른 아이들의 그림에서 우정을 쌓는 방법에 대해 새로운 것을 배웠나요? 그렇다면 무엇을 배웠나요?
3. 더 좋은 친구가 되기 위해 어떤 방법을 시도하였나요?

후속 활동

아이들에게 긍정적인 우정 행동의 그림을 더 많이 그리게 하고, 이러한 '벽돌'을 우정의 벽에 붙이도록 합니다.

사회성 발달 2 친구 만들고 유지하기

 발달의 관점

사회성 발달에 관한 많은 변화들이 아동기에 일어납니다. 아이들은 나이가 많아지면서 점차 우정의 영역을 넓히고 이에 따라 친구를 사귀고 유지하는 데 도움을 줄 수 있는 기술을 개발해야 합니다. 이 특별한 나이에 아이들은 덜 자기중심적이 되어가고 있고 '주고받기'와 같은 개념을 이해할 수 있습니다. 그들은 협력과 나눔에 더욱 능숙해지며, 사회적 신호를 보다 잘 해석할 수 있습니다. 그러나 이러한 기술들은 지속적으로 강화될 필요가 있습니다. 이 나이대에는 친구들과 다투기도 하고, 친구에게 창피를 주기도 하며 비속어 사용이 늘기 때문에 이러한 행동의 부정적인 영향에 대해 강조하는 것도 사회성 발달에 중요합니다.

 목표

▷ 친구를 사귀고 유지하는 데 도움되는 행동과 그렇지 않은 행동 구별하기
▷ 부정적인 우정 행동을 보이는 친구에게 효과적으로 대처하는 방법 알아보기

준비물

▷ 칠판
▷ 의자 또는 방석
▷ 오디오 테이프 플레이어, 동요 테이프
▷ A4용지 한 장과 사인펜
▷ 머리에 쓸 수 있을 만한 큰 종이봉투
▷ 크레용, 여러 장의 종이를 접어서 스테이플러로 꽂아 만든 책(아이 각각에게, 후속 활동용).

 진행 절차

1. 아이들에게 다음의 경우에 해당되면 손을 들라고 하면서 수업을 시작합니다.

▶ 친구의 별명을 부르면서 놀리는 게 좋다.

▶ 친구와 함께 나누어 가질 때 좋다.

▶ 친구와 다투는 게 좋다.

▶ 친구가 놀이에 초대하는 게 좋다.

아이들의 반응에 대해 간략히 토론하고, 이 수업의 목적은 친구를 사귀고 유지하
는 데 도움이 될 수 있는 행동을 알아보는 것이라고 알려 줍니다.

2. 아이들에게 의자를 교실 앞으로 가져오라고 합니다(공간이 제한적이거나 의자가
책상과 일체형이면 방석을 사용할 수 있습니다). 아이들의 의자로 큰 원을 만든 뒤
각자 자리에 앉게 합니다. 모두 자리에 앉으면, 지금부터 의자 뺏기 놀이와 비
슷한 놀이를 할 것이라고 설명합니다. 우선 원 밖으로 의자 하나를 뺀 다음, 노
래를 들려줍니다. 노래가 멈추면, 아이들은 재빨리 의자를 찾아 앉습니다. 의자
에 앉지 못한 한 명의 아이는 다음의 항목 중 하나에 대답하게 합니다. 이 아이
는 해당 항목이 친구를 사귀고 유지하는 데 좋은 방법인지 나쁜 방법인지 말해
야 합니다. 노래를 다시 시작하기 전에 나머지 아이들에게 대답에 동의하는지
물어봅니다. 동의하지 않는다면 토론을 통해 합의점을 이끌어 낸 후 놀이를 진
행합니다. 서 있었던 아이도 다시 원 안으로 합류하여 다른 아이들과 같이 일어
서서 노래에 맞춰 움직이도록 합니다. 음악이 멈췄을 때 또 다른 서 있는 아이가
다음 항목에 대답하게 합니다. 이런 과정으로 모든 항목을 읽을 때까지 반복합
니다.

▶ 놀린다.

▶ 무시한다.

▶ 가진 것을 나눈다.

▶ 별명을 부른다.

▶ 안아 준다.

▶ 메롱 한다.

▶ 재미있는 농담을 말해 준다.

▶ 새치기를 한다.

▶ 놀지 못하게 한다.

▶ 옷차림을 놀린다.

▶ 놀이에 끼워 준다.

▶ 고자질을 한다.

▶ 점심을 같이 먹자고 한다.

▶ 거짓말을 한다.

▶ 함께 숙제하는 것이 즐겁다고 말한다.

▶ 똑똑하다고 말한다.

▶ 입고 있는 옷이 멋져 보인다고 말해 준다.

▶ 밀친다.

▶ 때리겠다고 협박한다.

▶ 할 일을 교대로 한다.

▶ 아주 특별한 것을 가지고 놀 수 있게 해 준다.

▶ 다리를 건다.

3. 칠판에 다음의 항목을 적습니다.

▶ 놀린다.

▶ 메롱 한다.

▶ 무시한다.

▶ 별명을 부른다.

▶ 고자질을 한다.

아이들에게 이런 일이 생기면 기분이 어떤지 물어봅니다. 그들이 일반적으로 이러한 상황에 어떻게 대처하는지, 그리고 이러한 방법들이 얼마나 효과가 있는지 토론하고, 긍정적인 대응 방법과 부정적인 대응 방법을 구분합니다. 아이들이 의견을 공유할 때, A4용지에 긍정적인 방법들을 목록으로 만들고 필요에 따라 참고할 수 있도록 게시합니다.

4. 다음에는 종이봉투를 꺼내 머리에 씁니다. 아이들에게 이 봉투를 쓰고 있는 동안에 앞을 볼 수 있는지 물어봅니다. 답변을 듣고 나면, 이 봉투에는 귀가 없기 때문에 듣는 것도 할 수 없다고 말해 줍니다. 5명의 지원자를 뽑습니다. 각각의 지원자는 칠판에 적혀 있는 다섯 가지 부정적인 행동 목록에서 하나씩 골라, 봉투를 쓴 선생님을 향해 그 행동을 하도록 지시합니다. 지원자들이 진행하는 동안 선생님은 침묵과 함께 아무런 반응도 하지 않습니다. 5명의 지원자가 모두 행동하고 나면, 선생님은 종이봉투를 벗고 내용 질문과 개인 질문에 대해 토론하게 합니다.

토론

내용 질문

1. 선생님이 종이봉투를 머리에 썼을 때 무슨 일이 일어났나요? 다른 사람들이 뭘 하는지 볼 수 있나요? 다른 사람들이 무슨 말을 하는지 들을 수 있나요? (기억하세요, 봉투에는 어떤 '귀'도 없었습니다.)

2. 지원자들이 하는 말이나 행동에 선생님이 반응을 보였나요? 이런 일이 실제로 일어났다고 가정해 봅니다. 누군가가 자신의 별명을 부르며 놀릴 때, 종이봉투를 머리에 쓰고 있는 것처럼 못 들은 척합니다. 어떻게 될 것 같은가요? 누군가 나를 보고 얼굴을 찌푸렸는데 봉투를 머리에 쓰고 있는 것처럼 보지 못한 척했다고 가정해 봅니다. 어떻게 될 것 같은가요?

3. 다른 사람들이 나를 욕하거나, 놀리거나, 다른 부정적인 우정 행동들을 하는 것을 막을 수 있다고 생각하나요? 사람들이 이런 짓을 한다고 해서 꼭 화낼 필요가 있나요? 남들이 이렇게 대할 때 슬퍼하거나 화를 내는 것이 도움이 된다고 생각하나요?

개인 질문

1. 이 수업에서 이야기한 부정적인 우정 행동을 다른 사람들이 실제로 하는 것을 본 적이 있나요?

2. 이런 일이 발생했다면, 토론 중에 제안된 방법을 몇 가지나 사용해 보았나요? 그 방법들은 어떻게 작용했나요?

3. 이 수업에서 친구를 사귀고 유지하는 데 도움이 되는 것은 무엇이었나요?

4. 다른 사람들이 부정적인 우정 행동을 할 때 내가 할 수 있는 것은 무엇인가요?

후속 활동

스테이플러로 붙여 만든 종이 '책'을 나누어 줍니다. 거기에 한 주 동안 친구를 사귀고 유지하기 위해 했던 일을 설명하는 그림을 그리게 합니다. 모두와 공유할 수 있는 시간을 줍니다.

사회성 발달 3 함께 나누자

 발달의 관점

초등학교 입학 시기가 되면 아이들은 자기중심주의를 벗어나기 시작하고, 다른 사람들과 가진 것을 나누고 타인에게 관심을 보이는 등 더 많은 친사회적 기술을 보여 줍니다. 그러나 아이들은 저마다 발달 속도가 다르기 때문에, '나눔'에 대한 수업은 이러한 능력을 개발할 수 있게 도와줍니다.

목표

▷ 나눔의 기술 개발하기

준비물

▷ 인형 만들 종이봉투, 실, 천 또는 벽지 조각

▷ 각 그룹에게 제공할 크레용, 가위, 풀

▷ 신문지 크기의 '함께 나누자−도표'(활동지 5, 후속 활동용)

진행 절차

1. 아이들에게 나누어 갖는 것의 의미가 무엇인지 물어보면서 수업을 시작합니다. 나눔의 예시를 들어 봅니다.

2. 아이들에게 파트너를 찾으라고 합니다. 그런 다음, 2명으로 구성된 각 그룹에게 종이봉투, 실, 천 또는 벽지 조각, 크레용, 가위, 풀을 줍니다. 이 재료들을 사용하여 인형 하나를 만들게 합니다.

3. 인형을 다 만들면 각 그룹의 인형을 다른 그룹의 인형과 만나게 합니다. 4명씩 한 그룹을 이루어, 아이들은 2개의 인형을 사용하여 우정에 대한 짧은 상황극을 구성합니다. 인형으로 만든 상황극을 전체 그룹에게 보여 주게 합니다.

토론

내용 질문

    1. 파트너와 함께 인형을 만들기 위한 재료와 아이디어를 나누어 쓰는 데 어려움이 없었나요?

    2. 어떻게 나누었나요? 자신이 이야기한 것이나 행동한 것이 있나요?

    3. 나눔은 무엇을 의미하나요?

개인 질문

    1. 자신은 친구들과 서로 나누나요?

    2. 형제자매가 있으면 서로 나누나요?

    3. 나눔의 가장 어려운 점은 무엇일까요?

    4. 나눔이 중요하다고 생각하나요? 다른 사람이 자신과 나누지 않을 때 어떤 느낌이 드나요?

 후속 활동

신문지 크기의 '함께 나누자—도표'(활동지 5)를 게시합니다. 일주일 동안 매일 잠깐의 시간을 할애하여 아이들에게 교실 친구들 또는 형제자매나 이웃 친구들과 나눔의 방법에 대해 아이디어를 생각해 보도록 합니다. 그 답변을 도표에 기록하고, 아이들이 그것을 참고할 수 있도록 교실에 게시하며, 다양한 나눔 방법을 계속 연습할 수 있도록 합니다.

함께 나누자

	학교 친구들과	형제자매와	이웃과
월요일			
화요일			
수요일			
목요일			
금요일			

내 친구가 되어 줄래?

사회성 발달 4

 발달의 관점

이 시기에는 우정이 점점 더 중요한 기능을 하기 때문에, 아이들이 대인관계를 강화할 수 있는 기술을 개발하도록 돕는 것이 중요합니다. 긍정적인 우정과 부정적인 우정의 차이를 이해함으로써 아이들은 사회적 상호작용에 적용할 더 많은 지식을 갖게 될 것입니다.

목표

▷ 긍정적인 우정 행동과 부정적인 우정 행동 구분하기

준비물

▷ 칠판
▷ 인형 2개

진행 절차

1. 2개의 인형으로 다른 사람과 부정적인 방법(흔들기, 밀치기, 가진 것을 나누지 않기 등)으로 상호작용하는 모습을 보여 줍니다. 간단한 시연 후에 아이들에게 이 인형들을 가지고 놀고 싶은지 물어보고, 그렇지 않다면 왜 그렇지 않은지 물어봅니다. 아이들은 인형들이 노는 방식 중에 어떤 점을 마음에 들어 하지 않았나요?

2. 다음으로, 두 학생을 뽑아 좀 더 나은 방법으로 노는 모습을 시연하도록 합니다. 인형극이 끝난 후, 두 인형극의 차이점에 대해 토론하고 긍정적인 우정 행동과 부정적인 우정 행동을 명확히 구별할 수 있도록 도와줍니다(차이점을 칠판에 나열합니다).

3. 다음의 이야기를 읽어 준 후, 내용 질문과 개인 질문에 대해 토론합니다.

내 친구가 되어 줄래?

다정한 프리다는 아침 내내 동네를 돌며 함께 놀 사람을 찾아다녔습니다. 모두가 어디에 있는지 알 수가 없었습니다. 마침내 프리다는 예의 없는 레이첼이 현관 계단에 앉아 있는 것을 보았습니다. 프리다는 마당을 가로질러 뛰어가며 말했습니다. "안녕, 레이첼! 같이 놀 사람을 찾아다녔어. 같이 뭐 할래?" 레이첼은 대답하지 않았고, 프리다는 레이첼이 듣지 못했을 것이라고 생각하며 조금 더 가까이 다가가서 말했습니다. "레이첼, 우리 집에 올래? 아니면 동네에서 같이 놀래?"

예의 없는 레이첼은 다정한 프리다를 노려보며 중얼거렸습니다. "너랑 놀고 싶지 않아. 그냥 마당에서 나가." 프리다는 충격을 받았습니다. "레이첼, 난 이해가 안 돼. 우리가 마지막으로 함께 놀았을 때 재미있었다고 생각했어. 내가 새로 산 롤러 블레이드를 빌려 주기도 했잖아." 레이첼은 프리다에게 혀를 내밀고 얼굴을 찌푸렸습니다. "글쎄, 난 재미도 없었고, 너랑 놀고 싶지도 않아. 그냥 나를 혼자 내버려 둬." 레이첼이 소리쳤습니다.

프리다는 왜 레이첼이 자신을 그렇게 대하는지 이해하지 못했지만, 재빨리 마당을 나와 집으로 갔습니다. 도중에 프리다는 배려 깊은 칼과 마주쳤습니다. "안녕, 프리다." 칼이 말했습니다. "무슨 일이야?"

"같이 놀 사람을 찾다가 레이첼이 계단에 앉아 있는 것을 보았어. 그래서 같이 놀고 싶냐고 물었는데, 그 애는 나에게 소리를 지르고 나와 함께 있고 싶지 않다고 했어. 지난번에 같이 놀았을 때 좋은 시간을 보냈다고 생각했는데… 근데 레이첼은 그렇지 않았대. 무슨 일인지 모르겠어. 이해할 수가 없네."

"음, 프리다, 레이첼은 나한테 많이 못되게 굴어. 나도 이해가 안 돼. 나도 그 애에게 잘해 주려고 노력하지만 그 애가 못되게 굴고 무례하다면 그런 애와 노는 데 시간을 낭비하고 싶지 않아. 우리가 함께할 수 있는 일을 찾아보지 않을래?"라고 칼이 말했습니다.

"좋은 생각이야. 아마도 성격 좋은 릴리가 지금쯤 집에 있을 텐데 우리와 함께 놀고 싶어 할 것 같아."라고 프리다가 말했습니다. 그래서 칼과 프리다는 거리를 달려 릴리의 집 초인종을 눌렀습니다. 릴리의 어머니가 릴리는 뒷마당에서 그네를 타고 놀고 있다고 말했습니다. 칼과 프리다가 마당으로 들어서자마자 릴리는 손을 흔들며 그네를 타라고 했습니다. 잠시 동안 그네를 탄 뒤에, 프리다는 칼과 릴리에게 자기 집 놀이방에서 놀고 싶은지 물었습니다. 그들은 모두 좋다고 하며 프리다의 집으로 갔습니다.

프리다의 집에 도착했을 때, 프리다는 간식을 먹을지 물어보았습니다. 그들은 간식을 먹으면서 놀이방에서 하고 싶은 일을 이야기했습니다.

릴리는 "소꿉놀이를 하면 재미있을 것 같아." 하고 말했습니다.

"글쎄, 그것도 좋지만, 난 병원놀이를 하고 싶어." 칼이 말했습니다.

프리다는 "잠시 소꿉놀이를 하고 나서 병원놀이를 하면 어떨까?"라고 제안했습니다. "그러면 두 사람 다 하고 싶은 대로 할 수 있어."

"너는 어떻게 하고 싶은데, 프리다?" 칼이 물었습니다. "우리가 원하는 대로만 노는 것은 공평하지 않아. 여긴 네 놀이방이잖아."

"괜찮아." 프리다가 말했습니다. "나는 두 가지 놀이 다 좋아. 너희가 여기 있고 우리 모두가 서로에게 친절하게 대해 줘서 기뻐. 나는 확실히 레이첼처럼 못된 아이들과 노는 것을 좋아하지 않아."

"나도 그래."라고 릴리가 말했습니다. "서로 나누고 협력하고 친절하게 대할 수 있는 아이들과 노는 것이 훨씬 더 좋아. 너희 둘이 그런 친구들이라 기뻐. 자, 같이 놀자!"

🧑‍🏫 토론

내용 질문

1. 배려 깊은 칼이 다정한 프리다를 대하는 방식과 예의 없는 레이첼이 다정한 프리다를 대하는 방식은 무엇이 달랐나요? 누구의 행동이 더 낫다고 생각하나요? 그 이유는 무엇인가요?

2. 다정한 프리다, 배려 깊은 칼, 성격 좋은 릴리가 실천한 긍정적인 우정 행동에는 어떤 것들이 있나요?

3. 예의 없는 레이첼이 보여 준 부정적인 우정 행동에는 어떤 것들이 있나요?

4. 프리다는 레이첼에게 좋은 친구가 되려 했다고 생각하나요? 만약 그렇다면, 프리다는 어떤 긍정적인 우정 행동을 보여 주었나요?

개인 질문

1. 예의 없는 레이첼이 다정한 프리다에게 대했던 것처럼 자신을 대했던 사람이 있나요? 만약 그렇다면, 그런 대접을 받는 것에 대해 어떻게 생각하나요?

2. 자신은 친구들에게 예의 없는 레이첼처럼 행동하나요, 다정한 프리다처럼 행동하나요? 어느 쪽이 더 좋다고 생각하나요?

3. 만약 누군가가 나를 레이첼이 프리다를 대하는 식으로 대한다면, 아무도 나를

좋아하지 않는다는 뜻인가요? 그건 내가 친구를 사귈 수 없다는 뜻인가요?

4. 이 수업에서 더 좋은 친구가 될 수 있는 방법을 배웠나요?

 후속 활동

아이들을 몇 개의 그룹으로 나누고, 긍정적인 우정 행동을 보여 주는 상황극을 만듭니다.

 **선택할 수 있나요?**

 발달의 관점

이 발달 단계에서 아이들은 어떤 것이 구체적인 형태로 제시될 때, 예전보다 논리적인 방식으로 생각하기 시작합니다. 그러나 좀 더 추상적인 많은 것들에 대한 선택을 해야 하기 때문에, 아이들이 스스로 선택을 하는 것과 좋은 선택, 나쁜 선택, '그저 그런' 선택을 구별하는 방법을 배우도록 도와주는 것이 좋습니다.

목표

▷ 사람들은 각자 다른 이유에 따라 선택을 한다는 것 배우기
▷ 좋은 선택, 나쁜 선택, 그저 그런 선택을 구별하기

준비물

▷ 칠판
▷ 빈 여행 가방
▷ 우산, 야간등, 책, 동물 인형, 동물 모양 크래커 몇 개, 외투, 잠옷 한 벌, 장난감 자동차가 들어 있는 종이 가방
▷ 훌라후프 3개
▷ '좋은 선택' '나쁜 선택' '그저 그런 선택'이라고 쓰여 있는 두꺼운 표지판을 3개의 훌라후프에 하나씩 놓습니다.
▷ 각 아이에게 제공할 종이 및 크레용(후속 활동용)

진행 절차

1. 여행 가방을 꺼내서 아이들에게 밤샘 여행을 간다고 상상하도록 하여 수업을 시작합니다. 종이 가방에서 물건을 하나씩 꺼내며 아이들에게 짧은 여행에 가져갈 물건 다섯 가지를 선택하게 도와 달라고 말합니다. 물건을 하나씩 들어 올리면서 아이들이 원하거나 가져가야 할 물건들 중 하나라고 생각하면 손을 들라고 합

니다. 칠판에 물건 이름을 적고, 각각에 대해 긍정적으로 반응하는 아이들의 수를 기록합니다.

2. 모든 물건이 소개된 후, 어떤 물건이 가장 많이 선택되었는지 살펴보고, 모든 사람들이 동일한 물건을 선택했는지, 어떻게 선택했는지 아이들에게 물어봅니다. 모두가 다섯 가지 물건을 선택했지만, 저마다 다른 이유로 선택했을 것이라는 점을 강조합니다. 아이들이 선택한 다양한 이유, 즉 선호도(동물 모양의 크래커를 좋아할 수도 있고, 그렇지 않을 수도 있음), 아이들에게 필요할 거라고 생각하는 것(어떤 사람은 잘 때 야간등이나 인형이 필요할 수도 있고, 어떤 사람은 그렇지 않을 수도 있음), 또는 아이들이 좋아하는 활동(책을 읽거나 장난감을 가지고 노는 것)을 파악하도록 돕습니다.

3. 그다음에 3개의 훌라후프를 교실 중앙에 놓고 각각의 훌라후프 옆에 두꺼운 도화지 표지판('좋은 선택' '나쁜 선택' '그저 그런 선택')을 하나씩 놓습니다. 아이들을 5명씩 한 그룹으로 나눕니다. 아이들에게 지금부터 읽어 주는 선택에 대해서 자신이 직접 내린 결정이라고 상상하게끔 지시합니다. 첫 번째 선택을 읽은 후에 하나의 그룹을 뽑아 5명의 그룹원에게 이것이 좋은 선택인지, 나쁜 선택인지, 그저 그런 선택인지 결정하도록 합니다. 그런 다음, 각자 자신의 의견에 해당하는 훌라후프 안쪽에 섭니다. 같은 아이들에게 두 번째 선택을 읽어 주고, 동일한 절차를 따르도록 합니다. 그리고 나서 그다음 그룹에게 세 번째 선택을 읽어 줍니다. 해당 선택에 대하여 아이들은 자신이 서 있을 곳을 정합니다. 그다음 그룹의 아이들도 똑같이 진행하고, 이 과정을 반복합니다. (학급의 학생 수에 따라 그룹 구성원의 수와 선택의 횟수가 달라집니다.) 아이들이 활동을 진행하는 동안 각 항목을 칠판에 적습니다. 각각의 훌라후프에 서 있는 아이들의 숫자를 세어 기록합니다.

좋은 선택, 나쁜 선택, 그저 그런 선택

▶ 매 식사 후 양치질을 하는 선택
▶ 시험을 위해 맞춤법 공부를 하는 선택
▶ 저녁식사 직전에 초코바를 먹는 선택
▶ 누군가에게 나쁜 별명을 부르는 선택
▶ 추운 날씨에 외투 없이 외출하는 선택
▶ 어린 동생을 놀리는 선택
▶ 친구와 장난감을 나누어 쓰는 선택

▶ 취침 시간이 지나서까지 밤을 지새우는 선택

▶ 병든 할아버지를 위해 편지를 쓰는 선택

▶ 시소에서 누군가를 밀치는 선택

▶ 학교 복도에서 뛰어다니는 선택

▶ 엄마가 나에게 아주 멋져 보인다고 말할 때 감사하다고 하는 선택

▶ 학급 사진을 찍기 전에 머리를 빗는 선택

▶ 교복을 입은 채 모래통에서 노는 선택

▶ 저녁으로 우유 대신 탄산음료를 마시는 선택

4. 내용 질문과 개인 질문에 대해 토론하며 활동을 진행합니다.

토론

내용 질문

1. 모든 사람들이 다양한 것을 선택할 수 있는 여지가 있나요?

2. 훌라후프 활동에서 그 선택이 좋은 것인지, 나쁜 것인지, 아니면 그저 그런 것인지 어떻게 결정했나요?

3. 이 활동에서 모든 사람들이 같은 방식으로 선택을 판단했나요? 예를 들어, 모든 사람들이 저녁식사 직전에 초코바를 먹는 것이 나쁜 선택이라고 생각했나요? (활동 중 실제로 차이가 있었던 예시를 골라서 묻습니다.)

개인 질문

1. 이 활동에서는 없었던, 자신이 매일 하고 있는 선택의 예를 몇 가지 들어 볼까요?

2. 내가 하는 대부분의 선택이 좋은 것이라고 생각하나요, 아니면 나쁜 것 또는 그저 그런 것이라고 생각하나요? 어떻게 알 수 있나요? 다른 사람들은 나의 선택에 대해 어떻게 생각하나요?

3. 이 수업에서 선택에 대해 무엇을 배웠나요?

후속 활동

아이들에게 종이 한 장을 반으로 나누어 좋은 선택과 나쁜 선택을 그림으로 그려 달라고 요청합니다. 교실에 이 그림들을 게시하고 아이들이 그림에 대해 나눌 수 있는 시간을 주어 나쁜 선택을 하지 않기 위해 할 수 있는 것에 대해 이야기합니다.

**인지
발달
2**

결과는?

 발달의 관점

비록 아이들이 논리 연산, 가역성, 상호성을 이해하는 능력을 점차 발전시키고 있지만, 매일의 활동에서 항상 일관성 있게 이러한 개념을 적용할 수 있는 것은 아닙니다. 아이들은 집 밖에 나와 학교에서 더 많은 시간을 보내기 때문에, 논리적으로 생각하고 결과를 예측하는 방법을 가르치는 것이 중요합니다.

 목표

▷ 행동의 결과를 식별하는 법 배우기
▷ 긍정적 결과와 부정적 결과를 구별하는 법 배우기

 준비물

▷ 풍선 4개(1개는 물을 채움)
▷ 신문지 크기의 '결과는?–도표'(활동지 6, 후속 활동용)

진행 절차

1. 아이들에게 다음의 네 가지 풍선 실험에서 각각 어떤 일이 일어날지 예측해 보라고 하면서 수업을 시작합니다. 그런 다음, 실험을 수행하여 예측이 맞았는지 틀렸는지 확인합니다.

▶ 실험 1: 풍선을 불고 끝을 묶지 않은 채 그냥 놓으면 어떻게 될까?
▶ 실험 2: 풍선을 불고 끝을 묶은 다음 놓으면 어떻게 될까?
▶ 실험 3: 불어난 풍선을 오른쪽에서 손으로 힘껏 치면 어떻게 될까? 왼쪽은? 아래쪽은? 위쪽은?
▶ 실험 4: 물로 가득 찬 풍선의 끝을 묶어서 땅바닥에 던지면 어떻게 될까?

2. 각각의 풍선 실험이 무엇을 보여 주는지 질문합니다. 각각의 경우에 취한 행동의 결과가 있었고, 많은 아이들이 그 결과를 성공적으로 예측할 수 있었다는 사

실을 토론합니다.

3. 아이들에게 다음의 각 항목을 읽어 주면서 결과를 예측해 보라고 합니다.

   ▶ 언니를 보고 메롱을 한다.

   ▶ 선생님에게 고자질을 한다.

   ▶ 다른 아이들에게 친절하게 행동한다.

   ▶ 다른 사람들이 도움이 필요할 때 도와준다.

   ▶ 뜻대로 되지 않을 때 운다.

   ▶ 답을 알고 있거나 알아낼 수 있어도 끊임없이 질문한다.

   ▶ 화가 났을 때 뾰로통해진다.

   ▶ 인스턴트 음식을 먹지 말아야 할 때 먹는다.

   ▶ 매일 밤 잠잘 시간이 지나도록 깨어 있는다.

   ▶ 회전목마를 교대로 타자고 제안한다.

4. 다음의 이야기를 큰 소리로 읽어 줍니다. 이야기에 표시된 곳마다 멈춰서, 어떤 결과가 나올지 질문합니다.

결과는?

엘레나는 자신의 생일에 파란색 새 자전거를 받았고, 그것을 타고 싶어 안달이었습니다! 새엄마에게 공원에서 자전거를 타게 해 달라고 애원했지만, 새엄마는 곧 밥을 먹을 거라서 공원에 갈 시간이 충분하지 않지만 다른 사람의 집에 들르지 않겠다고 약속하면 골목에서 탈 수 있다고 말했습니다. "약속할게요." 나간다는 생각에 매우 들떠 있던 엘레나가 말했습니다.

그래서 엘레나는 파란색 새 자전거를 타고 갔습니다. 자전거를 타니까 기분이 너무 좋았습니다! 처음 코너를 돌자 페드로와 호세가 앞마당에서 캐치볼을 하고 있는 것이 보였습니다. "얘들아!" 엘레나가 소리쳤습니다. "아빠와 새엄마가 내 생일에 뭘 줬는지 봐!" "와, 멋있다. 구경 좀 하게 멈춰 봐." 페드로가 말했습니다. 엘레나는 자전거를 세웠습니다. (**결과 질문하기**)

페드로와 호세가 엘레나의 새 자전거에 감탄한 후, 엘레나는 저녁식사 시간이 거의 되었기 때문에 가야 한다고 말했습니다. 엘레나는 페달을 밟아 가 버렸고, 다음 모퉁이에 도착하기 전에 가장 친한 친구 메건이 마당에서 강아지와 노는 것을 보았습니다. 엘레나는 재빨리 브레이크를 밟아 자전거에서 내렸습니다. "아, 정말 귀엽네. 너희 집 강아지야?" 엘레나가 물었습니다. "응, 오늘 오후에 막 데려왔어."라고 메건이 말했습니다. "안아 볼래?" 엘레나는 참을 수가 없어서 강아지를 품에 안고 잠들 때까지 쓰다듬었습니다. (**결과 질문하기**)

불현듯 엘레나는 집으로 곧장 가야 한다는 생각이 나서 자전거를 타고 달렸습니다. 페드로와 호세 그리고 메건네 집에 들렀기 때문에 점점 더 빨리 페달을 밟았습니다. 다음 모퉁이가 다가오자 엘레나는 꽤 빠른 속도로 가고 있었습니다. (**결과 질문하기**)

갑자기 엘레나 앞에 수레에 타고 있는 어린 소년이 나타났습니다. 엘레나는 모퉁이를 돌면서 소년과 충돌하지 않기 위해 자전거를 꺾어야 했고 넘어지고 말았습니다. (**결과 질문하기**)

몸을 일으킨 엘레나는 무릎이 까지고, 팔꿈치에서 피가 조금 났습니다. 천천히 자전거를 타고 집으로 향했습니다. 엘레나가 집 앞에 도착했을 때, 아버지는 차고 앞에 서 있었습니다. (**결과 질문하기**)

엘레나는 자전거를 세운 뒤 집 안으로 들어가 세수를 하고 저녁을 먹기 위해 앉았습니다. 아빠와 새엄마는 엘레나에게 일어난 일에 대해 이야기했고, 엘레나가 말을 듣지 않았기 때문에 이틀 동안 자전거를 탈 수 없다고 했습니다. 엘레나가 화를 내며 테이블에서 벌떡 일어나는 바람에 우유가 엎질러졌습니다. (**결과 질문하기**)

엘레나는 방으로 가서 자신의 선택에 대해 생각해 보라는 말을 들었습니다. 엘레나가 제대로 선택했다고 생각하나요? 그 선택으로 인해 나쁜 결과가 있었나요? (**논의하기**)

5. 내용 질문과 개인 질문에 대해 토론하며 활동을 진행합니다.

토론

내용 질문

1. 결과란 무엇인가요? 결과가 좋을 수도 있고 나쁠 수도 있나요?
2. 결과를 바꿀 수 있나요? 만약 그렇다면, 어떻게 바꿀 수 있나요?
3. 결과가 발생하는 것을 막을 수 있나요? 만약 그렇다면, 어떻게 막을 수 있나요?
4. 무슨 일을 하기 전에 결과에 대해 생각하는 것이 왜 중요한가요?

개인 질문

1. 좋은 결과를 얻었던 선택이 있었나요? (예시를 공유합니다.)

2. 나쁜 결과를 초래한 선택이 있었나요? (예시를 공유합니다.)

3. 좋은 결과보다 나쁜 결과를 얻었으면, 이것을 바꿀 수 있는 방법은 없나요? 만약 그렇다면, 무엇을 해야 하나요?

 후속 활동

'결과는?–도표'(활동지 6)를 교실에 게시합니다. 일주일 동안 매일 정해진 시간에, 아이들에게 그날의 행동과 결과를 확인하도록 요청합니다. 결과가 부정적일 경우 행동을 변경하는 방법에 대해 논의할 시간을 줍니다.

결과는?

	행동	결과
월요일		
화요일		
수요일		
목요일		
금요일		

해결책, 해결책

인지
발달
3

발달의 관점

이 나이대의 아이들은 구체적 조작 사고 단계에 있기 때문에, 다양한 대안을 파악하기 어려운 경우가 많습니다. 이것은 문제해결 능력을 상당히 제한할 수 있으며, 결국 아이들의 삶의 다양한 측면에 영향을 미칩니다.

목표

▷ 문제에는 여러 해결책이 있음을 알기
▷ 문제를 해결하는 여러 가지 방법 개발하기

준비물

▷ 칠판
▷ 종이와 연필
▷ 돋보기 여러 개
▷ 원, 사각형, 삼각형, 직사각형 모양의 두껍고 큰 도화지

진행 절차

1. 아이들에게 물건찾기 게임(가능하면 바깥에서)을 할 것이라고 알려 주며 수업을 시작합니다. 아이들을 네 그룹으로 나눕니다. 원 모양의 도화지를 들고 한 그룹에게 원을 지정해 줍니다. 남은 세 가지 모양도 똑같이 합니다. 그런 다음, 그룹들은 15분 동안 주위를 둘러보고 각 그룹이 지정받은 모양의 물건을 가능한 한 많이 찾아내야 한다고 설명합니다(실제로 가져오기에 너무 크거나 번거로운 것들은 모으지 않습니다). 가져온 물건은 설명을 위해 사용했던 도화지 모양보다 크거나 작을 수 있으며, 더 작은 물건을 찾는 데 도움이 되도록 돋보기를 사용할 수도 있습니다.

2. 시간이 지나면 아이들을 불러 모아 발견한 것을 나누어 보게 합니다. 교류 및 토

론을 다음과 같이 수행합니다.

▶ 원 모양을 찾던 모든 아이들에게 일어나라고 합니다. 몇 명의 아이들에게 예시를 공유하라고 하고, 그 물건들을 칠판에 나열합니다.

▶ 사각형 모양을 찾던 아이들에게 일어나라고 합니다. 몇 명의 아이들에게 물건을 공유하라고 하고, 그 물건들을 칠판에 나열합니다.

▶ 삼각형 모양을 찾던 아이들에게 일어나라고 합니다. 몇 명의 아이들에게 물건을 공유하라고 하고, 그 물건들을 칠판에 나열합니다.

▶ 직사각형 모양을 찾던 아이들에게 일어나라고 합니다. 몇 명의 아이들에게 물건을 공유하라고 하고, 그 물건들을 칠판에 나열합니다.

3. 아이들에게 각 모양에 해당하는 물건이 2개 이상이었는지 물어봅니다. 대부분의 문제에는 둘 이상의 해결책이 있다는 사실을 강조한 다음, 아이들에게 둘 이상의 해결책이 있는 문제 몇 가지를 공유하여 개념에 대해 자세히 설명해 달라고 요청합니다.

4. 아이들에게 다음의 이야기를 큰 소리로 읽어 줍니다. 다 읽었으면, 굵은 글씨로 표시된 각각의 문제를 칠판에 씁니다. 아이들에게 확인된 각 항목에 대하여 가능한 한 많은 해결책을 제시해 보라고 합니다.

> 샐리는 해결책이 필요했습니다. 매일 아침 엄마나 아빠는 샐리에게 일어나라고 큰 소리를 쳤지만, 샐리는 보통 다시 잠이 들었습니다. **제 시간에 일어나는 데** 도움이 될 수 있는 방법을 알지 못했습니다. 샐리가 겨우 일어났을 때, 샐리는 보통 무엇을 입을지 결정하는 데 어려움을 겪었습니다. **무엇을 입을지** 궁리하느라 한참 동안 옷장 앞에 서 있곤 했습니다. 드디어 옷을 입은 후 샐리는 아침 식탁에 오랫동안 앉아 있었습니다. 선택의 여지가 많았지만 **무엇을 먹을지** 결정하지 못했습니다. 마지막으로, 샐리는 학교에 갈 준비를 거의 다 했지만 **발표를 위해 무엇을 가져갈지** 결정해야 했습니다.

5. 내용 질문과 개인 질문을 통해 활동을 진행합니다.

🧑‍🏫 토론

내용 질문

1. 한 가지 이상의 해결책이 있을 수 있나요?

2. 가능한 한 많은 해결책을 시도하고 찾는 것이 좋은 이유는 무엇인가요?

79

3. 문제에 대한 다양한 해결책을 어떻게 찾을 수 있나요?

개인 질문

1. 해결책이 생각나지 않는 문제가 있나요? 이 수업에서 이야기한 아이디어들 중 어떤 것이 도움이 될 수 있을까요?
2. 문제의 해결책을 생각할 수 없다면 어떻게 해야 하나요? 해결책을 도와줄 다른 사람이 있나요?

후속 활동

일주일 동안 수업을 마무리하는 시간에, 한두 명의 아이들에게 해결책을 찾고 싶은 문제를 함께 공유하게 합니다. 다양한 해결책을 찾는 데 다른 아이들이 참여하게 합니다.

인지 발달 4

어떻게 해야 할까?

 발달의 관점

이 기간 동안 아이들은 점점 더 논리적으로 생각하는 능력을 발달시킵니다. 그들은 자기중심적이지도 않고, 취학 전 유아들처럼 마법 같은 세계관을 갖고 있지도 않습니다. 정보를 더 잘 수집하고 정리할 수 있다는 사실에도 불구하고, 이들은 보다 많은 위험을 무릅쓰고 환경을 탐구하기 시작하면서 다양한 어려움에 직면합니다. 무엇을 해야 할지 아는 것은 딜레마가 될 수도 있습니다.

 목표

▷ 문제해결 기술 개발하기

 준비물

▷ 칠판
▷ 두꺼운 도화지 또는 색지에 각각 '선택' '결과' '해결책'이라고 표시하여 만든 표지판 3개

진행 절차

1. 아이들에게 어떤 일이 생겼을 때 어떻게 해야 할지 결정하는 데 어려움을 겪은 적이 있다면 손을 들어 달라고 하여 수업을 시작합니다. 사례를 공유해 달라고 합니다.

2. 다음으로, 이전의 '인지 발달' 활동 2와 3의 결과 및 여러 해결책에 대한 개념을 검토합니다. 아이들에게 수업에서 이 정보를 사용해야 한다고 말합니다.

3. 3명씩 한 그룹으로 나눕니다. 몇 가지 문제 상황을 읽을 것이라고 설명하고, 문제를 읽은 후에, 표지판을 들고 각 그룹에게 문제에 대해 토론하라고 합니다. 우선 아이들은 시나리오에서 자신들이 할 수 있는 다양한 '선택'에 대해 토론할 것입니다. 그리고 나서 이 선택에 대한 '결과'에 대해 토론할 것이고, 마지막으

81

로 문제에 대한 최선의 '해결책'이라고 생각하는 것을 고를 것입니다.

4. 다음의 시나리오 중 첫 번째 시나리오를 읽습니다. 첫 번째 표지판(선택)을 들고 각 그룹이 논의하도록 몇 분 정도 시간을 줍니다. 각 그룹이 확인한 선택사항을 공유하도록 요청합니다. 이것들을 칠판에 적어 둡니다. 그런 다음, 두 번째 표지판(결과)을 들고 그룹별로 결과를 확인하도록 합니다. 이것들을 칠판에 적힌 각각의 선택사항 옆에 적습니다. 그런 다음, 각 그룹에게 모든 선택과 결과를 살펴보고 최선의 해결책이라고 생각하는 것을 고르도록 합니다. 각 그룹이 해결책을 공유하고 이를 선택한 이유에 대해 토론하도록 합니다.

'어떻게 해야 할까?' 시나리오

- ▶ 생일파티에 5명의 아이만 초대할 수 있고, 주기적으로 함께 노는 친구 8명이 있습니다. 나는 어떻게 해야 할까요?

- ▶ 사촌과 함께 놀이공원에 있습니다. 사촌은 롤러코스터를 타기를 원하지만 나는 타는 것이 두렵습니다. 사촌이 나를 겁쟁이라고 생각하는 것을 원하지 않습니다. 나는 어떻게 해야 할까요?

- ▶ 아빠와 엄마가 소리를 지르며 말다툼을 하고 있습니다. 아빠가 엄마를 때릴까봐 두렵습니다. 나는 어떻게 해야 할까요?

- ▶ 친구에게 파자마 파티에 초대받았지만, 가끔씩 밤을 무서워해서 가야 할지 말아야 할지 확신하지 못합니다. 나는 어떻게 해야 할까요?

- ▶ 친구가 자신의 비밀을 말해 주었고 나는 말하지 않기로 약속했지만, 나는 친구가 나쁜 짓을 했기 때문에 그러는 것이라는 생각이 듭니다. 나는 어떻게 해야 할까요?

- ▶ 밤 9시가 되면 잠자리에 들기로 했지만, 부모님은 외출하셨고 할머니에게 재미있는 TV 프로그램을 보게 해 달라고 이야기할 수 있을 것 같습니다. 부모님은 내일 여행을 가기 때문에 일찍 자야 한다고 말씀하셨습니다. 나는 어떻게 해야 할까요?

5. 다른 시나리오에 대해서도 동일한 절차를 수행한 후 내용 질문과 개인 질문에 대해 토론합니다.

토론

내용 질문

1. 선택, 결과 또는 최선의 해결책 중 파악하기 가장 어려웠던 것은 무엇이었나요?

2. 모든 선택과 결과를 보지 않고 문제를 해결하는 것이 좋다고 생각하나요? 만약 그렇게 하지 않으면 어떻게 될까요?

3. 모든 문제가 좋은 해결책을 가지고 있다고 생각하나요? 그렇지 않을 수도 있는 예시를 생각해 볼 수 있나요?

개인 질문

1. 문제를 해결하려고 할 때, 모든 선택과 결과를 생각하나요?

2. 내가 떠올린 해결책에 대해 보통 어떻게 생각하나요?

3. 지금까지 해결해야 했던 가장 어려운 문제는 무엇인가요? 그 해결책에 대해 어떻게 생각했나요?

4. 어려운 문제가 생기면 남에게 도움을 청하나요?

5. 이 수업을 통해 문제해결 과정에 도움이 될 만한 것을 배웠나요?

후속 활동

선택, 결과, 해결책의 3단계 절차를 강조하면서 교실에서 발생하는 문제에 이 과정을 적용해 봅니다.

REBT 기반 인성교육 프로그램

자기 발달
〈활동〉

1 '나' 알기
2 이게 바로 저예요!
3 난 내가 중요해
4 나한테 넘겨

정서 발달
〈활동〉

1 새로운 경험
2 난 바보인가 봐
3 분노 조절
4 많이? 아니면 조금?

사회성 발달
〈활동〉

1 다양한 가족
2 우정에 대한 사실
3 모든 형태의 친구들
4 우정의 원

인지 발달
〈활동〉

1 문제가 뭐야?
2 그게 사실이니?
3 결정, 결정, 결정
4 다른 선택사항

자기발달 1 '나' 알기

 **발달의 관점**

아동기에 속한 아이들은 성격의 다양한 측면을 개발하고 있습니다. 이 나이대의 아이들은 자신의 기술 개발에 대한 인식이 증가하며, 자신의 외모, 능력 그리고 그 외 자질에 대해 평가합니다. 아이들이 다양한 분야에서 자신에 대한 인식을 넓히고 자신을 받아들이는 법을 배우도록 돕는 것이 중요합니다.

목표

▷ 능력과 자질에 대한 인식 개발하기
▷ 이러한 능력과 자질로 자신을 받아들이는 법 배우기

준비물

▷ 13개의 단어 카드(13×20cm) 각각에 끈을 부착해 목걸이로 만듭니다. 카드에는 다음과 같이 라벨을 붙입니다(카드당 하나의 항목).

- 내가 잘하는 활동
- 내가 자랑스럽다고 생각하는 행동
- 내가 학교에서 잘할 수 있는 것
- 내가 잘하지 못하는 것
- 내가 신이 나서 하는 것
- 나를 두렵게 하는 것
- 내가 작년 이후에 성장한 점 한 가지
- 내가 기뻐하는 것
- 내가 상상력을 발휘하는 방법 한 가지
- 내가 더 잘할 수 있기를 바라는 것
- 내가 다른 사람에게 친절하게 대하는 방법
- 다른 사람을 대하는 태도 중 마음에 드는 것

- 나에 대해 좋아하는 것
▷ 탄산음료병
▷ 추가 단어 카드(후속 활동용)

진행 절차

1. 13명의 지원자를 요청합니다. 각 지원자에게 단어 카드 목걸이를 하나씩 줍니다. 아이들을 동그랗게 앉힙니다. 인원이 많으면 원 안에 앉을 수도 있습니다. 인원이 적으면 지원자 한 명당 카드를 한 장 이상 쓸 수 있습니다.

2. 술래가 될 아이를 선택합니다. 술래가 된 아이는 앉아 있는 아이들 가운데에서 손으로 병을 돌립니다. 병이 멈추면 술래는 병의 주둥이가 가리킨 아이가 걸고 있는 카드를 읽고 대답합니다(병이 목걸이가 없는 아이를 가리키게 되면 그 아이가 병을 다시 돌립니다). 두 번째 술래인 아이가 계속하고, 모든 아이들이 적어도 한 바퀴를 돌 때까지 게임을 진행합니다.

3. 내용 질문과 개인 질문을 통해 활동을 진행합니다.

토론

내용 질문

1. 자신의 차례가 되었을 때 무슨 말을 해야 할지 생각하기가 어려웠나요?
2. 이 게임을 하면서 다른 사람에 대해 무엇을 배웠나요?
3. 이 게임을 하면서 자신에 대해 무엇을 배웠나요?

개인 질문

1. 자신의 능력과 자질 중에서 가장 좋아하는 것은 무엇인가요?
2. 더 잘할 수 있기를 바라거나 자신에 대해 바꾸고 싶은 것들이 있다고 가정해 봅니다. 그것은 자신을 나쁜 사람으로 생각해야 한다는 뜻인가요, 아니면 긍정적인 점과 부정적인 점을 모두 가진 사람으로 받아들여야 한다는 뜻인가요?

후속 활동

단어 카드 목걸이를 추가로 더 만들고 다시 게임을 합니다.

이게 바로 저예요!

자기
발달
2

 발달의 관점

이 단계의 아이들은 자기 자신을 어떻게 보는지 설명하라고 하면 구체적이면서도 겉으로 관찰할 수 있는 특징을 나열할 가능성이 높습니다. 아이들은 나이가 들면서 심리적인 특징도 언급할 수 있게 될 것입니다. 이 시기 동안은 자신에 대한 인식이 확대되고 있으며, 생각이 매우 구체적이기 때문에 스스로를 좋거나 나쁘거나 또는 유능하거나 무능하다고 평가할 가능성이 높습니다. 긍정적이면서도 현실적인 자아개념을 발전시키기 위해서는 자신의 강점과 한계를 모두 인정하도록 돕는 것이 중요합니다.

목표

▷ 강점과 한계가 자기 모습의 일부임을 알기
▷ 한계 때문에 자신을 깎아내리지 않는 것을 배우기

준비물

▷ 각 아이에게 제공할 티셔츠를 만들 크라프트지 2장(앞면 1장, 뒷면 1장). 아이들이 활동을 마치면 어깨 부분을 스테이플러로 붙입니다.
▷ 크레용 또는 연필

진행 절차

1. 아이들에게 각각 재료를 나누어 주고, '이게 바로 저예요!' 티셔츠를 만들 것임을 알려 줍니다.
2. 아이들에게 자신을 묘사할 수 있는 방법, 즉 좋아하는 일, 잘하는 일, 배우고 있는 일, 별로 잘할 수 없는 일에 대해 생각해 보도록 합니다. 생각한 내용을 종이 티셔츠에 그림으로 그리거나 단어로 쓰도록 지시합니다.
3. 티셔츠의 앞뒤 두 조각이 완성되면, 그림이 바깥쪽에 보이도록 어깨 부분을 스테

이플러로 고정시킵니다. 아이들로 하여금 셔츠 어딘가에 이름을 적도록 합니다.

4. 패션쇼처럼 아이들이 교실 앞으로 나와 천천히 돌게 합니다. 다른 사람들이 자신이 그린 것을 관찰할 수 있도록 교실 안을 거닐게 합니다.

5. 내용 질문과 개인 질문을 통해 활동을 진행합니다.

토론

내용 질문

1. 하고 싶은 일은 무엇인가요?

2. 잘하는 것은 무엇인가요?

3. 그다지 잘하지 못하는 것은 무엇인가요?

4. 배우고 있는 것은 무엇인가요?

개인 질문

1. 티셔츠에 그린 것에 대해 어떻게 생각하나요? 나는 나 자신으로 있는 것이 좋은가요?

2. 그다지 잘하지 못하는 일이 있다면 그것은 나에 대해 무엇을 말해 주는 건가요? 이것은 내가 '좋지 않은' 아이라는 것을 의미하나요? 사람에게는 누구나 다른 일보다 조금 뒤처지는 일이 있다고 생각하나요?

후속 활동

티셔츠를 진열하고 아이들이 자신을 어떻게 여기는지 생각해 보게 합니다.

자기 발달 3

난 내가 중요해

 발달의 관점

아동기는 자아개념을 형성하는 중요한 시기입니다. 부모는 자녀의 자아개념 형성에 큰 영향을 미칩니다. 그러나 안타깝게도 많은 아이들이 부모가 자녀를 인정해 주지 않는 불안정한 가정에서 자랍니다. 그러므로 아이들이 자기뿐만 아니라 다른 사람에게도 자신이 중요하고 특별한 존재임을 알도록 돕는 것은 중요합니다.

목표

▷ 개개인이 타인에게 어떤 점에서 중요한지 알아보기
▷ 타인의 견해와 상관없이 자신을 받아들이는 법 배우기

준비물

▷ 각 아이에게 제공할 '난 내가 중요해–기록표'(활동지 1)와 연필
▷ 다음과 같이 쓰여 있는 큰 종이 또는 칠판

1. 남을 잘 도와준다.
2. 무언가를 배우기 위해 열심히 노력한다.
3. 형제자매와 사이좋게 지낸다.
4. 말을 잘 들어 준다.
5. 다른 아이들과 장난감, 책 또는 게임을 나눠 쓴다.
6. 게임할 때 번갈아 가며 한다.
7. 다른 사람들에 대해 좋은 말을 한다.
8. 예의가 바르다("부탁해"와 "고마워"라고 말한다).
9. (장난감 줍기, 자러 가기 등) 부탁받은 일을 한다.
10. 정직하다.
11. 같이 놀면 재미있다.

1. 아이들을 중요하고 특별한 존재라고 생각하는 사람들이 많이 있다고 설명하면서 수업을 시작합니다. 이 수업의 목적은 아이들이 다른 사람들에게 어떤 점에서 중요한지를 파악하는 것입니다.

2. 아이 각각에게 '난 내가 중요해-기록표'(활동지 1)를 줍니다. 1~11번까지의 항목을 읽고 기록표에 표시할 내용을 숙지합니다.

3. 1번 항목인 '남을 잘 도와준다.'를 읽어 줍니다. 그런 다음, 기록표를 보고 누가 자신을 이렇다고 생각할지 떠올려 본 뒤, 각각의 이름 옆에 ○, ×를 표시하게 합니다. 2번 항목에 대해서도 계속 진행합니다. 모든 항목을 읽고 아이들이 기록표를 완성하도록 합니다.

4. 내용 질문과 개인 질문을 통해 활동을 진행합니다.

토론

내용 질문

1. 각 항목에 대하여 자신이 잘할 거라고 생각할 만한 사람들을 찾는 것이 어려웠나요? 특히 더 어려운 항목이 있었나요? (대답을 공유합니다.)

2. (각 번호 중에서) ×가 가장 많이 나온 항목은 어느 것인가요? 어떤 항목에 가장 적은 ×가 나왔나요?

개인 질문

1. 이 활동을 하기 전에 생각했던 것보다 많은 사람들에게 자신이 더 중요하다고 생각하나요?

2. 누구나 모든 분야에서 특별하거나 중요한 존재가 될 수 있다고 생각하나요?

3. 다른 사람이 내가 중요하지 않다고 생각하거나 특별하지 않다고 생각한다면 그것은 내가 괜찮지 않다는 것을 의미하나요? 그것은 무엇을 의미하나요?

4. 이번 수업에서 자신에 대해 무엇을 배웠나요?

후속 활동

부모님이나 조부모님, 형제자매들에게 자신이 어떻게 특별하고 중요한지를 말하도록 지시합니다.

난 내가 중요해

9세

이름: _____   날짜: _____

	1	2	3	4	5	6	7	8	9	10	11
엄마											
아빠											
새엄마											
새아빠											
남자형제											
여자형제											
할머니											
할아버지											
삼촌											
고모/이모											
선생님											
육아도우미											
친구											

활동지 1

**자기
발달
4**

나한테 넘겨

🧑 발달의 관점

　　아이들은 자신의 기술과 성취도를 다른 사람들과 비교하기 시작하면서 자기비판
적이 되거나 열등감을 느낄 수 있습니다. 새로운 기술을 얻기 위해 노력하면서 자
기평가뿐만 아니라 또래로부터의 피드백에도 영향을 받습니다. 긍정적이고 현실
적인 자아개념은 발달에 있어 매우 중요한 토대이기 때문에, 아이들이 취약함을
느끼고 있을 때 자신에 대해 긍정적으로 기억할 수 있는 것들을 찾도록 돕는 것이
중요합니다.

👩 목표

　　▷ 자신의 장점 파악하기
　　▷ 자신에 대한 좋은 점을 기억하도록 돕는 전략 배우기

👷 준비물

　　▷ 각 아이에게 제공할 종이 한 장, 연필, 크레용
　　▷ 종이 및 크레용(후속 활동용)

👩 진행 절차

　　1. 종이, 연필, 크레용을 나누어 주고 아이들이 종이에 자신의 손을 본뜨게 합니다.
　　2. 다음으로, 반 친구들이나 또래 아이들만큼 어떤 일을 잘할 수 없다고 생각하거
　　　나, 같은 반 학생, 친구, 심지어 어른들도 그들이 무언가를 잘하지 못한다고 말
　　　했을 때 쉽게 기분이 나빠질 수 있다는 것을 이야기합니다. 아이들이 이런 식으
　　　로 느꼈을지도 모르는 경험들에 대해 공유하게 합니다.
　　3. 다른 사람들이 말하는 것은 통제할 수 없기 때문에, 아이들이 자신의 능력이나
　　　성과 혹은 행동에 대해 기분이 나쁠 때 스스로를 도울 수 있는 방법을 갖는 것이
　　　중요하다고 설명합니다.

4. 아이들에게 한쪽 손을 손바닥이 위로 향하게 하여 내밀라고 합니다. 모든 것을 완벽하게 하는 사람은 없다는 점을 강조하며, 아이들에게 가장 잘하는 일 다섯 가지를 생각하게 합니다. 예를 들어, 어떤 아이는 자신이 다른 아이들보다 빨리 달릴 수 없거나 아직은 달리기가 빠르지 않더라도 '나는 달리기를 잘해.'라고 생각할 수 있습니다. 아이들이 다섯 가지 일을 생각해 낸 후, 해당 사항을 종이에 본 뜬 자신의 손가락 그림에 하나씩 적습니다. 반대쪽 손도 똑같은 절차로 진행합니다.

5. 아이들에게 손바닥을 위로 향하게 하여 손을 내밀어 달라고 합니다. 다음번에 누군가 자신에 대해서 나쁘게 이야기한다면, 본 뜬 손 그림에 무엇을 적었는지 생각해 보고 자신에 대한 좋은 점을 기억해 낼 수 있다는 것을 알려 줍니다.

6. 내용 질문과 개인 질문을 통해 활동을 진행합니다.

🧑‍🏫 토론

내용 질문

1. 잘하는 일을 쉽게 떠올렸나요?

2. 쉽지 않았다면, 왜 그랬다고 생각하나요?

3. 자신이 잘하는 일들을 기억하는 것이 왜 중요하다고 생각하나요?

4. 누군가가 나에 대해 나쁘게 말을 하면, 그것은 내가 좋지 않다는 것을 의미하나요? 예를 들어, 만약 그 사람이 내가 수학을 못한다고 말한다면, 그것은 내가 멍청하고 나쁜 사람이라는 의미인가요?

개인 질문

1. 다음에 누군가가 자신에 대해 기분을 안 좋게 하는 말을 할 때 무엇을 할 수 있나요?

2. 이 수업에서 무엇을 배웠나요?

🧑‍🏫 후속 활동

아이들에게 본뜬 손 그림에 적었던 것 중에서 가장 잘하는 것을 선택해서 이야기를 짓거나 그림을 그리거나 노래를 만들도록 합니다.

정서발달 1 — 새로운 경험

👨‍🏫 발달의 관점

이 시기의 아이들은 '처음' 해 보는 것들이 많습니다. 하루 종일 학교에 있고 엄격한 교육을 받는 것, 단체에 가입하는 것, 레슨을 받는 것, 팀 스포츠에 참여하는 것, 또는 친구의 집에서 하룻밤 자고 오는 것 등입니다. 아이마다 또래와의 상호작용, 경쟁, 기술의 숙달과 관련하여 불안의 정도가 달라질 수 있습니다. 아이들은 위험을 감수하는 법을 배워야 하며, 동시에 이러한 경험과 관련된 불안이나 불확실성의 감정을 표현하고 대처해야 합니다. 이 시기의 사고 특징인 구체적 조작 사고는 아이들이 상황의 모든 측면을 보는 것을 어렵게 합니다. 하지만 불안감을 효과적으로 다루기 위해서는 상황을 여러 가지 측면으로 보는 방법을 배우는 것이 중요합니다.

👩‍🏫 목표

▷ 새로운 경험에 대한 감정 표현하기
▷ 새로운 경험을 감당하기 위한 대처 기술 배우기

👷 준비물

▷ 빈 시리얼 상자 4개, 상자 각각에는 다음 상황이 적힌 종이가 하나씩 들어 있습니다(상자 1개당 한 상황씩).
　－처음으로 친구 집에서 하룻밤 지내기
　－어린이 선수단에서 처음으로 경기에 참가하거나 처음으로 피아노 연주회에서 연주하기
　－처음으로 시험 보기
　－알지 못하는 많은 아이들과 리더가 있는 새로운 그룹에 가입하기
▷ 백지 20장과 연필
▷ 종이 및 크레용(후속 활동용)

진행 절차

1. 이가 빠진 경험에 대해 얘기해 보며 활동을 시작합니다. 이야기 후에, 아이들이 나이가 들면서 이가 빠지는 것과 비슷하게 새로운 경험을 하게 될 것이라고 설명합니다. 때때로 이러한 새로운 경험들에 대해 흥분하겠지만, 어떨 때는 이러한 경험이 어떻게 될지 모르기 때문에 약간 두려워할 수도 있습니다.

2. 첫 번째 상자에서 종이를 꺼내 상황을 읽습니다. 아이들이 해당 상황을 경험했다면 손을 들게 합니다.

3. 다음으로, 아이들이 처음으로 이런 상황에 처했을 때의 기분을 이야기합니다. 그런 다음, 종이 몇 장을 들고 아이들에게 그 상황에 대해 어떤 생각을 했는지 혹은 어떤 생각을 할 것 같은지 의견을 공유하게 합니다(친구 집에서 하룻밤을 자는 예시는 다음과 같습니다: "내가 겁을 먹으면 어떻게 하지?" "화장실에 가야 하는데 화장실이 어디 있는지 기억하지 못한다면?" "친구 집에서 주는 음식이 마음에 들지 않는다면?" "엄마나 아빠가 보고 싶으면 어떡하지?"). 아이들의 의견을 종이에 적습니다.

4. 그런 다음, 그 상황을 경험한 아이들에게 그들이 느꼈을지도 모를 나쁜 감정을 다루기 위한 방법이 있는지 질문합니다. 아이들과 의견을 나눈 다음 미래에 도움이 될 수 있도록 '자기 자신에게 말하기'에 대해 가르쳐 줍니다. 예를 들어, 친구 집에서 하룻밤 자기 위해 '자기 자신에게 말하기'를 적용하는 것은 "내가 정말 무서워지면, 나는 친구의 부모님께 말할 수 있고, 그분들이 나를 도와줄 수 있어." "내가 화장실이 어디에 있는지 기억나지 않는다면, 그냥 물어보면 돼." "만약 내가 그 음식을 좋아하지 않는다면, 조금만 먹거나 접시에 그냥 놔두면 돼." "엄마나 아빠가 보고 싶으면 전화할 수 있어. 어쨌든 그렇게 오래 있지는 않을 거야."라고 스스로에게 말해 보는 것입니다.

5. 다른 상자에도 동일한 절차를 진행합니다. 아이들이 나머지 상황에도 '자기 자신에게 말하기'를 떠올린 후, 내용 질문과 개인 질문에 대해 토론합니다.

토론

내용 질문

1. 오늘 다루었던 새로운 경험들이 두렵다면 자신에게 말할 수 있는 것에는 어떤 예가 더 있나요?

2. 다른 아이들로부터 새로운 상황을 긍정적으로 대처하는 데 도움이 되는 방법을 배운 것이 있나요?

9세

개인 질문

　　1. 두렵거나 불확실하다고 느낀 새로운 상황의 예는 무엇인가요?

　　2. 두려움과 불확실함을 덜 느끼도록 하기 위해 새로운 상황에서 무엇을 했나요?

　　3. 한번 새로운 상황을 겪고 난 후 두 번째에서도 첫 번째만큼 겁먹은 적이 있나요?
　　그렇지 않다면, 새로운 경험에 대해 어떻게 생각하나요?

 후속 활동

　　아이들에게 종이 한 장을 반으로 나누어 달라고 지시합니다. 종이의 한 면에 자신
들이 부정적인 감정을 가졌던 상황을 그려 보라고 합니다. 다른 쪽에서는 이러한
유형의 상황에 대처하는 데 도움이 되도록 사용했거나 사용할 수 있는 대처 기술
을 최소한 세 개 이상 쓰도록 합니다.

정서발달 2 난 바보인가 봐

 발달의 관점

아이들은 초등학생이 되면 숙달의 필요성을 느끼기 시작합니다. 일반적으로 이런 감정은 학교에서 별이나 스티커 또는 점수의 형태로 평가를 받으면서 처음 느끼게 됩니다. 아이들은 읽기, 쓰기, 산수 등을 배우는데, 이러한 새로운 학습 기회로 인해 학업 능력에 대한 불안감을 느끼기도 합니다. 게다가 이 나이대의 아이들은 구체적인 사고방식을 갖고 있어서, 자신의 능력이나 다른 사람들의 기대치에 대해 쉽게 추측을 합니다. 이러한 추측은 제한적인 정보에 기초하기 때문에(다양한 대안을 생각하는 능력이 없어서 초래되는 결과) 불안이 발생할 수 있습니다.

 목표

▷ 학교와 관련된 과제 수행에 대한 불안 대처방법 배우기
▷ 성적이 나쁘다고 해서 '나쁜 아이'가 되는 것은 아님을 깨닫기

준비물

▷ 각 아이에게 제공할 신발 상자 1개, 색종이, 크레용, 가위, 풀(후속 활동용)

진행 절차

1. 신발끈이 있는 신발을 신고 있는 지원자 3명을 '학생'으로, 또 다른 지원자 1명을 '교사'로 뽑습니다.
2. 학생 지원자를 앞자리에 앉게 하고, 교사 지원자를 그 앞에 서 있게 합니다. 교사 지원자는 학생 지원자들에게 신발끈을 풀고 나서 다시 묶으라고 합니다. 활동에 앞서 교사 지원자에게만 따로 한 학생에게는 인색하고 비판적으로 대하고, 다른 학생에게는 칭찬과 함께 얼마나 잘했는지 이야기하며, 나머지 한 명에게는 아무런 관심도 주지 말라고 지시합니다.
3. 역할극 이후에 교사 지원자가 했던 행동이 어떻게 느껴졌는지 학생 지원자들에

게 질문합니다. 자신들이 받은 대접이 신발끈을 묶는 방식과 관련이 있다고 생각했나요? 선생님이 칭찬한 학생이 다른 두 학생보다 더 똑똑하다고 느꼈나요? 무시당하고 비판받는 아이들이 다른 학생처럼 능력이 없다고 느꼈나요? 세 사람 모두 신발끈을 묶는 방법을 알고 있었기 때문에, 선생님이 학생을 대하는 방식이 그들에게 수행 능력이 없다는 의미는 아니라는 것을 지적합니다. "선생님이 한 명에게만 친절하게 대했다고 해서, 다른 두 명은 나쁜 아이라는 뜻인가요?"라고 질문합니다. 다른 사람이 어떻게 대하느냐가 반드시 그들의 성과를 반영하는 것은 아니며, 설사 성적이 나쁘다고 해도 그들이 나쁜 아이라는 것을 의미하지는 않는다는 것을 강조합니다.

4. 다음 이야기를 아이들에게 큰 소리로 읽어 준 다음, 내용 질문과 개인 질문에 대해 토론합니다.

난 바보인가 봐

학기가 시작되기 불과 몇 주 전인 8월이었습니다. 2학년이 되는 니콜은 개학에 대해 생각하고 싶지도 않았습니다. 니콜의 초등학교 1학년 선생님은 불친절했고, 니콜은 가끔 읽기 과제에서 실수를 하기 때문에 선생님이 자신을 좋아하지 않는다고 생각했습니다. 니콜은 1학년 선생님인 윈터스 선생님이 2학년 선생님인 리베라 선생님과 이야기를 나누고 있는 것을 본 적이 있습니다. 니콜은 윈터스 선생님이 니콜이 저지른 실수에 대해 리베라 선생님에게 모두 말해 주었기 때문에, 리베라 선생님도 아마 자신을 좋아하지 않을 것이라고 생각했습니다.

어느 날 밤 니콜은 이 문제에 대해 생각하느라 오랫동안 잠을 이룰 수 없었습니다. 갑자기 니콜은 어쩌면 자신이 아빠와 새엄마와 함께 살 수 있을지도 모른다는 생각이 떠올랐습니다. 그렇게 하면 니콜은 웨스트 초등학교에 갈 필요가 없을 것이고, 자신을 좋아하지 않는 선생님도 없을 것입니다. 처음에는 제법 괜찮은 생각이었지만 다른 학교의 다른 선생님도 자신이 가끔 실수를 하면 자신을 좋아하지 않을지도 모른다는 생각이 들었습니다. 결국 또다시 니콜에게는 아무런 해결책이 없었습니다.

주말에 아빠를 보러 갔습니다. 아빠가 니콜에게 2학년을 시작하는 것이 신나냐고 묻자 니콜은 울기 시작했습니다. 그러고는 아빠에게 선생님이 얼마나 불친절한지 말했습니다. 윈터스 선생님이 얼마나 불친절했고, 실수를 하면 선생님이 얼마나 무서웠는지, 2학년 선생님도 불친절하고 자신을 좋아하지 않을 것이라고 털어놓았습니다. 아빠는 조용히 듣고 있다가 일어나서 냉장고 쪽으로 걸어가더니, 여러 가지 과일과 바구니를 가지고 식탁으로 돌아왔습니다. 아빠는 이것들을 테이블 위에 내려놓더니 니콜에게 각각의 과일들을 확인한 다음 바구니에 넣어 달라고 했습니다. 니콜이 바구니에 과일을 다 넣었을 때, 아빠는 니콜에게 바구니 안에 있는 모든 과일이 완벽한지 물었습니다. "갈색 반점이 있는 오렌지가 있었니? 오그라든 포도가 있었니? 반짝반짝 빛나는 밝은 빨강 사과가 있었니?" 니콜이 일부 과일이 완벽하지 않다는 것에 동의했을 때, 아빠는 니콜에게 아이들은 이 과일과 같다고 설명했습니다. "때로는 완벽하게 하기도 하고, 때로는 거의 완벽하게 하기도 하며, 때로는 아주 못하기도 해. 하지만 마치 과일 바구니 안의 과일이 다 나쁜 게 아닌 것처럼, 아이들이 못한다고 해도 나쁜 아이라는 것을 의미하지는 않아." 아빠는 선생님들은 아이들이 실수를 하기를 기대한다고 설명했습니다. 왜냐하면 아이들은 실수를 통해서 배우기 때문입니다. 그것이 선생님이 아이들을 좋아하지 않는다는 뜻은 아니라고 말해 주었습니다.

이 말을 들은 니콜은 기분이 조금 나아졌습니다. 최선을 다하기로 결심했고, 비록 자신이 항상 잘하지는 못하더라도, 선생님이 자신을 좋아하지 않는다는 뜻은 아니라고 생각하기로 했습니다. 니콜은 며칠 동안 기분이 좋아졌지만 이따금씩 걱정거리들이 되살아나기 시작하곤 했습니다. 니콜은 항상 걱정거리들에 대해 이야기하고 싶어 하지 않아서 '걱정 상자'를 만들기로 했습니다. 니콜은 신발 상자를 발견하고 종이로 감싼 뒤 윗부분에 구멍을 뚫었습니다. 선생님이 자신을 좋아하지 않는 것 같다고 걱정을 할 때마다 그 걱정을 적어 박스에 넣었습니다. 그리고 나서 주말에 상자에 무엇이 들어 있는지 확인했습니다. 만약 자신이 여전히 그러한 것들에 대해 걱정하고 있다면 엄마나 아빠와 상의했고, 이것은 니콜을 기분 좋게 만들었습니다. 특히 엄마가 한때 니콜에게 했던 말을 기억했습니다. "윈터스 선생님이 때때로 불친절했다고 해서 리베라 선생님도 그렇다는 것을 의미하지는 않아." 이 말은 니콜에게 일리가 있어서, 니콜은 매번 걱정할 때마다 계속해서 되뇌었습니다.

여름이 끝날 무렵 니콜은 학교 가는 것이 약간 기대되기도 했습니다. 2학년이 1학년과 다를 수 있다는 것을 깨달았고, 이제 가끔 실수를 해도 선생님이 자기를 좋아한다는 것을 알았습니다.

토론

내용 질문

    1. 니콜은 왜 2학년을 생각하면 기분이 좋지 않았나요?

    2. 아빠는 니콜이 항상 완벽할 수 없다는 것을 알려 주기 위해 니콜에게 어떻게 했나요?

    3. 모든 것을 제대로 하지 않아도 선생님들이 여전히 아이들을 좋아한다는 것을 알려 주기 위해 아빠가 니콜에게 뭐라고 했나요?

    4. 니콜은 왜 2학년이 되는 것에 대해 기분이 좋아지기 시작했나요?

개인 질문

    1. 니콜처럼 느낀 적이 있나요?

    2. 그런 기분이 들었다면, 기분이 좋아지기 위해 무엇을 했나요?

    3. 니콜의 이야기를 통해 이런 문제가 생기면 도움이 될 만한 것을 배웠나요?

후속 활동

아이들에게 필요에 따라 사용할 '걱정 상자'를 만들도록 합니다.

정서 발달 3 분노 조절

발달의 관점

이 나이대의 아이들이 분노를 느끼는 것은 드문 일이 아니지만, 아이들이 부적절하게 행동하지 않고 스스로 문제를 일으키지 않도록 분노를 관리하는 적절한 방법을 배워야 합니다.

목표

▷ 분노를 관리하는 적절한 방법 배우기

준비물

▷ 종이상자나 양말 인형을 만들기 위한 재료(후속 활동용)

진행 절차

1. 아이들에게 분노를 경험한 적이 있으면 손을 들어 달라고 합니다. 몇몇 아이들에게 그때의 상황을 공유하도록 요청합니다.
2. 다음 이야기를 큰 소리로 읽고, 내용 질문과 개인 질문에 대해 토론합니다.

화난 무스 모

북쪽 숲의 화창한 가을날이었습니다. 모는 이리저리 돌아다니며 따분한 나날을 보내고 있었습니다. 모는 친구인 몰리를 찾아서, 또 다른 친구인 작은 미키와 놀 수 있겠다고 생각했습니다. 그렇게 엄마에게 다녀오겠다고 말하고 갔습니다.

다른 무스들 대부분은 모와 친해지기 쉬워서 모를 좋아했습니다. 모는 누군가가 자신과 함께 놀고 싶어 하지 않을 때에도 화를 내지 않았습니다. 그저,

103

놀고 싶어 하는 다른 무스를 찾을 뿐이었습니다. 모는 다른 무스들이 자신이 하고 싶은 놀이를 함께해 주지 않아도 화를 내지 않았습니다. 그들의 생각을 따르거나, 자신이 하고 싶은 것에 관심 있는 다른 무스들을 찾았습니다. 그리고 다른 무스들이 자신의 땅을 침범해도 화를 내지 않았습니다. 그저 일어나서 앞으로 나아갈 뿐이었습니다.

그런데 북쪽 숲의 어느 화창한 가을날, 친구들은 모의 화난 모습에 충격을 받았습니다. 꽤 먼 곳에서 산책을 하던 모의 아빠도 화가 나서 소리 지르는 모의 고함소리를 들었습니다. 이 소리는 아빠뿐만 아니라 호수 건너편에 사는 모의 사촌에게도 들릴 정도로 큰 소리였습니다. 모는 너무 화가 나서 계속 으르렁거리고 있었습니다. 자, 무엇이 모를 이렇게 화나게 했을까요? **(아이들의 아이디어 이끌어 내기)**

모가 이렇게 화난 이유는 모와 친구 몰리, 미키가 함께 들판에서 놀고 있을 때 커다란 뿔이 달린 세 마리의 큰 무스들이 다가와서 그들의 뿔로 작은 미키를 쿡쿡 찔렀기 때문입니다. 미키는 너무 무서워했고, 몰리와 모는 큰 무스들이 어린 미키를 해칠까 봐 두려웠습니다. 그들은 큰 무스들이 작은 무스를 괴롭히는 것이 정당하지 않다고 생각했습니다. 그것이 모가 그렇게 화난 이유였습니다.

모는 동생인 밀턴이 화가 났을 때의 모습을 떠올렸습니다. 한때 밀턴은 너무 화가 나서 다른 무스를 나무에 부딪히게 했던 적이 있습니다. 하지만 아빠가 그 사실을 알았을 때, 밀턴은 크게 혼났습니다. 아빠는 밀턴에게 아무리 화가 나도 다른 무스를 해쳐서는 안 된다고 말했습니다. 그리고 모는 밀턴이 또 한 번 화가 났을 때 그냥 가출해 버렸다는 것도 떠올렸습니다. 아빠는 다시 한번 밀턴을 꾸짖으며, 분노를 다스릴 좋은 방법을 찾아야 한다고 말했습니다. 그렇다면 모가 분노를 관리하기 위해 무엇을 했을까요? **(아이들의 아이디어 이끌어 내기)**

자, 여러분은 일단 모가 고함을 치고 소리를 쳤다는 것을 알고 있습니다. 이 행동은 모에게 약간의 도움이 되었고, 다른 누구도 해치지 않았습니다. 하지만 고함을 친 후, 모는 분노를 삭히기 위해 숲속을 뛰어다녔습니다. 그리고 다른 일도 했는데, 모는 집에 돌아가서 큰 무스에게 편지를 썼습니다. 자신의 친구를 해치는 것을 원하지 않는다는 내용이었습니다. 편지에서 큰 무스들을 욕한다든지 나쁜 말은 하지 않았습니다. 그렇게 하면 큰 무스가 화를 낼 것이라고 생각했기 때문입니다. 모는 편지를 다 쓴 후, 엄마에게 보여 주었습니다. 엄마는 편지를 마음에 들어 하며 큰 무스들에게 그들이 한 일에 대해 어떻게 느끼는지 알려 주는 것은 좋은 생각이라는 데 동의했습니다. 엄마는 다른 무스들이 때로는 우리가 옳지 않다고 생각하는 일들을 하지만, 대개 다른 무스들의 행동을 바꿀 수는 없다고 말했습니다. 그리고 엄마는 밀턴에게 비슷한 일이 생겼을 때, 밀턴은 친구를 괴롭힌 무스와 싸움을 시작해서 상황을 더 악화시켰는데, 모가 자신의 감정을 다루는 방식이 좋다며 자랑스럽다고 말했습니다. 엄마는 모에게 자신의 감정을 다스리는 좋은 방법도 더 생각해 보고, 모가 다시 화를 낼 경우 몇 가지 선택을 할 수 있도록 격려했습니다.

🧑‍🏫 토론

내용 질문

1. 모가 분노를 다스리는 데 도움을 준 세 가지 일은 무엇인가요?

2. 이런 상황에서 모가 또 무엇을 할 수 있었다고 생각하나요?

3. 밀턴이 분노를 처리하는 방식이 별로 좋지 않다는 엄마, 아빠의 말에 동의했나요? 왜 그런가요? 아니면 왜 그렇지 않은가요?

개인 질문

1. 분노를 느낀 적이 있나요?

2. 화가 났을 때, 감정을 다스리기 위해 무엇을 했나요?

3. 이 이야기를 통해 분노 조절에 도움이 될 만한 것을 배웠나요? 만약 그렇다면, 다음에 화가 날 때 무엇을 시도해 보고 싶은가요?

후속 활동

아이들을 그룹으로 나누고, 분노를 다루는 좋은 방법에 대한 인형극을 창작하게 합니다. 그런 뒤 각 그룹의 인형극을 모두에게 보여 줄 시간을 줍니다. 분노를 조절하기 위한 적절한 방법과 부적절한 방법에 대해 토론합니다.

정서 발달 4

많이? 아니면 조금?

발달의 관점

이 나이대의 아이들은 매우 구체적인 사고를 합니다. 그래서 연속되는 감정의 개념을 이해하는 것을 어려워합니다. 그 결과, 감정의 강도가 다양하다는 것을 인식하지 못한 채 어떤 사람이 매우 화가 나 있거나 매우 기뻐하고 있다고 종종 가정합니다. 이에 대한 이해가 없으면 잘못된 해석을 할 수 있습니다. 아이들이 더 넓은 시각으로 볼 수 있도록 기술을 가르치는 것이 필요합니다.

목표

▷ 감정의 강도를 파악하는 것 배우기
▷ 모든 사람이 같은 상황에 대해 같은 감정을 갖지 않는다는 것 알기

준비물

▷ 칠판
▷ 각 아이에게 제공할 자, 종이, 연필
▷ 각 아이에게 제공할 또 다른 종이 한 장(후속 활동용)

진행 절차

1. 아이들이 자를 이용하여 종이에 선을 긋도록 함으로써 활동을 시작합니다(칠판에 선을 그려 시범을 보입니다).
2. 칠판에 그린 선 한쪽 끝에는 '매우 행복한'이라고 쓰고, 다른 쪽 끝에는 '매우 불행한'이라고 씁니다. 다른 단어들도 그림과 같이 선 위에 씁니다.

매우 행복한	조금 행복한	조금 불행한	매우 불행한

← →

아이들에게도 이 단어들을 선 위에 쓰게 합니다.

3. 아이들에게 다음과 같은 상황을 하나씩 읽어 주면서 주의 깊게 들어 달라고 요청합니다. 각각을 읽은 후 이러한 상황에 처해 있을 때 어떤 느낌일지 표현하기 위해 선에 ×표를 치게 합니다(매우 행복한, 조금 행복한, 조금 불행한, 매우 불행한).

9세

  ▶ 선생님이 받아쓰기 시험을 아주 잘 봤다고 말해 주셨다.
  ▶ 여동생이 나보다 늦게 일어났다.
  ▶ 가장 친한 친구가 오늘 나와 함께 학교에 걸어가지 않았다.
  ▶ 방을 정리하지 않았다고 아버지가 큰소리를 치셨다.
  ▶ 이웃집 개가 새 테니스화를 물어뜯었다.
  ▶ 큰형이 자전거를 타고 나를 데리러 왔다.
  ▶ 사촌이 새로운 롤러블레이드를 탈 수 있게 허락해 주었다.
  ▶ 비가 와서 쉬는 시간에 외출할 수 없다.
  ▶ 동물원으로 견학을 갔다.
  ▶ 수학 시험에서 두 문제를 틀렸다.

첫 번째 상황을 다 읽은 뒤, 아이들에게 이 상황을 '매우 행복한'에 표시했는지 '조금 행복한'에 표시했는지 등등 손을 들어 달라고 요청합니다. 각각의 반응에 대해 손을 든 학생의 수를 세고 칠판의 선에 표시된 감정 옆에 합계를 써 놓습니다. 다음 상황으로 넘어가 반응을 확인하고 수를 세는 데 동일한 절차를 따릅니다.

4. 모든 상황을 읽고 기록한 후 내용 질문과 개인 질문을 하면서 활동을 진행합니다.

🧑‍🏫 토론

내용 질문

1. 반응들을 되짚어 보았을 때 모든 학생들이 전부 '매우 행복한'에 ×표를 쳤나요? 혹은 '매우 불행한'에 ×표를 쳤나요? 왜 저마다 선의 다양한 곳에 표시했다고 생각하나요?

2. 이런 상황에 대해 어떻게 느끼는지 결정하기가 어려웠나요? 그렇다면 왜 어려웠다고 생각하나요?

3. 모든 사람들이 항상 같은 것에 대해 같은 방식으로 느낀다고 생각하나요? 왜 그런가요? 혹은 왜 그렇지 않은가요?

개인 질문

> 1. 오늘 하루를 생각해 봅니다. 매우 행복하거나 매우 불행하다고 느껴 본 적이 있나요? 또는 조금 행복하거나 조금 불행하다고 느낀 적이 있나요?
> 2. 어떤 것에 대해 다르게 느꼈기 때문에 누군가와 의견 충돌이 있었던 적이 있나요? (사례를 공유합니다.)
> 3. 이 수업을 바탕으로 감정에 대해 기억해야 할 것은 무엇인가요?

후속 활동

아이들에게 다른 종이를 가지고 이 활동에서 했던 것처럼 똑같이 선을 그리도록 합니다. 하루를 마무리할 때, 오후에 대해 생각해 보고 그때 겪은 다른 일에 대해 어떻게 느꼈는지 파악해 보라고 합니다.

사회성 발달 1

다양한 가족

 발달의 관점

> 오늘날 사회에서는 전통적인 가족 구조에서 사는 아이들이 많지 않습니다. 여러 형태의 가족 구조가 있다는 사실을 인식하고 깨닫는 것은 아이들에게 중요합니다. 이러한 이해는 아이들이 자신의 가족에 대해 남들과 다르게 느끼거나 자의식을 갖지 않도록 도울 것입니다.

목표

> ▷ 다양한 가족 구조 알아보기
> ▷ 자신의 가족 구조에 대해 알아야 할 사항 파악하기

준비물

> ▷ 칠판
> ▷ 그림책 『내 가족을 소개합니다』(이윤진 저, 초록우체통, 2009)[1]
> ▷ 각 아이에게 제공할 도화지 2장, 금색 리본 2개(종이 주위에 붙일 수 있을 정도로 큰 것)
> ▷ 각 아이에게 제공할 풀, 가위, 크레용
> ▷ 마스킹 테이프
> ▷ 다양한 가족 구조를 설명하는 여러 권의 아동 도서(후속 활동용)

진행 절차

> 1. 『내 가족을 소개합니다』를 읽으며 이 수업을 시작합니다. 아이들에게 이 이야기에서 표현된 가족 구조를 설명해 달라고 요청합니다. 칠판에 "전통"이라는 단어를 씁니다. 아이들에게 다른 구조를 가진 가족에 대해 아는 것이 있는지 물어

---

1) [역주] 원서와는 다르게 국내 창작 도서로 바꾸었습니다. 이 책은 '편부, 조부모, 입양, 재혼, 다문화' 가족의 이야기를 다루고 있어서 다양한 가족 구성원을 이해하는 데 도움을 줄 수 있습니다.

봅니다. 아이들이 다양한 가족 구성을 설명함에 따라, 각각의 연령에 맞는 적당한 제목을 만들어 게시판에 적어 놓습니다(사례: "한부모 가족" "엄마와 아빠 가족" 또는 "두 가족 자녀와 함께하는 재혼 가족").

2. 가족의 사랑, 보살핌, 공간과 자원을 공유하는 것 등 무엇이 가족을 가족으로 만드는지에 대해 아이들과 토론합니다. 아이들의 대답을 칠판에 적습니다.

3. 종이와 기타 재료를 나누어 줍니다. 아이들에게 가족 초상화를 두 개 그리게 하는데, 하나는 자신의 가족을, 다른 하나는 자신의 가족과 매우 다른 가족의 초상화를 그리게 합니다. 아이들에게 금색 리본을 그림 테두리에 붙여 두 개의 액자를 만들게 합니다.

4. 그림을 벽에 테이프로 붙이고, 아이들이 마치 미술 전시회를 보는 것처럼 조용히 지나가게 합니다.

5. 내용 질문과 개인 질문을 통해 활동을 진행합니다.

 토론

내용 질문

1. 가족을 가족으로 만드는 것은 무엇인가요?
2. 가족들은 모두 다 같은가요?
3. 가족 구조가 변할 수 있을까요? 만약 그렇다면, 어떻게 변할 수 있을까요?

개인 질문

1. 가장 속하고 싶은 가족은 어떤 종류의 가족인가요? 그 이유는 무엇인가요?
2. 우리 가족의 특별한 점은 무엇인가요?
3. 우리 가족에 대해 특별히 자랑스러워하는 것은 무엇인가요?

 후속 활동

다양한 가족 구조를 설명하는 몇 가지 이야기를 아이들에게 읽어 줍니다.
『세상의 모든 가족』(알렉산드라 막사이너 저, 푸른숲주니어, 2014), 『우리는 가족이에요』(박종진 저, 키즈엠, 2019)

사회성 발달 2

우정에 대한 사실

 발달의 관점

아이들이 2학년이 되면서 우정은 점점 더 중요해집니다. 하지만 많은 아이들은 우정을 형성하고 유지하는 기술이 부족합니다. 이 영역에 대한 지속적인 교육은 아이들의 관계를 향상시키고 사회성 발달에 더 만족스러운 결과를 가져올 수 있습니다.

목표

▷ 우정의 특징 파악하기

 준비물

▷ 다음과 같은 항목이 기재된 4장의 종이(1장당 한 가지 항목)

－좋은 친구는 ＿＿＿＿＿＿＿하는 사람이다.

－좋은 친구는 ＿＿＿＿＿＿＿하지 않는다.

－친구들이 가질 수 있는 문제는 ＿＿＿＿＿＿＿이다.

－친구는 ＿＿＿＿＿＿＿을 통해 문제를 해결할 수 있다.

▷ 각 아이에게 제공할 병뚜껑 12개, 종이 클립 또는 다른 종류의 토큰

▷ 각 아이에게 제공할 도시락 크기의 우유팩

▷ 각 아이에게 제공할 종이 및 크레용(후속 활동용)

진행 절차

1. 2학년 첫날에 점심시간이나 운동장에서 새로운 친구를 사귀는 내용의 역할극을 시연할 지원자 두 명을 뽑으며 수업을 시작합니다.

2. 다음과 같은 질문을 이끌어 내면서 역할극을 함께 분석합니다.

▶ 두 아이는 친구가 되고 싶다는 것을 보여 주기 위해 무슨 말을 했나요?

▶ 두 아이는 친구가 되고 싶다는 것을 보여 주기 위해 무엇을 했나요?

3. 다음으로, 첫 번째 종이를 게시하고 "좋은 친구는 _____ 하는 사람이다."라는 주제에 대한 토론을 이끌어 냅니다. 아이들이 이야기하는 것을 종이에 씁니다. 다른 세 가지 주제에 대해서도 동일한 절차를 따릅니다.

4. 토론에 이어 우유팩과 토큰을 나눠 줍니다. 우정에 대한 문장들을 읽을 것이라고 설명합니다. 아이들은 주의 깊게 듣고 읽는 그 문장이 우정에 대한 '사실'인지 '아닌지'를 결정해야 합니다. 만약 문장이 사실이라면 우유팩에 토큰을 넣습니다. 문장을 읽은 후에는 아이들이 해당 항목이 사실이라고 생각할 경우 토큰을 넣을 수 있도록 잠시 멈춥니다.

우정에 대한 '사실'

▶ 친구는 절대로 싸우지 않는다.

▶ 친구는 나와 꼭 닮아야 한다(같은 색의 모발, 피부 등).

▶ 친구는 말다툼을 했어도 서로를 용서할 수 있다.

▶ 친구는 나보다 나이가 많거나 적을 수 있다.

▶ 동시에 둘 이상의 좋은 친구를 가질 수 있다.

▶ 반려동물은 좋은 친구가 될 수 있다.

▶ 친구 사이에는 때때로 서로 문제가 있다.

▶ 친구는 항상 내가 하고 싶은 일을 해야 한다.

▶ 친구는 영원히 친구로 남는다.

▶ 친구는 서로를 위해 좋은 일을 할 수 있다.

▶ 친구는 항상 같은 일 하기를 좋아한다.

5. 시간이 된다면 아이들에게서 다른 예를 이끌어 내고 계속 진행한 후 내용 질문과 개인 질문에 대해 토론합니다.

🧑‍🏫 토론

내용 질문

1. 우유팩에는 몇 개의 토큰이 있나요? 결정하기 어려운 '사실'이 있었나요? (우정에 대한 사실 목록에 대해 토론을 시작하고 의견을 나눕니다.)

2. 우정에 대한 사실이 아니라고 느꼈던 항목은 어느 것인가요? (시간이 지남에 따라 우정이 변한다는 것, 친구는 나이가 많거나 적을 수 있다는 것, 동시에 둘 이상의 좋은

친구를 가질 수 있다는 것, 친구는 항상 상대방이 원하는 대로 하지는 않는다는 것, 그리고 친구는 사이가 안 좋을 때가 있다는 것을 강조하면서 논의에 참여하게 합니다.)

개인 질문

1. 나에게 있어 친구가 가장 중요한 점은 무엇인가요?
2. 어떻게 하면 더 나은 친구가 될 수 있을까요? 나에게 더 좋은 친구가 되기 위해 나의 친구는 어떠하기를 바라나요?
3. 이 수업을 통해 우정에 도움이 될 만한 것을 배웠나요?

 후속 활동

아이들에게 우정에 대한 내용을 적은 우정 카드를 만들어 보게 합니다. 아이들이 특별한 친구들에게 카드를 주도록 격려합니다.

모든 형태의 친구들

발달의 관점

아동기에는 우정의 패턴이 점차 경직되어 새로운 사람이 이미 형성된 기존 집단에 들어가는 것이 어려워집니다. 친구 모임의 규모도 줄어들기 시작하며, 많은 아이들이 소외되기도 합니다. 아이들이 우정의 개념을 확장하도록 돕는 것은 이러한 문제들에 대해 경직되어 있는 아이들의 성향을 변화시키는 데 도움이 될 수 있습니다.

목표

▷ 다양한 종류의 친구 알아보기

준비물

▷ 다음 4개의 그림을 각각 붙인 삼각형, 사각형, 원, 직사각형 모양의 두꺼운 도화지
  - 동물
  - 초등학생
  - 나이 많은 사람
  - 집단 내 대다수의 아이들과 피부색이 다른 아이
▷ 각 아이에게 제공할 '모든 형태의 친구들 – 활동지'(활동지 2)
▷ 각 아이에게 제공할 크레용, 가위, 풀
▷ '모든 형태의 친구들'이라고 적힌 크라프트지 여러 장

진행 절차

1. 그림이 붙은 커다란 도화지를 들어 올리며 수업을 시작합니다. 수업의 주제는 사람들이 가진 다양한 종류의 친구들이라는 것을 명시합니다. 아이들이 그림에 나타난 친구 유형, 즉 동물, 또래 친구, 나이가 더 많은 친구, 그리고 다른 인종이나 국적을 가진 친구에 대한 토론을 하도록 합니다. 아이들에게 다양한 종류의

친구를 생각해 보라고 합니다. 같은 성별이나 다른 성별을 가진 친구, 다른 나라의 친구, 키가 더 크거나 더 작거나 더 마르거나 덩치가 크기 때문에 생김새가 다른 친구 등을 생각해 볼 수 있습니다.

2. '모든 형태의 친구들−활동지'(활동지 2)를 배포합니다. 아이들에게 크레용을 꺼내서 앞에 논의한 예를 바탕으로 그들이 가지고 있는 다양한 유형의 친구를 그려보게 합니다.

3. 아이들이 그림을 다 그리면 이를 오려서 크라프트지 한 장에 모두 붙여서 단체 콜라주를 만들도록 합니다.

4. 아이들이 콜라주를 보고 다양한 유형의 친구에 대해 이야기할 수 있도록 시간을 주고 내용 질문과 개인 질문에 대해 토론합니다.

토론

내용 질문

1. 친구들이 모두 비슷하게 생겼나요?
2. 모든 친구가 똑같이 행동하나요?
3. 모든 친구가 똑같이 생각하나요?
4. 다른 종류의 친구들과 다른 종류의 일을 하나요?
5. 다양한 종류의 친구들을 많이 갖는 것이 중요하다고 생각하나요? 만약 그렇다면, 왜 그렇게 생각하나요?

개인 질문

1. 다양한 종류의 친구들이 많은가요? (사례를 공유합니다.)
2. 많지 않지만 갖고 싶은 친구 유형을 생각해 낼 수 있나요? 어떻게 하면 친구가 될 수 있을까요?

후속 활동

아이들에게 다양한 종류의 우정을 보여 주는 책을 도서관에서 찾아보라고 하고, 그 책을 모두에게 소개할 수 있는 시간을 마련해 줍니다.

모든 형태의 친구들

활동지 2쪽

모든 형태의 친구들

9세

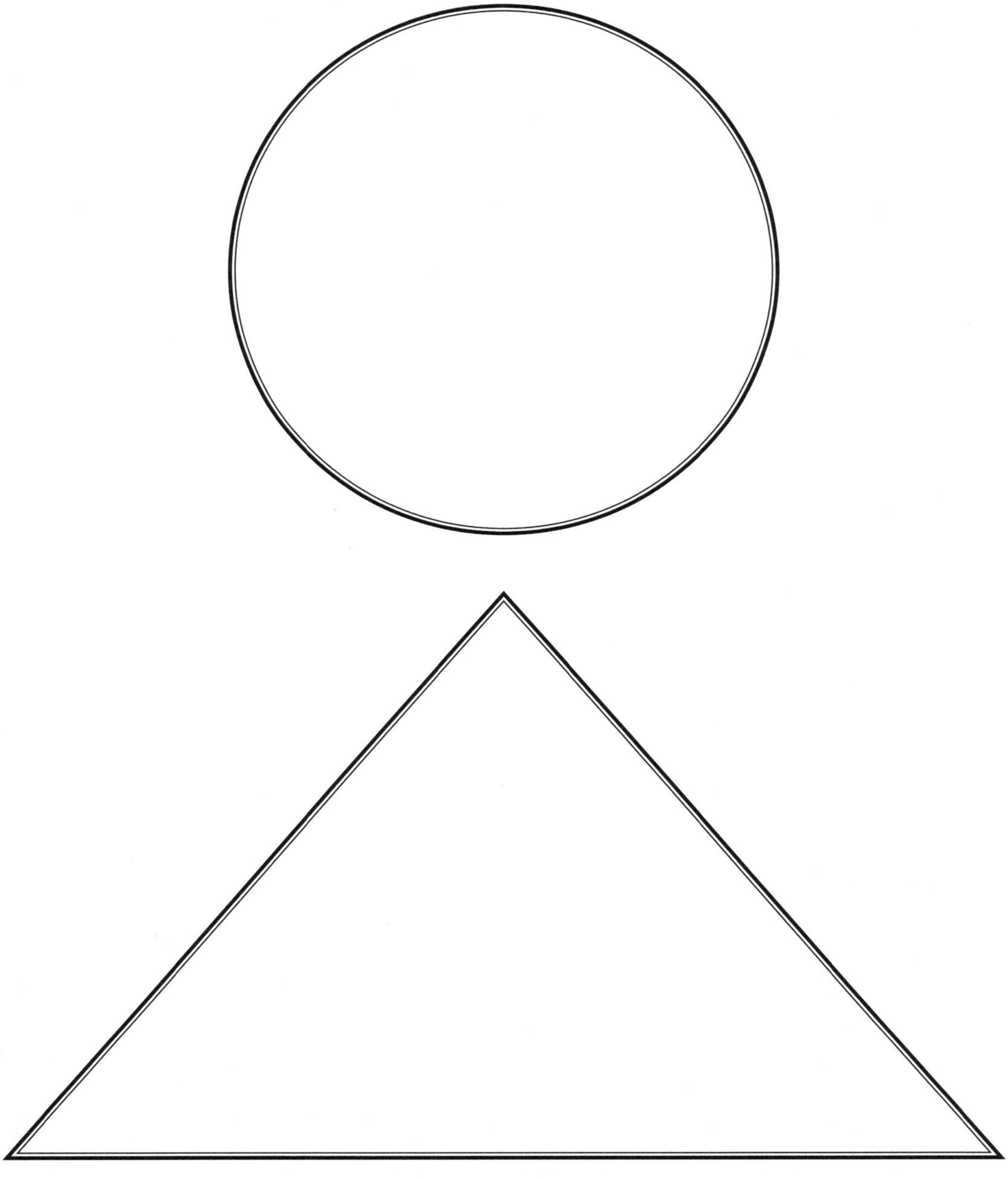

사회성
발달
4

우정의 원

 발달의 관점

또래 집단의 맥락에서 사회화는 이 나이대의 아이들에게 중요한 문제가 됩니다. 집단에서의 수용은 점점 더 중요해집니다. 아이들은 대인관계에서 어떻게 행동하는지가 다른 사람들에게 어떻게 대우받는지에 영향을 미칠 수 있다는 것을 이해할 필요가 있습니다. 긍정적인 우정 행동을 인식하는 것은 아이들의 사회성 발달의 중요한 부분입니다.

목표

▷ 긍정적인 우정 행동과 부정적인 우정 행동 구별하기

준비물

▷ 훌라후프 2개
▷ 콩주머니 2개
▷ '우정의 원─긍정적인 행동과 부정적인 행동'(활동지 3)
▷ 두꺼운 도화지와 풀
▷ 각 아이에게 제공할 단어 카드(13×20cm), 크레용, 안전핀(선택사항)
▷ '우정의 원'이라고 적힌 상자, 여러 장의 종이 조각(후속 활동용)

진행 절차

1. 훌라후프 두 개를 바닥에 놓고 '우정의 원'이라고 설명합니다. 그다음, 훌라후프 주변에 '우정의 원─긍정적인 행동과 부정적인 행동'(활동지 3)을 오려서 붙인 두꺼운 도화지를 무작위로 흩트려 놓습니다.

2. 훌라후프 앞에 아이들을 두 줄 세웁니다. 각 줄의 제일 앞에 선 사람에게 콩주머니를 줍니다. 각 줄에 있는 아이들이 차례로 훌라후프 주위에 있는 종이 조각들 중 하나에 콩주머니를 던질 것이라고 설명합니다. 콩주머니가 떨어진 쪽으로 걸

어가서 가장 가까운 종이 조각을 집어야 합니다. 그러고 나서 각각의 종이를 소리내어 읽어 주고(또는 아이들은 읽기 수준에 따라 직접 읽을 수도 있습니다), 아이들은 그것이 좋은 우정 행동을 나타내는지를 결정합니다. 만약 좋은 우정 행동이라면 자신의 줄 옆에 있는 '우정의 원'에 발을 들여놓습니다. 좋은 우정 행동이 아니라면 원 밖에 서 있습니다. 그런 다음 두 사람이 콩주머니를 던지며, 모든 아이들이 콩주머니를 던질 때까지 같은 방법으로 계속 진행합니다.

3. 내용 질문과 개인 질문을 하면서 활동을 진행합니다.

토론

내용 질문

1. 어떤 것이 우정 행동이고 어떤 것이 아닌지를 결정하기가 어려웠나요? 어떻게 결정했나요?

2. 어떤 행동이 친구를 사귀고 유지하는 데 도움이 될 것이라고 생각하나요? (이러한 제안의 목록을 만들어 아이들이 계속 참고할 수 있도록 교실에 게시합니다.)

개인 질문

1. 자신이 긍정적인 우정 행동을 많이 한다고 생각하나요, 혹은 부정적인 우정 행동을 많이 한다고 생각하나요? 이 점에 대해서 어떻게 느끼나요?

2. 부정적인 우정 행동을 하는 사람과 함께 있을 때 기분이 어떤가요? 이런 식으로 행동하는 사람들과 노는 것이 즐거운가요?

3. 지금 하지 않지만 하고 싶은 우정 행동이 있나요? 그렇다면, 그것은 무엇이며 어떻게 배울 수 있나요? [선택사항: 아이들은 단어 카드(13×20cm)에 하고 싶은 행동의 그림을 그리고, 행동을 기억하기 위해 명찰처럼 착용할 수 있습니다.]

후속 활동

이 수업에서 알아본 긍정적인 우정 행동 중 일부를 아이들이 연습하도록 지시합니다. 긍정적인 행동을 할 때, 종이 조각에 적어서 '우정의 원' 상자에 넣도록 합니다. 하루가 끝날 때마다 상자 속에서 종이 한 장을 꺼내서 실천한 긍정적인 행동을 읽습니다.

우정의 원

긍정적인 행동과 부정적인 행동

지도자 유의사항: 다음의 내용을 두꺼운 도화지에 풀로 붙인 후, 각 항목들을 잘라서 종이 조각으로 만듭니다.

네 셔츠가 참 예쁘네.	내 거야. 넌 그거 못 가져.
같이 놀아도 돼?	그런 바보 같은 게임은 하고 싶지 않아.
네 외투 별로야.	넌 속았어.
좋은 지적이야.	그건 멍청한 생각이야.
넌 문제를 많이 틀렸어. 바보 같아.	내가 하고 싶은 걸 하지 않으면 너랑 안 놀 거야.
난 네가 싫어.	나랑 나눠 쓰자.
네가 내 친구가 되었으면 좋겠어.	내 새 장난감을 가지고 놀래?
쟤 계속 혼자 있어. 같이 놀자고 하자.	넌 좋은 아이디어들이 많아. 숙제를 너랑 같이하면 좋겠어.
너랑 같이 노는 게 정말 재미있어.	내 물건을 가지고 놀게 놔두지 않을 거야.
네 게임 먼저 하고, 다음에 내 게임 할래?	넌 뛰는 게 이상해. 난 네가 내 팀에 끼는 걸 원치 않아.
조용히 해!	걔랑 놀지 마. 걔 냄새 나.
우리가 뭘 하고 놀지 네가 결정할 차례야.	내 비밀을 지켜 줘서 고마워.

문제가 뭐야?

**인지
발달
1**

 발달의 관점

이 나이대의 아이들은 문제를 해결할 때 상황의 여러 가지 측면을 고려하기 시작합니다. 그러나 정보를 명료하게 구조화하고 문제해결 과정의 특정 단계를 파악하는 것을 배울 필요가 있습니다. 학습을 통해 아이들은 이러한 인지 기술을 효과적으로 활용할 수 있습니다.

목표

▷ 문제를 명확하게 정의하는 것 배우기

▷ 문제해결 과정의 단계 파악하기

준비물

▷ 칠판

▷ '문제가 뭐야?–활동지'(활동지 4)와 각 파트너에게 제공할 연필

▷ 다음과 같이 적혀 있는 '브레인스토밍 규칙' 포스터

  – 가능한 한 많은 아이디어를 떠올린다.

  – 말도 안 되는, 기발한 아이디어를 생각해 본다.

  – 브레인스토밍 과정에서 어떤 아이디어도 배제하지 않는다.

  – 다른 사람의 아이디어를 따라 하지 않는다.

  – 각각의 생각을 적는다.

▷ 외투, 지저분한 방 사진, 세 종류의 초코바

진행 절차

1. 아이들에게 다음과 같은 시를 읽어 주며 수업을 시작합니다. 문제를 파악할 수 있도록 귀 기울여 듣게 합니다.

121

침대에서 일어날 수 없었던

프레드라는 젊은이가 있었습니다.

프레드의 침대는 매우 높아서

거의 하늘에 닿을 정도였습니다.

그런데도 프레드는 스스로 침대에서 내려왔습니다.

프레드의 문제가 무엇이라고 생각하는지 아이들에게서 대답을 요청합니다. 그러고 나서 칠판에 "프레드가 어떻게 침대에서 내려올 수 있었을까?"라는 질문의 형태로 문제를 씁니다.

2. 문제해결 과정의 첫 번째 단계는 무엇이 문제인지 파악하는 것이라고 설명합니다. 두 번째 단계는 가능한 한 많고 다양한 방법으로 문제를 해결하는 것입니다. 브레인스토밍 규칙의 포스터를 게시하고 각 규칙을 되새깁니다. 그런 다음, 프레드의 문제를 해결하는 방법에 대해 브레인스토밍을 하기 위해 학급의 아이들에게 3, 4분의 시간을 줍니다. 브레인스토밍을 하면서 아이들의 생각을 칠판에 씁니다.

3. 다음으로, 문제해결 과정의 세 번째 단계를 소개합니다. 이 단계에서는 문제를 해결하는 데 가장 효과가 있을 것이라고 생각하는 아이디어를 선택합니다. 아이들이 브레인스토밍한 아이디어 목록을 보고 어떤 아이디어가 효과가 없을 것이라고 생각하는지(그리고 왜 그런지) 논의하도록 합니다. 다른 아이들에게 이 아이디어를 제외하는 데 동의하는지, 동의하지 않는지 묻고, 대다수 아이들이 효과가 없을 거라고 생각하는 것에는 선을 그으며 제외합니다. 최선의 해결책이 결정될 때까지 이 과정을 계속합니다.

4. 마지막으로, 계획을 세우고 실행하는 문제해결 과정의 최종 단계를 소개합니다. 아이들에게 합의된 해결책에 기초하여 프레드에게 가상의 계획을 제안하도록 요청합니다.

5. 아이들에게 파트너를 찾게 한 다음 각 파트너에게 '문제가 뭐야?－활동지'(활동지 4)와 연필을 줍니다. 그리고 해결해야 할 문제를 몇 가지 이야기할 것이라고 설명합니다. 아이들은 설명하는 문제를 들으면서 해결책을 찾기 위해 문제해결 과정의 단계를 따라야 합니다. 필요한 경우 도움을 주고, 아이들이 다음 문제로 넘어가기 전에 해결책을 찾을 수 있도록 충분한 시간을 줍니다.

▶ 문제 1: 외투를 들고, 아이들에게 쇼핑센터에 있다가 외투를 잃어버렸다고 상상해 보게 합니다.

▶ 문제 2: 지저분한 방의 사진을 들고, 아이들에게 이곳이 자신의 방이고 청소를 해야 한다고 상상해 보게 합니다.

▶ 문제 3: 초코바 세 개를 들고, 아이들에게 과자가게에 있는데 하나만 고를 수 있다고 상상해 보게 합니다.

6. 활동지를 완료한 후에 전체 그룹과 해결책을 공유할 수 있는 시간을 줍니다.

7. 내용 질문과 개인 질문을 하면서 활동을 진행합니다.

토론

내용 질문

1. 문제해결 과정의 단계를 사용하는 것이 이러한 문제에 대한 좋은 해결책을 찾는 데 도움이 되었다고 생각하나요? (대답을 공유하게 합니다.)

2. 과정의 어느 단계가 가장 힘들었나요? 어느 단계가 가장 쉬웠나요?

3. 이 과정을 따르지 않을 경우 어떻게 해결책을 찾을 수 있다고 생각하나요?

개인 질문

1. 문제가 있을 때 어떻게 해결책을 찾나요?

2. 자신이 가지고 있는 문제를 해결하기 위해 이 문제해결 과정을 이용하는 것이 도움이 될 것이라고 생각하나요?

후속 활동

아이들에게 수업을 진행하는 데 사용한 것과 비슷한 5행시를 짓게 합니다. 짝에게 5행시를 읽어 주고 문제해결 과정을 적용하여 해결책을 찾도록 합니다.

문제가 뭐야?

지시사항: 문제해결 단계에 따라 각 문제에 대한 답을 찾습니다. 빈칸에 아이디어를 기록합니다.

문제 1   1단계: 문제가 무엇인가요?

_____

_____

_____

2단계: 브레인스토밍을 통해 여러 해결책을 제시합니다.

_____

_____

_____

3단계: 가장 좋은 아이디어를 선택합니다.

_____

_____

4단계: 계획을 세웁니다.

_____

_____

_____

문제가 뭐야?

문제 2 1단계: 문제가 무엇인가요?

_____

_____

_____

2단계: 브레인스토밍을 통해 여러 해결책을 제시합니다.

_____

_____

_____

3단계: 가장 좋은 아이디어를 선택합니다.

_____

_____

4단계: 계획을 세웁니다.

_____

_____

_____

문제가 뭐야?

문제 3   1단계: 문제가 무엇인가요?

_____

_____

_____

2단계: 브레인스토밍을 통해 여러 해결책을 제시합니다.

_____

_____

_____

3단계: 가장 좋은 아이디어를 선택합니다.

_____

_____

4단계: 계획을 세웁니다.

_____

_____

_____

활동지 4

인지 발달 2	그게 사실이니?

발달의 관점

논리적으로 생각하는 능력이 향상되었음에도 불구하고, 아이들은 종종 사실과 가정을 구분하지 못합니다. 그래서 여러 가지 다른 분야에서 오해가 생기고 문제가 발생할 수 있습니다.

목표

▷ 사실과 가정 구별하기
▷ 가정을 통해 발생할 수 있는 부정적 결과 파악하기

준비물

▷ '사실 대 가정' 문장을 만들어 낼 수 있는 여러 장의 잡지 그림 또는 사진(예: 감정을 나타내는 얼굴 사진, 어떤 행동을 하고 있는 사람의 사진)
▷ 각 아이에게 제공할 종이와 연필
▷ 동요 CD

진행 절차

1. 선택한 잡지 그림이나 사진을 하나씩 꺼내 보이면서 사진 속 사람이 어떤 기분일지, 어떤 일이 일어나고 있는지 아이들에게 물어봅니다. 그런 다음, 사진 속 사람들이 어떤 색 셔츠를 입고 있는지, 얼마나 많은 사람들이 있는지, 어떤 행동이 일어나고 있는지 등을 말해 달라고 요청합니다.
2. 사실(사실이라고 증명할 수 있는 것)과 가정(사실이라고 생각하는 것)의 차이에 대해 논의합니다. 아이들이 가정은 일어날 수 있는 일에 대한 추측일 뿐이고, 사람들은 사실을 확인하지 않고 가정을 하는 것이 매우 일반적이라는 것을 이해할 수 있도록 해당 개념에 대해 자세히 설명합니다.
3. 다음으로, 아이들에게 종이와 연필을 꺼내어 종이에 1~8번으로 번호를 매기라

127

고 합니다. 몇 가지 짧은 상황을 읽어 줍니다. 아이들은 상황이 사실인지 가정인지를 결정하고 사실이면 F, 가정이면 A를 종이에 적어야 합니다.

▶ 상황 1: 저스틴은 아침마다 교실에서 수다스럽다. 오늘 아침에는 매우 조용하다. 선생님은 교실 문 밖에서 저스틴과 이야기를 나누고 있다. 저스틴이 선생님한테 혼나고 있는 것이 틀림없다. (A)

▶ 상황 2: 안젤리나는 보통 점심 때 스테이시와 같이 앉지 않거나, 쉬는 시간에 함께 놀지 않는다. 오늘 두 사람이 함께 앉아서 내내 이야기를 나누며 웃었다. 안젤리나와 스테이시는 절친한 친구다. (A)

▶ 상황 3: 데메트리우스는 아침 식사로 초코바만 먹는다. 오늘 아침 부엌에 갔더니 아버지가 초코바가 다 떨어졌다고 알려 주었고, 그래서 데메트리우스는 아침을 먹는 것을 거절했다. (F)

▶ 상황 4: 자스민은 마르쿠스와 조이가 학교 가기 전에 운동장에서 싸우는 것을 보았다. 또 그날 늦게 두 사람이 교장실에서 나오는 것을 보았다. 자스민은 두 아이들이 다음 주 학교에서 가는 소풍을 가지 못할 것이라고 확신한다. (A)

▶ 상황 5: 나는 새 연필을 사방으로 찾아다녔다. 도서관에 가려고 방을 나섰을 때 그 연필은 책상에 있었다. 연필을 도서관에 가지고 가지 않았다고 확신한다. 내 연필이 없어졌다. (F)

▶ 상황 6: 선생님은 항상 아침에 나를 보고 웃는다. 오늘은 선생님이 복도에서 나를 보고도 미소를 짓지 않았다. 선생님이 나한테 화난 것 같다. (A)

▶ 상황 7: 통학버스를 거의 놓칠 뻔했다. 버스에 타니, 친구 카림이 다른 사람과 앉아 있는 것이 보였다. 실망스럽다. (F)

▶ 상황 8: 오늘 아침 학교에 와서 책상에 25센트짜리 동전을 두 개 놓아 두었다. 그 돈이 없어졌다. 채드가 가져가는 것을 보지 못했지만 훔쳤을 것이라고 확신한다. (A)

4. 아이들이 표기를 마친 후, 각각의 가정(1, 2, 4, 6, 8)을 살펴보면서 왜 사실이 아닌 가정인지 토론합니다. 그런 다음, 사람들이 가정을 할 때 발생할 수 있는 부정적인 결과에 대한 토론에 아이들을 참여시킵니다. 예를 들어, 만약 누군가 당신의 돈을 훔쳤다고 가정하고 그 사람을 고발한다면, 그는 매우 화가 나서 다시는 당신의 친구가 될 수 없을 것입니다. 아이들에게 다른 예시들을 이야기하게 합니다.

5. 다음으로, 아이들에게 교실 앞으로 조용히 의자를 가져오라고 합니다. 모든 의

자를 동그랗게 놓고 하나는 뺍니다. 음악을 틀고 음악이 멈출 때까지 아이들은 의자 주위를 걸어 다닙니다. 음악이 멈추면 아이들은 의자를 찾아서 앉아야 합니다. 서 있는 아이는 진행자가 다음 목록의 사실이나 가정을 읽는 것을 듣고 그 문장이 무엇에 해당하는지, 왜 그렇게 생각하는지를 큰 소리로 대답하게 합니다. 그리고 다른 아이들은 동의하는지 동의하지 않는지에 대해 이야기한 후 다시 원을 만들어 음악을 재생합니다. 음악이 멈추면 다음 아이는 같은 절차를 따르며, 게임은 모든 사실과 가정을 읽을 때까지 계속됩니다.

그게 사실이니?

▶ 옥수수는 채소다.(F)

▶ 고양이는 훌륭한 반려동물이다.(A)

▶ 여기는 멋진 학교다.(A)

▶ 소는 동물이다.(F)

▶ 수학은 쉽다.(A)

▶ 학교 급식은 맛있다.(A)

▶ 찡그린 사람은 화가 난 것이다.(A)

▶ 여자애들은 남자애들보다 똑똑하다.(A)

▶ 어떤 개들은 사람을 문다.(F)

▶ 친구가 점심시간에 옆에 앉지 않으면, 그 친구는 나에게 화가 난 것이다.(A)

▶ 수영하는 법을 배우는 것은 어렵다.(A)

▶ 파티에 초대받지 못한다면, 아무도 나를 좋아하지 않기 때문이다.(A)

▶ 밸런타인데이에는 누구나 선물을 준다.(A)

▶ 이가 빠지는 것은 흥미진진하다.(A)

▶ 만약 누군가가 나를 보지 않는다면, 그 사람이 더 이상 나의 친구가 아니라는 것을 의미한다.(A)

▶ 사과는 과일이다.(F)

▶ 워싱턴 D.C.는 미국의 수도이다.(F)

▶ 2학년 애들은 3학년 애들보다 더 좋다.(A)

▶ 빨간색은 색상이다.(F)

▶ 바람이 불면 태풍이 온다는 뜻이다.(A)

▶ 오늘 누군가 나에게 화를 내면 그 사람은 항상 나에게 화를 낼 것이다.(A)

6. 내용 질문과 개인 질문을 하면서 활동을 진행합니다.

 토론

내용 질문

1. 사실이란 무엇인가요?

2. 사실과 가정은 어떻게 다른가요?

3. 어떻게 가정을 사실로 바꿀 수 있나요?

4. 가정을 해서 일어날 수 있는 나쁜 일에는 어떤 것들이 있나요?

개인 질문

1. 나에 대해 사실이 아닌 가정이 있었던 때를 생각해 봅니다. 어떻게 느꼈고, 결과는 어땠나요?

2. 가정을 하고 옳았던 적이 있나요?

3. 틀릴 수 있는 가정을 하지 않기 위해 무엇을 할 수 있나요?

4. 사실과 가정의 차이를 아는 것이 친구와의 관계에 어떤 도움이 될 것이라고 생각하나요? 부모님과의 관계는 어떤가요? 선생님들과의 관계는 어떤가요?

후속 활동

2인 1조로 하여 사실과 가정에 대한 몇 가지 예를 만듭니다. 모든 예들을 모으고 그 예들을 이용하여 다시 의자 게임을 실시합니다.

인지
발달

3

결정, 결정, 결정

9세

 **발달의 관점**

아이들은 점점 더 복잡해진 사회에서 자라고 있습니다. 따라서 아이들은 성숙해질수록 많은 결정을 내려야 하고, 그중 많은 것은 이전 세대의 아이들이 내린 결정보다 더 어렵고 더 중요한 결과를 낳게 될 것입니다. 결정을 평가하는 것은 아이들이 어린 나이에 꼭 배워야 하는 기술입니다.

목표

▷ 일상생활에서 하는 결정 알아보기
▷ 좋은, 타당한, 좋지 않은 의사결정을 평가하는 것 배우기

준비물

▷ 각 아이에게 제공할 '결정, 결정, 결정−탐색지'(활동지 5), 연필

진행 절차

1. 아이들에게 '결정 찾기'를 진행할 것이라고 설명하면서 수업을 시작합니다. 그 전에 결정이란 무엇인지에 대해 설명해 줍니다. 결정을 내릴 때는 무언가에 대해 마음을 굳게 먹어야 한다는 점을 논합니다. 예를 들어, 옆자리 친구와 소곤소곤 이야기하는 것 대신에 선생님이 하는 말을 듣겠다고 결정합니다. 결정은 좋은 것일 수도 있고, 타당한 수도 있고, 나쁜 것일 수도 있다는 것을 강조합니다.

2. 각 아이에게 '결정, 결정, 결정'(활동지 5)를 주고 연필이 있는지 확인합니다. 아이들이 자신의 활동지에 서명할 수 있는 다른 아이들을 찾기 위해 교실을 돌아다닐 것이라고 설명합니다. 찾는 동안에는 말을 하면 안 됩니다. 아이들은 다른 아이에게 다가가서 종이를 내밀고, 그 아이는 해당 항목에 대해 결정을 내려 본 적이 있다면 자신의 이름을 적은 뒤 종이를 돌려줍니다. 이름을 적을 것이 없으

131

면 고개를 흔듭니다. 아이들에게 한 칸에 하나의 이름만 쓰면 되고, 모든 칸을 채우면 자리에 앉는다고 말합니다.

지도자 유의사항: 아이들의 읽기 수준에 따라, 시작하기 전에 큰 소리로 항목을 읽어 줄 수도 있습니다.

3. 아이들 대부분이 활동을 마친 후, 각각의 결정에 대해 토론합니다. 아이들에게 이것이 좋은 결정인지, 타당한 결정인지, 아니면 나쁜 결정인지 묻고 그 이유도 물어봅니다. 결정을 평가하는 데 도움이 되는 점으로 결과를 검토하는 것의 중요성을 강조합니다. 예를 들어, 잠잘 시간이 한참 지났기 때문에 매우 피곤하다면(결과), 늦게까지 깨어 있는 것은 좋은 결정이었을까? 이 개념에 대해 그리고 몇몇 결정은 어떤 아이들에게는 좋을지 모르지만 다른 아이들에게 나쁠 수도 있다는 사실에 대해 자세히 설명합니다. 예를 들어, 받아쓰기에서 항상 만점을 받는 아이는 어쩌면 공부를 오래할 필요가 없을 수도 있기 때문에 공부하는 대신 잠깐 TV를 시청해도 괜찮을 것입니다. 아이들에게서 또 다른 예들을 이끌어 냅니다.

4. 내용 질문과 개인 질문을 통해 활동을 진행합니다.

토론

내용 질문

1. 종이에 서명해 줄 수 있는 아이들을 찾기가 어려웠나요?
2. 또래 아이들이 내리는 일반적인 결정의 다른 예들은 무엇이 있나요?
3. 결정이 좋은지, 타당한지, 나쁜지를 어떻게 결정할 수 있나요?

개인 질문

1. 결정을 내릴 때, 자신이 할 수 있는 최선의 결정을 하기 위해 신중하게 생각하나요, 아니면 오래 생각하지 않고 빨리 결정하나요?
2. 큰 결정이 아니었기 때문에 빨리 내린 결정을 몇 가지 생각해 볼 수 있나요? (어떤 맛의 사탕을 살 것인가와 같은 사례들)
3. 자신에게 매우 어려웠던 결정이 있었나요? 무엇이 그것을 어렵게 만들었나요?

후속 활동

활동지를 집으로 가져가서 부모님이나 형제들이 정기적으로 내리는 결정의 다른 예들을 묻도록 요청합니다. 아이들에게 그들이 주로 내리는 결정이 좋은 것인지, 타당한 것인지, 아니면 나쁜 것인지 다른 사람들과 논의해 보라고 합니다.

결정, 결정, 결정

이름: _____ 날짜: _____

지시사항: 말을 하지 않고 걸어 다니면서, 활동지를 다른 아이들에게 건넵니다. 어떤 아이가 아래의 항목 중에서 하나 이상의 결정을 내린 적이 있다면, 해당되는 빈 공간에 서명을 합니다. 각 칸마다 하나의 서명만 받으면 됩니다.

이름

1. 아침식사로 밥 대신 시리얼을 먹기로 했습니다.

   _____

2. 착하게 행동하지 않고 언니나 오빠를 놀리기로 했습니다.

   _____

3. 엄마가 불렀을 때 밖에서 좀 더 놀지 않고 집에 가기로 했습니다.

   _____

4. 누가 시키기 전에 먼저 방을 정리한 다음 TV를 보기로 했습니다.

   _____

5. 자야 할 시간이 되면 부모님과 다투지 않고 잠자리에 들기로 했습니다.

   _____

6. 누가 부탁하지 않아도 형제자매와 장난감을 나누어 쓰기로 했습니다.

   _____

7. 장난감을 정리하라고 했을 때 엄마한테 말대꾸를 하기로 마음먹었습니다.

   _____

8. 부모님이 옆에 있으라고 했지만 가게 안을 돌아다니기로 했습니다.

   _____

다른 선택사항

 발달의 관점

이 발달 단계에 있는 아이들은 구체적인 사고방식을 갖고 있기 때문에, 종종 말을 그대로 받아들이며, 다른 선택사항들을 고려하는 데 어려움을 겪습니다. 아이들의 이러한 인지 능력의 제한은 사회적, 정서적, 학문적으로 영향을 미칩니다. 아이들이 상황에 대해 대안을 생각해 보도록 가르치는 것은 인지 발달의 중요한 부분입니다.

목표

▷ 선택사항 알아보기
▷ 선택사항을 고려하는 것이 감정과 행동에 미치는 영향 알아보기

준비물

▷ 인형 3개
▷ 마스킹 테이프
▷ 각 아이에게 제공할 종이와 크레용

진행 절차

1. 아이들을 위한 간단한 인형극을 하면서 이 수업을 시작합니다. 융통성 없는 리차드, 절대적인 애너벨, 다른 선택들만 추구하는 올리버 등 등장인물을 소개합니다. 등장인물들은 비가 와서 밖에서 놀 수 없기 때문에 안에서 무엇을 해야 할지 결정하려고 애쓰고 있습니다. 리차드는 레고를 가지고 놀고 싶다고 말했고, 애너벨은 색칠놀이를 하고 싶다고 말합니다. 이들은 어떤 아이디어가 제일 좋은지에 대해 논쟁합니다. 그러고 나서 올리버가 색칠놀이나 레고 말고도 할 수 있는 일이 많다고 말합니다. 올리버는 상자로 성을 만들거나, 친구들을 위해 인형극을 하거나, 장난감으로 괴물 만들기 등의 제안을 합니다. 다른 두 아이는

135

올리버를 보고 그런 다른 아이디어는 생각해 보지 않았다고 말합니다.

2. 우리는 때때로 여러 선택사항을 고려하는 대신 둘 중에 하나로만 선택하는 경향이 있다는 것을 아이들과 토론합니다. 예를 들면, 선생님이 나에게 학급 도우미가 되어 달라고 부탁하지 않았기 때문에, 나는 선생님이 나를 좋은 학급 도우미로 여기지 않는다고 생각합니다. 만약 선생님이 나를 선택했다면, 선생님이 나를 좋은 학급 도우미로 본다고 생각할 것입니다. 아이들에게 선생님이 자신을 학급 도우미로 선택하지 않은 다른 이유에 대해 생각해 보도록 합니다. 아마 지난주에 맡았거나, 선생님이 지난번에 여자아이를 골랐기 때문에 이번에는 남자아이를 골랐을 수 있습니다. 다른 예를 들어 봅니다. 친구가 나를 생일파티에 초대하지 않았습니다. 만약 초대를 받는다면 친구가 나를 좋아한다는 것을 의미하며, 만약 초대를 받지 않는다면 친구가 나를 좋아하지 않는다는 것을 의미한다고 생각합니다. 이 상황에 대해서 생각할 수 있는 다른 방법을 아이들로부터 이끌어 냅니다. 예를 들어, 그 친구는 몇 명의 아이들만 초대할 수 있었고 그 친구는 작년에 나를 초대했기 때문에 올해는 다른 사람을 초대하기로 결정했을 수 있습니다. 만약 이 상황을 양자택일의 방식으로만 본다면 무슨 일이 일어날 수 있는지 토론해 봅니다. 매우 슬플 수도 있고, 친구와 말을 하지 않을 수도 있습니다. 하지만 다른 선택사항들을 고려한다면, 그렇게 슬프거나 화나지는 않을 것입니다.

3. 바닥에 긴 마스킹 테이프를 붙이고 이것은 연결된 선이라고 설명합니다. 이 선이 다양한 선택을 보여 줄 수 있다는 점을 말합니다. 한쪽 끝에는 하나의 선택이 있고, 다른 쪽 끝에는 또 다른 선택이 있으며, 그 사이에는 여러 가지 선택들이 있습니다. 지원자 2명을 불러서 선 옆에 서 달라고 합니다. 선의 한쪽 끝은 '항상 반항함'을 의미하며 다른 쪽 끝은 '절대 반항하지 않음'을 의미합니다. 선의 중간은 '가끔 반항함'을 의미하며, 가끔 그리고 항상 반항함과 절대 반항하지 않음 사이에는 '꽤 많이 반항함'과 '대부분 시키는 대로 따름'을 의미한다고 설명합니다. 그리고 다음의 상황을 읽습니다.

> 어젯밤 키샤의 어머니는 모임에 나갔고, 키샤와 남동생은 어머니의 말을 어겼습니다. 사탕을 먹지 않기로 했고(하지만 사탕을 먹었고), 9시에 잠자리에 들기로 했습니다(하지만 할머니를 설득하여 밤늦게까지 깨어 있었습니다).

두 지원자에게 키샤와 남동생이 항상 반항하는지, 절대로 반항하지 않는지, 아니면 그들의 행동이 그 중간쯤인지에 대해 생각해 보라고 합니다. 지원자들에게 실제로 선에서 자리를 잡게 합니다. 자리를 잡은 후에는 어디에 서 있는지, 왜 그곳에 서 있는지 토론합니다. 이때 이 상황에 대해 생각하는 두 가지 방법(항상 또는 절대)만 있는 것이 아니라 다른 선택사항들이 있다는 점을 강조합니다.

4. 다음 상황을 읽고, 이번에는 4명의 지원자를 뽑습니다. 다음 상황을 들려줍니다.

> 사무엘의 아버지는 아들과 함께 주말을 보내길 원했지만, 사무엘은 금요일 밤부터 토요일 정오까지 스카우트 캠프에 갔습니다. 사무엘은 아버지를 보고 싶었지만, 스카우트 여행도 정말 가고 싶어 했습니다. 사무엘은 어떤 선택을 할 수 있을까요?

한쪽 끝을 '아버지와 함께'로 하고 다른 쪽 끝을 '스카우트와 함께'로 지정합니다. 지원자들에게 두 가지 선택을 포함하여 자신이 선택한 선 위에 서라고 요청합니다. 모든 지원자들이 자리를 잡은 후에, 각자의 의견을 말하라고 합니다. 그들이 선택한 것을 보고 상황을 보는 방법을 깨닫게 합니다.

5. 아이들에게 종이와 크레용을 꺼내게 합니다. 문제 상황과 그때 자신은 어떤 선택을 했는지에 대한 만화를 그려 달라고 합니다. 요점을 이해하는 데 도움을 주기 위해 말풍선을 사용할 수도 있습니다.

6. 아이들이 만화를 공유할 시간을 준 다음, 내용 질문과 개인 질문에 대해 토론합니다.

 토론

내용 질문

1. 만화를 그리면서, 상황을 보는 다른 방법을 생각해 내기가 어려웠나요?

2. 어떤 선택을 했는가가 중요하다고 생각하나요? 왜 그런가요? 혹은 왜 그렇지 않은가요?

3. 어떤 상황에서 모든 선택을 고려하지 않으면 일어날 수 있는 나쁜 일에는 어떤 것들이 있을까요?

개인 질문

1. 보통 여러 선택을 생각하나요, 아니면 '둘 중 하나'를 생각하나요?

2. 어떤 상황에 대한 선택이나 다른 방법을 확인하지 않았기 때문에 나쁜 감정을 느끼거나 나쁘게 행동한 적이 있나요? (경험을 공유합니다.)

3. 이 수업을 통해 미래에 도움이 될 만한 것을 배웠나요?

 후속 활동

마스킹 테이프를 바닥에서 떼지 말고, 사건이 발생할 때 아이들이 상황을 더 잘 볼 수 있도록 선 위에 선택사항을 적어 놓도록 합니다.

REBT 기반 인성교육 프로그램

자기 발달
〈활동〉

1 내가 누구인지, 어떻게 행동하는지
2 완벽하게 완벽해지기
3 하나, 둘, 셋, 나
4 저요? 그래 너!

정서 발달
〈활동〉

1 내 기분은 어떻지?
2 감정에 대처하기
3 불안해하는 것
4 좋거나, 괜찮거나, 별로 좋지 않거나

사회성 발달
〈활동〉

1 남자가 하는 것, 여자가 하는 것
2 '함께'가 더 좋아
3 친구 사귀기
4 그들은 나를 선택하지 않았어

인지 발달
〈활동〉

1 큰 결정, 작은 결정, 중간 결정
2 만약 그렇다면 어떻게 될까?
3 해결하기
4 생각이 그렇게 만드는 거야

자기 발달 1 — 내가 누구인지, 어떻게 행동하는지

발달의 관점

아동기의 중요한 과제 중 하나는 행동 통제 전략뿐만 아니라 자신의 행동에 대한 기준과 기대를 개발하는 것입니다. 성장해 감에 따라 아이들은 자신의 행동 기준을 자아개념에 포함시키기 시작합니다. 아직 구체적인 사고 단계에 있기 때문에 '자기가치'를 행동과 동일시하기 쉽습니다. 이는 부정적인 자아개념을 초래할 수 있습니다. 아이들은 자신의 행동을 바꿀 수 있지만, 어떻게 행동하느냐가 한 사람으로서의 가치를 반영하지 않는다는 사실을 알아내는 것이 중요합니다.

목표

▷ 어떻게 행동하느냐가 자기가치를 결정하지 않는다는 것 배우기

준비물

▷ 칠판
▷ 각 아이에게 제공할 빈 라벨 스티커가 부착된 캔 3개
▷ 각 아이에게 제공할 토큰(예: 동전, 클립, 병뚜껑) 10개

진행 절차

1. 아이들이 눈을 감고 아주 잘 행동했던 때를 생각하면서 수업을 시작합니다. 아이들에게 생각해 낸 좋은 행동들이 무엇이었는지를 예를 들게 하고 칠판에 적습니다. 그리고 다시 눈을 감고 그들이 나쁘게 행동했던 때를 생각해 보라고 합니다. 그러한 행동들이 무엇이었는지 예를 물어보고 그것들을 칠판에 씁니다.

2. 다음으로, 캔과 토큰을 각 아이에게 나누어 줍니다. 아이들에게 첫 번째 캔에 '좋은', 두 번째 캔에 '나쁜', 그리고 세 번째 캔에 '다소 좋은 편인/다소 나쁜 편인'이라고 쓰도록 합니다. 그리고 몇 가지 시나리오를 읽어 줄 것이라고 알립니다. 각각의 행동 시나리오를 읽은 후에, 아이들은 그 행동을 분류하는 데 가장 적합한

캔에 동전이나 토큰을 넣어야 합니다.

'내가 누구인지, 어떻게 행동하는지' 시나리오

- ▶ 방과 후에 친구 집에 간다. 친구는 내가 하고 싶지 않은 것을 하고 싶어 해서 친구에게 아프다고 말하고 집에 가려고 한다.
- ▶ 생일파티에 초대받았다. 그 아이를 별로 좋아하지 않지만, 어쨌든 가서 멋진 선물을 준다.
- ▶ 친구 중 한 명이 자전거에서 떨어지는 것을 보았다. 걸어가서 그 친구가 자전거를 세우도록 도와주고, 다쳤는지 물어본다.
- ▶ 쉬는 시간에 운동장에 나왔다. 5학년 형이 다가와서 반 친구 중 한 명에게서 공을 빼앗으려 한다. 나는 5학년 형의 다리를 걸어차며 가라고 소리친다.
- ▶ 나와 사촌언니는 이모와 함께 영화를 보러 간다. 이모는 팝콘을 먹지 말라고 한다. 왜냐하면 팝콘 때문에 저녁식사를 제대로 먹지 못할 것이기 때문이다. 나는 이모와 함께 그 바보 같은 영화를 보러 가고 싶지 않다고 말한다.
- ▶ 엄마가 반 친구의 아빠가 교도소에 있다고 말하는 걸 들었다. 다음 날 학교에 가서 독서그룹에 있는 다른 친구들에게 말한다.
- ▶ 나는 모든 문제를 맞혔지만 맞은편에 앉아 있던 아이는 몇 개를 틀렸다. 그 아이에게 왜 그렇게 많이 틀렸는지 물어본다.
- ▶ 할머니께서 편찮으시다. 할머니를 위해 카드를 쓰고 정원에서 꽃을 꺾어 할머니께 드린다.
- ▶ 이번 주말에 아빠와 새엄마의 집에 방문한다. 거기 도착하면, 새언니가 내 비디오 게임을 할 수 있는지 물어본다. 나는 싫다고 하고 언니에게 가라고 한다.

3. 모든 시나리오를 읽은 후 아이들에게 각 캔에 있는 토큰을 세어 보라고 합니다. 각 캔에 있는 토큰을 합친 수를 칠판에 기록합니다. 내용 질문 1~3을 토론합니다.
4. 다음 이야기를 읽은 후, 남은 내용 질문과 개인 질문에 대해 토론합니다.

'내가 누구인지, 어떻게 행동하는지' 이야기

조슈아는 자전거를 타고 친구 안토니오의 집으로 갔습니다. 그곳에 도착한 후, 조슈아는 안토니오의 롤러블레이드를 타고 싶었는데 안토니오가 못 타게 하자 그와 싸우게 되었습니다. 조슈아는 안토니오에게 욕을 했고 안토니오는 이를 새엄마에게 말했습니다. 새엄마는 조슈아에게 그렇게 행동하면 여기에서 놀 수 없다고 말했습니다. 화가 난 조슈아는 안토니오의 새엄마에게 혀를 내밀었고, 이에 안토니오의 새엄마는 조슈아에게 집으로 돌아가도록 했습니다. 문 밖으로 나가는 길에 조슈아는 롤러블레이드를 걷어차고 문을 쾅 닫아 버렸습니다.

조슈아는 집으로 바로 가지 않고 단지를 돌아 공원에서 놀기로 했습니다. 시간이 많이 지나고 나서 조슈아가 집으로 왔을 때, 아버지는 매우 화가 났습니다. 아버지는 조슈아가 곧장 집으로 돌아오지 않아서 매우 걱정되었고 화가 났다고 했습니다. 아버지는 조슈아에게 방으로 들어가서 네가 한 일을 생각해 보라고 말했습니다. 조슈아는 자기 방에 들어가고 싶지 않아서 아버지와 말다툼을 시작했습니다. 그러나 아버지는 손으로 가로막고 말대꾸를 하지 말라고 하며 조슈아의 마음이 진정되면 이야기하겠다고 했습니다.

조슈아는 마지못해 방으로 갔습니다. 잠시 후, 아버지가 들어왔습니다. 아버지는 침대 위에 있는 조슈아 옆에 앉아서 조슈아가 오늘 여러 가지로 좌절했고 기분도 좋지 않은 하루를 보낸 것 같다고 말했습니다. 그러면서 아이들이 때때로 좌절할 때 무엇을 해야 할지 모르기 때문에 감정이 고조되고 조슈아가 했던 것처럼 행동한다고 설명했습니다. 조슈아는 그렇다고 생각하며 울기 시작했습니다. "나는 항상 나쁜 짓을 하고 있어요. 난 그저 나쁜 아이일 뿐이에요."라고 조슈아가 외쳤습니다. 아버지는 "아니, 넌 나쁜 아이가 아니야, 조슈아."라고 했습니다. 그러면서 "때로는 나쁜 행동을 하기도 하고, 심술궂거나 불친절한 행동을 하기도 해. 가끔은 협조하지 않거나 규칙을 따르지 않지만, 그렇다고 해서 네가 나쁜 아이라는 뜻은 아니란다. 그건 네가 그런 나쁜 일들을 하지 않도록 하기 위해 너의 행동을 개선하고 약간의 변화를 줘야 한다는 것을 의미하는 거야. 좌절감을 다루는 몇 가지 좋은 방법을 배워 두는 것도 중요하지."라고 말했습니다.

조슈아는 아버지가 한 말을 모두 생각하고 나서, "하지만 내가 그런 나쁜 짓을 해도 아빠는 나를 사랑해요?"라고 물었습니다. "물론이지." 하고 아버지가 말했습니다. "난 널 많이 사랑하지만, 가끔 네가 하는 일이 마음에 들지 않을 때가 있어. 이런 나쁜 짓을 해도 너는 여전히 사랑스러운 아이야. 하지만 행동을 바꿀 수 있다면 더 행복할 것 같지 않니?" 조슈아는 이런 생각을 하며 _____라고 말했습니다.

(아이들에게 조슈아가 무슨 말을 할 것 같은지, 그 이유는 무엇인지 물어봅니다.)

토론

내용 질문

1. 어떤 행동이 좋은 행동인지 나쁜 행동인지, 아니면 다소 나쁜 편인지 다소 좋은 편인지 어떻게 결정했나요?

2. 이 그룹의 모든 사람들이 어떤 행동이 좋은지, 나쁜지, 다소 좋은 편인지, 다소 나쁜 편인지에 대해 동의했나요?

3. 자신이 나쁘다고 결정한 행동들에 대해, 더 나은 선택은 무엇일까요? (시나리오를 검토하고 임의의 행동에 대해 논의합니다.)

4. 조슈아가 한 나쁜 일에는 어떤 것들이 있었나요?

5. 조슈아가 그렇게 행동했기 때문에 나쁜 아이라고 생각하나요?

6. 조슈아의 부모님이 조슈아가 그렇게 행동했기 때문에 그를 사랑하지 말아야 한다고 생각하나요?

7. 조슈아의 아버지는 조슈아에게 그의 행동에 대해 뭐라고 말했나요? 아버지는 조슈아에 대해 어떻게 느꼈나요?

개인 질문

1. 자신이나 다른 사람들이 좋아하지 않는 일을 해 본 적이 있나요?

2. 이것이 자신을 나쁜 아이로 만들었나요, 아니면 자신은 여전히 좋은 아이지만 자신의 행동을 바꿔야 한다는 것을 의미하나요?

3. 나쁜 행동을 하면 기분이 어떤가요? 행동 방식을 바꿀 수 있는 방법이 있나요? (아이디어를 공유하게 하고, 아이들이 나쁜 행동을 하더라도 나쁜 아이가 아니라는 것을 계속 강조합니다.)

후속 활동

아이들이 행동과 상관없이 착하고 사랑스러운 아이라는 사실을 강조하고, 나쁜 행동이 바뀔 수 있다는 것을 보여 주기 위해 인형극이나 상황극을 만들어 공연하도록 합니다.

완벽하게 완벽해지기

발달의 관점

아이들은 아직 구체적인 사고 단계에 있기 때문에 사물을 이분법적으로 바라봅니다. 그 결과, 자신들을 완벽하거나 불완전하거나, 성공한 사람이거나 실패자로 보는 경향이 있습니다. 아이들이 완벽한 사람은 존재하지 않는다는 것을 알게 하는 것은 중요합니다. 오히려 한계뿐 아니라 강점 또한 가진 사람으로 자신을 받아들일 수 있어야 하며, 가능한 한 자신의 한계를 극복하는 데 힘써야 합니다.

목표

▷ 그 누구도 완벽할 수 없다는 것 배우기
▷ 완벽하지 못한 자기 자신을 받아들이는 법 배우기

준비물

▷ 없음

진행 절차

1. 완벽하다는 것이 무엇인지 설명합니다. 아이들은 완벽한 사람을 아나요? 모든 것을 항상 완벽하게 할 수 있는 사람이 있나요? 완벽해지려고 노력하는 데서 오는 나쁜 일이 있나요? 혹은 좋은 것이 있나요?
2. 다음 이야기를 큰 소리로 읽은 다음, 내용 질문과 개인 질문을 합니다.

프리실라의 완벽한 다과회

데이비드 마르티노 저

> 옛날에 프리실라라는 이름의 어린 소녀가 있었습니다. 프리실라는 '정확한' 소녀였습니다. 왜냐하면 모든 것을 정확하게 했기 때문입니다. 프리실라의 머리카락은 정확하게 정돈되어 있고, 옷도 정확하게 정돈되어 있고, 매일 밤 장난감을 정확히 같

은 장소에 두었고, 저녁 식탁에서 결코 엉망진창으로 만들지 않았습니다. 실제로 어느 날 밤 프리실라는 완두콩을 먹고 있었는데, 한 알이 우연히 포크에서 떨어져 탁자 위로 떨어지자 몇 시간 동안 울고 또 울었습니다. 매일 밤 잠자리에 들기 전에 정확히 같은 일과를 따라야 했습니다. 목욕을 하고(다리를 먼저 씻은 다음 팔, 그다음 얼굴, 이런 식으로) 갓 접은 파자마를 입어야 했습니다. 그러고 나서 침대에 뛰어올라 담요를 끌어당겨 펴고는 미리 부풀린 베개에 빗어 놓은 머리(35번 빗질한)를 누이곤 했습니다. 그렇게 되면 프리실라의 어머니는 똑같은 세 가지 이야기를 정확히 같은 순서로 읊고, 불을 끄기 전에 프리실라에게 키스(왼쪽 뺨)를 해 주곤 했습니다. 프리실라는 다음 날도 그렇게, 그다음 날도 그렇게 하기 위해 많은 노력을 할 것입니다.

아침이 되면 프리실라는 그날 해야 할 모든 일들을 마음속으로 되새기곤 했습니다. 가끔 그녀는 "꼭 그래야 해."라든지 "이걸 해야 해."와 같은 생각에 깊이 빠져 침대에서 일어나기 힘들 정도였습니다. 오늘은 다과회를 하는 날입니다. 그냥 다과회가 아닌 완벽한 다과회입니다. 프리실라는 새로운 곳으로 이사 왔고, 모든 것이 완벽했습니다. "완벽한 친구를 찾아야 하기 때문에 다과회가 완벽해야 해!"라고 프리실라가 말했습니다. 그녀는 몇 시간 동안 모든 것을 준비했습니다. 최고의 차 세트를 한 번이 아니라 두 번 씻었습니다. 사실 컵 하나를 너무 세게 씻어서 깨뜨리기도 했습니다. 프리실라는 울고 또 울면서, 엄마에게 다과회가 취소되었다고 모두에게 말하라고 했으나, 엄마는 지난 다과회에서 쓴 컵도 괜찮을 것이라고 설득했습니다.

마침내 모든 것이 '정확히' 완벽했습니다. 프리실라는 일을 망칠지도 모른다고 생각했기 때문에 숨조차 쉬고 싶지 않았습니다. 광택이 나는 찻주전자는 흰색의 아름다운 식탁보에 밝은 빛을 반사시켜 컵을 은빛바다 위의 작은 배처럼 보이게 했습니다. 초인종이 울렸습니다. 프리실라는 거울에 비친 자신을 마지막으로 한번 쳐다보며 드레스의 주름을 바로 잡고 셔츠에서 보이지 않는 보풀 한 조각을 골라내고는 침착하게 문으로 걸어갔습니다. 문을 열었을 때, 두 소년과 한 소녀가 진흙투성이의 축구공을 쫓으며 들어왔습니다. "안녕, 우리는 네 이웃이야."라고 한 소년이 말했고, 그는 흙과 하루 묵은 초콜릿으로 뒤덮인 손을 내밀었습니다. 프리실라는 뒤로 펄쩍 뛰었습니다. 소녀는 진흙투성이의 축구공을 프리실라에게 던졌지만 프리실라는 그저 비명을 지르며 두 손을 허공에 뿌리쳤습니다. 축구공은 프리실라의 갓 입은 흰 드레스에 커다란 갈색 얼룩을 만들었습니다. 프리실라가 울면서 방으로 들어가려는데 다시 초인종이 울렸습니다. 프리실라는 문을 열었고, 두 소년과 두 소녀 등 네 명의 아이들이 더 몰려들었습니다. "안녕!"이라며 한 명이 소리쳤지만, 술래

잡기를 하고 있는 것이 분명했고 서로를 피하느라 꽤 바빴습니다. 프리실라는 그들의 더럽고 지저분한 옷과 너덜너덜한 운동화, 지저분한 얼굴을 쳐다보며 비명을 지르고 싶었습니다. 하지만 침착함을 되찾고 소리쳤습니다. "차… 준비… 됐습니다!" 아이들은 하던 일을 멈추고 프리실라를 바라보며 앉았습니다. 그러나 모두 자리에 앉기도 전에 누군가가 프리실라가 방금 진공청소기로 닦은 카펫 위로 차 한 잔을 엎질렀습니다. 아무도 행주를 가지고 올 생각을 하지 않았습니다. 아이들의 진흙투성이 손이 프리실라가 방금 닦은 컵과 주전자 전체에 갈색 자국을 남겼습니다. 예의를 갖춘 사람도 없고, 해야 할 일을 하는 사람도 없고, 완벽히 하고 있는 사람도 없어서, 참을 만큼 참은 프리실라는 큰 소리로 "모두 나가!"라고 외쳤습니다. 모두 프리실라를 빤히 쳐다보았고, 프리실라가 다시 말했습니다. "내 말 들었지, 다들 나가!" 프리실라는 울면서 방으로 달려갔습니다.

10세

얼마간의 시간이 흘렀고 많은 눈물을 흘린 후 프리실라는 위험을 무릅쓰고 방을 나왔습니다. 다과실로 갔더니 한 어린 소녀가 테이블에 앉아 차를 마시고 있었습니다. 프리실라는 테이블로 걸어가 앉았고, 발갛게 부은 눈으로 "어째서 다른 아이들과 함께 가지 않았어?"라고 물었습니다.

"내가 그러길 바라니?" 소녀가 물었습니다.

"안 돼, 제발 여기 있어." 프리실라는 애원했고, 부드럽게 흐느껴 울기 시작했습니다.

"왜 그래?" 소녀가 물었습니다.

"아, 내 다과회. 난 모든 게 완벽하길 바랐는데, 엉망진창이 된 것 좀 봐! 난 완전히 실패했어!" 프리실라는 다시 울기 시작했습니다.

"음, 파티는 엉망진창이었지만, 그렇다고 해서 네가 실패했다는 뜻은 아니야."라고 소녀가 말했습니다.

"모두 나를 미워할 거야!" 프리실라가 흐느꼈습니다.

"아냐."라고 그 소녀가 말했습니다. "그 친구들이 너를 좋아하지 않는 것은 아니야. 그저 그 파티를 좋아하지 않았을 뿐이야."

"하지만 모든 것이 완벽했는데!" 프리실라가 말했습니다.

"그게 문제야." 소녀가 웃었습니다. "가끔 엉망이 될 수 없다면 완벽한 것을 갖는 것이 무슨 소용이 있겠니?"

"하지만 완벽하지 않다면, 물건을 찾을 수 없을 거고, 무엇을 기대해야 할지 알 수도 없을 거고, 그리고…"

"무엇이 이렇게 되어야만 한다고 생각하는 것보다 이렇게 될 수도 있다고 생각하는 게 좋은 거야."라며 소녀는 말했습니다. 프리실라는 소녀의 말을 이해했고, 그날 처음으로 입가에 미소를 지었습니다. "내 이름은 에이미야."라고 소녀가 말했습니다.
"만나서 반가워."

"차 한잔 어때?" 하고 프리실라가 물었습니다.

"좀 마시고 싶어." 에이미가 대답했습니다.

프리실라가 차를 따를 때, 커다란 찻방울이 그녀의 컵과 식탁보 위로 튀었습니다.
프리실라는 그 자리를 바라보며 웃기 시작했습니다. 에이미도 함께 웃었습니다.
프리실라는 그 뒤로 자신의 불완전한 다과회에 온 많은 아이들과도 친구가 되었습니다. 친구들은 프리실라에게 삶을 즐기고 사는 법을 가르쳐 주었고, 프리실라는
친구들에게 자신을 정돈하는 방법과 다른 사람들을 존중하는 법을 가르쳐 주었습니다. 프리실라는 조금 덜 완벽해지고 훨씬 더 행복해졌던 다과회를 결코 잊지 못할 것입니다.

🧑‍🏫 토론

내용 질문

1. 프리실라가 모든 것을 완벽하게 만들려고 했을 때 무슨 일이 일어났나요?
2. 프리실라나 다른 사람들이 다과회에서 즐거운 시간을 보냈다고 생각했나요? 왜 그런가요? 혹은 왜 그렇지 않은가요?
3. 에이미는 프리실라에게 완벽해야 한다는 것에 대해 무엇을 알려 주었나요?

개인 질문

1. 무언가를 완벽히 하지 않아서 자신에게 화가 난 적이 있나요?
2. 완벽하지 않다면 내게 어떤 문제가 있다고 생각하나요?
3. 일을 완벽하게 하지 않더라도, 나는 여전히 좋은 아이라고 생각하나요?

🧑‍💻 후속 활동

그룹별로, 완벽하거나 완벽하지 않은 것에 대한 시를 써 보게 합니다. 예시는 다음과 같습니다.

아버지는 다름 아닌 모닝빵을 사 오라고 하셨습니다,

하지만 초콜릿을 보았을 때, 너무 맛있어 보여서

마트를 나서기 전에

초콜릿을 꼭 사야겠다고 생각했습니다.

자기 발달 3 — 하나, 둘, 셋, 나

 발달의 관점

아동기 동안 아이들의 자기이해는 계속해서 발달하고, 그들의 자아에 대한 개념은 더욱 완성되어 갑니다. 중요한 자기수용 과업 중 하나는 '나'와 '남'에 대한 인식을 포함하여 비교적 안정적이고 포괄적인 자기이해력을 개발하는 것입니다.

 목표

▷ 장점과 단점을 포함한 자아 특성 파악하기

준비물

▷ 각 아이에게 제공할 빈 시리얼 상자 3개(아이들은 상자를 집에서 가져올 수도 있고, 상자가 없을 경우 종이봉투를 사용할 수도 있음)

▷ 각 아이에게 제공할 색종이, 잡지, 가위, 크레용, 풀

 진행 절차

1. 아이들에게 3개의 시리얼 상자, 가위, 풀, 크레용 그리고 색종이 한 장을 줍니다. 아이들에게 색종이를 길게 3조각으로 자르고 상자마다 하나씩 붙여 달라고 합니다. 그런 다음, 상자에 '내가 좋아하는 것, 내가 잘하는 것, 내가 잘 못하는 것'이라고 적도록 합니다.

2. 잡지와 색종이를 아이들에게 더 나누어 주고, 자신이 좋아하는 것(예: 좋아하는 음식, 좋아하는 것, 장난감, 게임, 동물, 책)을 적어도 다섯 가지 이상 설명하기 위해 잡지의 사진을 오려 내거나 그림을 그리도록 합니다.

3. 내가 좋아하는 것을 다 찾고 나면, 내가 잘하는 것 다섯 가지와 내가 잘 못하는 것 다섯 가지를 찾아서 다른 두 상자에 넣도록 합니다.

4. 아이들을 3명씩 한 그룹으로 나누어 상자에 대해 이야기하도록 하고, 내용 질문과 개인 질문에 대해 토론합니다.

토론

내용 질문

1. 좋아하는 것, 잘하는 것, 잘 못하는 것 중 어느 것이 가장 찾기 쉬웠나요?

2. 다른 그룹의 아이들이 공유했던 것과 비슷한 것이 있었나요? 다른 것은 무엇이 었나요?

개인 질문

1. 자신이 잘하는 것 중에서 가장 자랑스러운 것은 무엇인가요?

2. 자신이 잘하지 못하는 것 중에서, 가장 쉽게 바꿀 수 있는 것은 무엇이라고 생각하나요? 어떻게 하면 바꿀 수 있을 것 같나요?

3. 자신이 못하는 것이 있다면 그것은 나에게 어떤 의미가 있나요?

4. 자신에 대해 가장 좋아하는 것은 무엇인가요? 다른 사람들이 나에 대해 가장 좋아한다고 생각하는 것은 무엇인가요?

후속 활동

아이들에게 상자들을 보관하게 하고, 1, 2주 동안 계속해서 새로운 것들을 추가하게 합니다. 상자에 추가한 내용을 공유할 수 있도록 다른 시간을 정합니다.

자기 발달 4

저요? 그래 너!

 발달의 관점

아이들이 성적, 외모, 집단으로부터의 수용과 같은 면에서 자신을 다른 사람과 비교하기 시작하면서, 그들은 자기비판적이 되어 자기수용으로 고심할 수도 있습니다. 문제가 있는 가정환경에서 자란 아이들은 종종 긍정적인 반응 강화나 지지를 거의 받지 못하기 때문에 칭찬을 받아들이고 자신에 대한 좋은 점을 확인하는 연습이 필요합니다.

목표

▷ 칭찬받는 법 배우기
▷ 개인의 장점 파악하기

준비물

▷ 각 아이에게 제공할 '저요? 그래 너!-게임판'(활동지 1)
▷ 각 아이에게 제공할 게임 말 1개(예: 동전, 클립, 병뚜껑)
▷ 종이, 크레용, 가위(후속 활동용)

진행 절차

1. 아이들에게 옆에 앉아 있는 사람에 대해 할 수 있는 좋은 말 한 가지를 생각해 보라고 하면서 수업을 시작합니다. 1분 정도 생각하고 나서, 다른 아이를 칭찬하게 합니다. 아이들에게 칭찬을 받고 자신에 대해 좋은 말을 들은 소감을 물어 봅니다.

2. 각각의 아이들에게 '저요? 그래 너!-게임판'(활동지 1)과 게임 말을 줍니다. 몇몇 문장들을 읽을 것이고, 만약 그 문장이 자신에게 적용된다면, 아이들은 게임판에서 말을 한 칸씩 옮겨야 한다고 설명합니다. 만약 그 문장이 자신에게 적용되지 않는다고 생각한다면, 말은 제자리에 있어야 합니다. 아이들이 모든 문장을

읽을 때까지 게임 말이 원을 그리며 이동할 것입니다.

3. 다음 칭찬의 말을 한 번에 하나씩 읽습니다. 아이들이 원을 그리며 게임 말을 움직일 수 있도록 시간을 줍니다.

'저요? 그래 너!' 칭찬

- ▶ 미소가 참 좋구나.
- ▶ 일을 빨리 하는구나.
- ▶ 독서를 아주 잘하는구나.
- ▶ 협력을 잘하는구나.
- ▶ 모든 사람과 잘 어울리는구나.
- ▶ 장난감 정리와 방 청소를 잘하는구나.
- ▶ 받아쓰기를 매우 잘하는구나.
- ▶ 수영을 잘하는구나.
- ▶ 다른 사람을 위해 좋은 일을 하는구나.
- ▶ 좋은 리더구나.
- ▶ 얌전한 아이구나.
- ▶ 머리가 예쁘구나.
- ▶ 빨리 달릴 수 있구나.
- ▶ 정직하구나.
- ▶ 상상력이 좋구나.
- ▶ 그림을 잘 그리는구나.
- ▶ 새로운 것을 시도하는 것을 두려워하지 않는구나.
- ▶ 편식을 하지 않는구나.
- ▶ 같이 놀면 재미있구나.
- ▶ 노래를 잘하는구나.
- ▶ 똑똑한 아이구나.
- ▶ 정정당당하게 승부하는구나.
- ▶ 다른 사람들에게 친절한 말을 하고 그들을 욕하지 않는구나.
- ▶ 귀여운 아이구나.

4. 내용 질문과 개인 질문에 대해 토론하고 활동을 진행합니다.

토론

내용 질문

    1. 이러한 칭찬이 자신에게 해당되는지 알기 쉬웠나요, 아니면 어려웠나요?

    2. 이런 칭찬이 사실인지 어떻게 알았나요?

개인 질문

    1. 이런 칭찬을 해 준 사람이 있나요? 만약 그렇다면, 칭찬을 받았을 때 어떤 기분이었나요?

    2. 개인의 장점에 대해 이야기하면 자랑이라고 생각하나요?
       (자신의 장점을 인정하는 것과 다른 사람을 업신여기는 방식으로 자랑하는 것의 차이점을 강조합니다.)

    3. 자신이 기뻐하는 일을 했을 때, 스스로에게 칭찬을 하나요? 그렇지 않다면, 왜 그렇게 하지 않나요?

    4. 남보다 자기 자신에게 때로는 더 엄격하다고 생각하나요? 즉, 다른 사람은 자신의 장점을 알아 주지만 자신은 알기 힘들다고 생각하나요?

    5. 자신에게 해당되는 칭찬을 바탕으로, 나만의 개인적인 장점은 무엇인가요?

 후속 활동

아이들에게 자신의 장점을 나타내는 플래카드를 만들어 방 안에 걸어 두게 합니다.

저요? 그래 너!

지시사항: 만약 문장이 자신에게 해당한다면, 게임 말을 한 칸씩 움직입니다. 만약 해당하지 않는다면 제자리에 둡니다. 모든 문장을 다 읽으면 게임은 끝납니다.

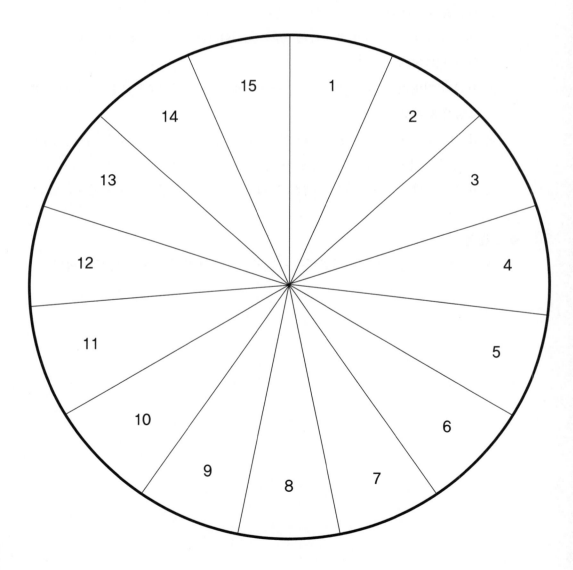

정서 발달 1
내 기분은 어떻지?

10세

 발달의 관점

이 나이대의 아이들은 유치원에 있을 때보다 넓은 범위의 감정을 인식하는 데 훨씬 뛰어납니다. 그럼에도 불구하고 지속적으로 감정을 파악하고, 감정을 표현하는 다양한 방법이 있다는 것을 이해하며, 모든 사람들이 각 상황에 대해 반드시 같은 감정을 느끼는 것은 아니라는 것을 인식하도록 돕는 것이 중요합니다. 이 나이대에 발달한 기술은 정서적 성숙 과정에서 중요한 구성요소로 작용합니다.

목표

▷ 감정을 파악하는 법 배우기
▷ 같은 상황에 대해 사람마다 다른 감정을 가지고 있다는 것 배우기

준비물

▷ 줄에 달린 풍선 12개. 각각의 풍선에 마커로 다음 단어를 하나씩 씁니다: 신이 난, 실망한, 걱정스러운, 화가 난, 슬픈, 투덜거리는, 외로운, 겁먹은, 속상한, 행복한, 혼란스러운, 분노한.
▷ 풍선을 드는 지원자 12명, 기록하는 지원자 1명. 학급 인원이 적을 경우, 더 적은 인원을 사용하고 각 사람이 풍선을 하나 이상 가져가도록 합니다.
▷ '내 기분은 어떻지?−녹음 기록지'(활동지 2)
▷ 줄에 달린 초록색 풍선 1개
▷ 칠판(후속 활동용)

진행 절차

1. 아이들에게 감정에 대해 더 많이 배우는 데 도움이 되는 활동에 참여할 것이라고 설명합니다. 활동을 도와줄 12명의 지원자를 뽑습니다.
2. 총 몇 명이 참여하느냐에 따라 지원자에게 풍선을 한 개 이상씩 줍니다. 지원

155

자들을 자신의 풍선을 들고 교실 앞에 서게 합니다. 아이들은 각각 풍선에 있는 단어를 확인하고 모든 사람들이 각각의 단어가 무엇을 의미하는지 이해하게 합니다.

3. 지원자들에게 다음과 같은 상황을 읽어 주며 주의 깊게 듣게 합니다. 그러고 나서 초록색 풍선을 들면, 아이들은 각자의 풍선을 공중에 띄우고 해당 상황에서 자신이 느끼는 감정을 나타내는 단어 앞으로 이동합니다. 기록자는 지원자들의 풍선에 적힌 단어를 확인하고, 해당 단어들을 '내 기분은 어떻지?—기록지'(활동지 2)에서 찾아 전부 동그라미 치도록 지시합니다. 각 상황을 읽고 이러한 절차를 따릅니다.

'내 기분은 어떻지?' 상황

- ▶ 상황 1: 받아쓰기 공부를 잊었는데, 오늘이 시험 보는 날이다.
- ▶ 상황 2: 친구 집에서 하룻밤을 자도록 초대를 받았다.
- ▶ 상황 3: 쉬는 시간 동안 실내에만 있어야 한다.
- ▶ 상황 4: 도시락을 잃어버렸다.
- ▶ 상황 5: 방과 후에 어디로 가야 하는지 잊어버렸다.
- ▶ 상황 6: 장난감을 정리하지 않아서 혼났다.
- ▶ 상황 7: 방과 후에 같이 놀 사람을 찾을 수 없었다.
- ▶ 상황 8: 오늘 저녁 방과 후에 새로운 베이비시터에게 간다.
- ▶ 상황 9: 반 친구 누군가가 나의 책가방을 훔쳤다.
- ▶ 상황 10: 주말에 조부모님 댁에 갈 것이다.
- ▶ 상황 11: 어젯밤 일찍 잠자리에 들지 않았고, 오늘 아침에 일어나고 싶지 않았다.
- ▶ 상황 12: 오늘 아침 문 밖으로 걸어 나왔을 때, 이상한 남자가 학교까지 따라오기 시작했다.

4. 내용 질문과 개인 질문을 통해 활동을 진행합니다.

 토론

내용 질문

1. 기록자에게 공부를 잊었다는 첫 번째 상황에 대해 동그라미 친 단어를 읽으라고

합니다. 아이들에게 이 감정과 다른 감정을 가지고 있는 사람이 있는지 물어봅니다. 다른 상황에서도 동일한 절차를 따릅니다.

2. 이런 상황에 대한 감정을 파악하기 어려웠나요?

3. 왜 이러한 상황들을 묘사하는 감정이 두 가지 이상이라고 생각하나요?

개인 질문

1. 다른 상황에서 이와 같은 감정을 느낀 적이 있나요? (경험을 공유합니다.)

2. 어떤 상황에 대해 자신은 한 가지 감정으로 느끼고 친구나 부모님은 다른 방식으로 느낀다면, 서로 같지 않은 방식으로 느낀다는 것을 어떻게 말할 수 있나요? (아이들의 예를 들어 봅니다.)

3. 오늘 감정에 대해 무엇을 배웠나요?

후속 활동

아이들에게 파트너를 찾게 합니다. 각각의 파트너는 두 개의 실제 상황을 설명하고 그것에 대해 어떻게 느꼈는지 공유하게 합니다. 전체 그룹에 공유하게 하고 느낀 감정 단어를 칠판에 기록하여 감정 어휘를 발달시키도록 돕습니다.

녹음 기록지 1쪽

내 기분은 어떻지?

상황 1	신이 난	실망한	걱정스러운	화가 난
	슬픈	투덜거리는	외로운	겁먹은
	속상한	행복한	혼란스러운	분노한
상황 2	신이 난	실망한	걱정스러운	화가 난
	슬픈	투덜거리는	외로운	겁먹은
	속상한	행복한	혼란스러운	분노한
상황 3	신이 난	실망한	걱정스러운	화가 난
	슬픈	투덜거리는	외로운	겁먹은
	속상한	행복한	혼란스러운	분노한
상황 4	신이 난	실망한	걱정스러운	화가 난
	슬픈	투덜거리는	외로운	겁먹은
	속상한	행복한	혼란스러운	분노한
상황 5	신이 난	실망한	걱정스러운	화가 난
	슬픈	투덜거리는	외로운	겁먹은
	속상한	행복한	혼란스러운	분노한
상황 6	신이 난	실망한	걱정스러운	화가 난
	슬픈	투덜거리는	외로운	겁먹은
	속상한	행복한	혼란스러운	분노한

활동지 2

.

내 기분은 어떻지?

10세

상황 7	신이 난	실망한	걱정스러운	화가 난
	슬픈	투덜거리는	외로운	겁먹은
	속상한	행복한	혼란스러운	분노한
상황 8	신이 난	실망한	걱정스러운	화가 난
	슬픈	투덜거리는	외로운	겁먹은
	속상한	행복한	혼란스러운	분노한
상황 9	신이 난	실망한	걱정스러운	화가 난
	슬픈	투덜거리는	외로운	겁먹은
	속상한	행복한	혼란스러운	분노한
상황 10	신이 난	실망한	걱정스러운	화가 난
	슬픈	투덜거리는	외로운	겁먹은
	속상한	행복한	혼란스러운	분노한
상황 11	신이 난	실망한	걱정스러운	화가 난
	슬픈	투덜거리는	외로운	겁먹은
	속상한	행복한	혼란스러운	분노한
상황 12	신이 난	실망한	걱정스러운	화가 난
	슬픈	투덜거리는	외로운	겁먹은
	속상한	행복한	혼란스러운	분노한

활동지 2

감정에 대처하기

🧑 발달의 관점

정상적인 성장 과정에서 아이들은 긍정적이거나 부정적인 모든 종류의 감정을 경험합니다. 현대사회에서는 점점 더 많은 아이들이 부정적인 감정을 불러일으키는 가정 상황이나 그 밖의 상황에 노출되고 있습니다. 아이들이 극심한 압박감을 느끼거나 낙담하지 않도록 이러한 부정적인 감정을 다루는 방법을 배우도록 돕는 것은 매우 중요합니다.

🧑 목표

▷ 상처받은 감정에 대처하는 긍정적인 방법을 배우기

🧑 준비물

▷ 각 아이에게 제공할 종이와 연필(후속 활동용)

🧑 진행 절차

1. 우리는 모든 종류의 감정을 가지고 있다는 것을 설명하면서 이 활동을 시작합니다. 그러한 감정들 중 일부는 우리가 갖고 싶어 하는 긍정적인 감정이고, 일부는 우리가 갖기 싫어하는 부정적인 감정들입니다. 아이들에게 두 가지 감정의 예를 몇 가지 들어 달라고 합니다. 이야기를 하나 읽을 것이고 아이들에게 이야기의 주인공인 수잔나의 감정을 파악하도록 요청합니다.

2. 다음 이야기를 큰 소리로 읽은 다음 내용 질문과 개인 질문에 대해 토론합니다.

'감정을 고치기' 이야기

토요일 아침이었습니다. 여덟 살의 수잔나는 토요일에는 집에서 자는 것을 좋아했습니다. 하지만 오늘은 아닙니다. 오늘은 아주 일찍 일어나서, 새아빠가 아래층으로 내려왔을 때 이미 아침을 다 먹었습니다. 보통 토요일에는 잠옷을 입은 채 만화를 보는 것을 좋아했지만, 오늘 아침은 그렇지 않습니다. 수잔나는 아침식사를 마치자마자 위층으로 뛰어올라가 옷을 입었습니다. 그리고 생일 선물로 받은 새 스웨터와 청바지를 입고, 머리를 빗어 자신이 좋아하는 리본으로 묶었습니다. 그런 다음 옷 몇 벌, 야간등, 책, 곰인형을 챙겼습니다. 그리고 가방을 아래층으로 옮겨 현관 옆에 놓아두고는 친아빠가 자신을 데리러 오기를 기다리며 창문 옆의 의자에 앉았습니다.

곧 기다리는 것에 싫증이 난 수잔나는 간식을 먹으러 부엌으로 갔습니다. 시계를 보니 9시였습니다. '아빠가 곧 도착하시겠네.'라고 생각했습니다. 수잔나는 간식을 거실로 가지고 간 뒤 아빠의 차가 빨리 나타나기를 바라면서 계속 거리를 내려다보았습니다. 시간이 흘렀고, 수잔나는 걱정하기 시작했습니다. '만약 아빠가 사고를 당했다면 어쩌지?' 하고 생각했습니다. 부엌으로 가서 시계를 보니 9시 30분이었습니다. 2층으로 올라가 엄마에게 아빠가 오시는 길을 알 수 있도록 전화해도 되겠느냐고 물었습니다. "수잔나, 네 아빠는 너를 데리러 올 때면 항상 늦잖니. 아빠가 자주 오지는 않으니까 아마 자신이 제시간에 오지 않는다는 것을 기억하지 못할 거야. 만화나 보고 있는 게 어때? 그러면 시간을 보내는 데 도움이 될 거야." 라고 말했습니다.

그래서 수잔나는 만화를 보기 위해 자리에 앉았지만, 아빠가 오는지 확인하기 위해 몇 분마다 계속 창가로 갔습니다. 하지만 그때마다 아빠의 차를 보지 못했고, 점점 화가 났습니다.

가장 좋아하는 만화를 본 후, 수잔나는 돌아가서 다시 창가에 앉았습니다. 수잔나는 울고 있었습니다. 아빠가 자신을 자주 데리러 오지 않았기 때문에 아빠를 보는 것이 너무 흥분되었습니다. 수잔나는 아빠가 왜 오지 않았는지 이해하지 못했습니다. 무슨 나쁜 일이 생긴 것 같아 두려웠고, 초조했습니다.

수잔나의 엄마는 창문 앞에서 울고 있는 수잔나를 보고, 전화를 해 보겠다고 말했습니다. 수잔나는 엄마가 수잔나의 새엄마와 통화하는 동안 전화기 옆에 서 있었습니다. 통화를 마친 엄마가 수잔나에게 말했습니다. "미안해, 애야. 근데 네 아빠가 이번 주말이 너를 데리러 오는 주말이라는 것을 잊어버린 것 같아." "그럼 엄마가 지금 전화해서 알려 줬는데 왜 날 데리러 오지 못하는 거야?" 수잔나가 소리쳤습니다. "수잔나, 네 아빠가 올 것 같지 않구나. 아빠는 이번 주말에 너의 이복동생을 데리고 캠핑을 갔어." 엄마는 우는 수잔나를 두 팔로 감싸안고 미안하다는 말을 했습니다. 그러고는 수잔나에게 엄마가 무엇을 해 주었으면 좋겠는지 물었지만, 수잔나

161

는 모르겠다고 대답했습니다. 수잔나는 너무 슬퍼서 '아빠는 왜 나를 데리러 오는 것을 잊었지? 왜 그 동생을 데리고 캠핑에 가면서도 내 생각은 하지 않았지? 아빠는 더 이상 나를 사랑하지 않는 건가?'라고 생각했습니다.

수잔나는 아주 심하게 울다가 곧 잠이 들었습니다. 시간이 조금 지난 뒤 잠에서 깨어난 수잔나는 엄마를 찾아가서, 아빠한테 편지를 써서 마음을 전할 거라고 했습니다. 엄마는 좋은 생각이라며, 그것이 수잔나의 기분을 조금 나아지게 해 줄 거라고 말했습니다. 수잔나는 편지 쓰는 것이 도움이 될 거라고 확신하지는 않았지만, 방으로 들어가서 편지를 쓰기 시작했습니다. 수잔나는 아빠가 자신을 잊고 캠핑을 갔기 때문에 자신보다 이복동생을 더 사랑하는지 궁금해서 기분이 나쁘다고 썼습니다. 그리고 아빠가 생일 카드를 보내지 않아서 화가 났고, 자신을 왜 만나고 싶어 하지 않는지 이해할 수 없었다고 했습니다.

편지를 쓴 후 수잔나는 자신의 감정을 어느 정도 털어놓아서인지 기분이 조금 나아졌습니다. 그러고는 아래층으로 내려가서 엄마에게 쿠키를 만들 수 있는지 물었습니다. 쿠키 만들기는 수잔나가 가장 좋아하는 것 중 하나였기 때문입니다. 쿠키를 다 굽고 나서 엄마는, 수잔나의 특별한 친구인 요양원의 비즐리 씨에게 쿠키를 가져다주지 않겠냐고 물었습니다. 비즐리 씨는 수잔나를 보고 매우 기뻐했지만, 수잔나가 평소처럼 행복해 보이지 않는다는 것을 알아차렸습니다. 수잔나는 실망했던 마음을 털어놓았고, 비즐리 씨는 그런 수잔나를 꼭 껴안으며 말했습니다. "때로는 사람들이 왜 그런 일을 하는지 이해하기 어려울 때가 있단다, 수잔나. 많은 사람들이 너를 사랑하고 너와 함께 있고 싶어 한다는 걸 기억하렴. 그리고 단지 너의 아빠가 오지 않았다고 해서 네가 사랑스러운 아이가 아니라는 것을 의미하지는 않는다는 것도 기억해. 아빠가 오지 않은 것은 어쩔 수 없지만, 아빠에게 네 기분을 말할 수 있고, 너 자신의 기분을 좋게 하기 위해 몇 가지 일을 할 수 있는데, 바로 오늘 네가 오후에 한 일이란다."

수잔나와 엄마는 비즐리 씨를 만난 뒤 기분이 조금 좋아졌습니다. 수잔나는 집으로 돌아가서 친구와 밖에서 놀았고, 아빠에 대해 계속 생각하는 것을 멈추는 데 도움이 되었습니다. 잠자리에 들 때까지도 수잔나는 여전히 슬펐지만, 실망감을 다루는 법을 배워야 한다는 것을 알고 있었습니다. 수잔나는 여전히 아빠가 곧 자신을 보러 오기를 바랐습니다.

토론

내용 질문

1. 수잔나는 왜 슬펐나요?

2. 수잔나는 슬픔 외에 또 어떤 감정을 느꼈나요?

3. 수잔나는 자신의 기분을 나아지게 하려고 어떻게 노력했나요? 이런 것들이 효과가 있었나요?

개인 질문

1. 수잔나와 비슷한 상황을 겪은 적이 있나요? 만약 그렇다면, 같은 기분이었나요?

2. 이런 상황을 겪어 보지 않았다면, 비슷한 감정을 느낀 적이 있나요? 슬펐던 경험을 공유할 수 있나요? 혹은 실망했거나 화가 난 경험을 공유할 수 있나요?

3. 이런 감정이 있을 때, 자신의 기분을 좋게 하기 위해 무엇을 하나요? 수잔나에게 효과가 있었던 아이디어가 자신에게도 도움이 될 것 같나요?

 후속 활동

아이들에게 슬펐던 경험과 감정에 어떻게 대처했는지에 대한 그들만의 이야기를 쓰게 합니다.

정서
발달
3

불안해하는 것

 발달의 관점

이 나이대의 아이들은 선생님의 반감을 두려워하여 칭찬을 받기 위해 열심히 합니
다. 이 발달 단계에서 아이들의 생각은 매우 구체적이기 때문에, 선생님이 자신을
좋아하거나 좋아하지 않는다고 가정하는 것이 일반적입니다. 이러한 평가는 대개
한 번의 잘못된 행동이나 좋지 않은 결과에 기초합니다. 아이들은 인정이나 반감
이 일반적으로 하나의 독립된 사건에 기초하지 않는다는 것을 쉽게 이해하지 못합
니다. 또한 교사들의 처벌을 두려워합니다. 이 나이대에서는 감정 어휘가 항상 충
분하게 발달된 것은 아니기 때문에, 아이들은 불안감을 복통과 등교에 대한 거부
감으로 보여 줄 수도 있습니다.

목표

▷ 반감과 관련된 불안감을 이해하고 대처하는 기술 익히기

준비물

▷ 칠판
▷ 각 아이에게 제공할 38×10cm 정도의 두꺼운 도화지 1장. 도화지의 한쪽 끝에
  는 행복한 얼굴의 스티커를, 다른 쪽 끝에는 슬픈 얼굴의 스티커를 그리거나 붙
  입니다.
▷ 각 아이에게 제공할 8개의 클립, 연필, 종이 및 크레용(후속 활동용)

진행 절차

1. 두꺼운 도화지, 클립 8개, 연필을 각각의 아이에게 나누어 줍니다. 그리고 나서 다
   음의 상황을 읽어 줍니다. 그후 아이들로 하여금 선생님들이 각 상황에 대해 어떻
   게 느낄지 도화지에 클립을 끼우게 합니다(행복, 슬픔, 또는 중간의 어딘가에). 아이
   들에게 각 상황(A, B, C 등)에 해당하는 알파벳을 해당 클립 옆에 적게 합니다.

A: 엘레나는 받아쓰기 시험 문제를 모두 맞혔어.

B: 타일러는 이어달리기 경주에서 1등을 했어.

C: 마리아는 점심 사 먹을 돈을 깜박하고 안 가지고 왔어.

D: 타이론은 수학 문제를 모두 맞혔어.

E: 사라는 책을 큰 소리로 읽어야 하는데 모든 단어를 알지는 못했어.

F: 앤젤라는 독서 활동지에 금색 별을 받았어.

G: 에단은 사회 과목 숙제를 잃어버렸어.

H: 데메트리오스가 제일 먼저 시험을 끝냈어.

2. 아이들에게 다음과 같은 질문을 하면서 손을 들어 보라고 합니다. 또한 주위를 둘러보고 다른 사람들이 어떻게 반응했는지 살펴보게 합니다.

   ▶ 웃는 얼굴 옆에 클립을 끼웠나요? 그렇다면 손을 들어 봅니다.

   ▶ 슬픈 얼굴 옆에 클립을 끼웠나요? 그렇다면 손을 들어 봅니다.

   ▶ 웃는 얼굴과 슬픈 얼굴 사이에 클립 몇 개를 끼워 놓은 사람이 있나요? 그렇다면 손을 들어 봅니다.

   ▶ 웃는 얼굴 옆에 어떤 알파벳을 썼나요?

   이것을 좀 더 구체화하기 위해 칠판에 선을 그리고 아이들이 '웃는 얼굴' 상황이라고 대답한 알파벳을 적습니다.

3. 다음 '슬픈 얼굴' 상황에 대해서도 동일한 절차를 따릅니다.

   ▶ 슬픈 얼굴 옆에 어떤 알파벳을 썼나요?

   ▶ 선생님을 매우 슬프게 만들었을 이런 상황보다 더 나쁜 것을 생각할 수 있나요?

4. 다음 사항에 대해 이야기를 나눈 후 내용 질문과 개인 질문에 대해 토론합니다.

   엘레나는 받아쓰기 시험 문제를 모두 맞혔고, 선생님이 이것에 대해 기뻐할 것이라고 생각합니다. 내일 엘레나는 받아쓰기 몇 문제를 틀린다고 가정해 봅니다. 이것이 선생님을 슬프게 만들까요? 이것은 선생님이 엘레나가 몇 문제를 틀렸기 때문에 엘레나를 좋아하지 않는다는 것을 의미할까요? 가끔 우리는 이렇게 생각합니다. '우리가 실수하거나 잘못하면 누군가 우리를 못마땅하게 여길 거야.' 하지만 이것은 사실이 아닙니다. 당신이 잘못을 저지른다고 해도, 선생님은 당신을 싫어하지 않을 것입니다. 선생님은 당신이 더 잘하도록 도와주려고 할 수도 있지만, 실수를 했기 때문에 당신을 좋아하지 않는다는 것을 의미하지는 않습니다. 가끔 비슷한 또래의 아이들이 선생님을 기쁘게 하지 못할까 봐 복통을 호소하거나 학교에 가고 싶어 하지 않습니다. 당신이 기억해야 할 것은 선생님들은 우리들을 돕기 위해 학교에 있다는 것입니다. 때때로 선생님들은 당신이 물건을 잊어버리거나 누군가를 다치게 하거나 규칙을 어기는 일을 좋아하지 않습니다. 하지만 그것은 선생님이 당신을 좋아하지 않는다는 것을 의미하지는 않고, 단지 당신이 규칙을 따르고 할 수 있는 최선을 다할 필요가 있다는 것을 의미합니다.

토론

내용 질문

1. 만약 실수를 하거나 무언가를 잊어버리거나 잘못한다면, 이것은 선생님이 자신을 좋아하지 않을 것이라는 의미인가요? 그것은 무엇을 의미하나요?
2. 선생님들이 다른 것보다 더 슬프게 여길 일이 있나요? (사례를 공유합니다.)

개인 질문

1. 무언가를 잘못해서 선생님이 자신을 좋아하지 않는다고 생각해 본 적 있나요?
2. 다음에 실수를 하거나 선생님이 못마땅해할 만한 행동을 할 때 자신에게 어떤 말을 해야 할까요? 답변을 위해 엘레나의 사례를 생각해 봅니다.

후속 활동

아이들에게 종이 한 장을 반으로 나누게 합니다. 그런 뒤 한쪽에는 규칙을 어기고, 실수를 하거나, 숙제를 제대로 하지 못한 것을 묘사하는 그림을 그려 달라고 합니다. 나머지 절반은, 선생님들이 어떻게 이 일을 대처할 수 있는지를 보여 주는 그림을 그리게 합니다. 아이들은 최선을 다하도록 노력해야 하지만, 만약 실수를 하더라도 선생님이 그들을 싫어하지 않을 것이라는 점을 스스로 상기시킬 수 있도록 이 종이들을 책상 안에 넣어 둘 수 있습니다.

정서 발달 4

좋거나, 괜찮거나, 별로 좋지 않거나

 발달의 관점

구체적인 사고 패턴을 볼 때, 이 나이대의 아이들은 종종 감정을 극단적으로 판단합니다. 좋거나 나쁘거나, 행복하거나 불행하거나, 몹시 화가 나거나 기쁘거나 이렇게 극단적인 것입니다. 감정의 정도를 구별하도록 돕는 것은 아이들이 느끼는 바를 좀 더 정확하게 파악할 수 있게 하며, 다양한 감정의 방식이 있다는 것을 이해할 수 있도록 해 줍니다.

목표

▷ 감정의 정도를 구별하는 것 배우기

준비물

▷ 각 아이에게 제공할 달걀판(아이들이 집에서 가져올 수도 있음)
▷ 각 아이에게 제공할 봉투에 담은 빈 종이 12장과 연필

진행 절차

1. 달걀판과 종이 12장이 들어 있는 봉투를 나눠 주고 활동을 시작합니다.

2. 각각의 아이들에게 봉투에서 4장의 종이를 꺼내어 '신이 난, 매우 불행한, 화가 난, 속상한'이라고 쓰도록 하고, 처음 2개의 단어를 각각 달걀판 한 줄의 양쪽 끝에 놓게 합니다.

3. 다 같이 '신이 난'(또는 매우 행복한) 감정의 개념에 대해 이야기합니다. 각각의 아이들에게 자신이 그렇게 느꼈던 때를 생각해 보라고 합니다. 경험을 공유할 시간을 줍니다. 그런 다음, 신이 난 느낌과는 반대로 '매우 불행한' 감정의 개념에 대해 이야기합니다. 아이들이 신이 난 것과는 반대로 매우 불행하게 느꼈던 경험들을 공유하게 합니다. 그런 다음, 상황에 대해 우리가 그저 신이 나거나 매우 불행하다고만 느낄 수 없다는 사실, 즉 우리가 '중간'에 있다고 느낄 때가 있을

것이라는 사실에 대해 이야기합니다. 아이들과 함께 중간 감정을 묘사합니다. 예를 들면, 신이 남, 매우 행복함, 조금 행복함, 조금 불행함, 매우 불행함 등으로 묘사할 수 있습니다. 종이 한 장에 이런 말을 써서 달걀판 한 줄의 중간 부분에 두도록 합니다.

4. '화가 난'과 '속상한'이라는 단어도 동일한 절차를 따릅니다. 아이들이 화가 나거나 속상해할 때를 토론한 후에 '중간'에 들어갈 수 있는 감정을 함께 파악합니다.

5. 다음으로, 아이들에게 화가 남과 속상함의 중간에서 떠오르는 감정 중 하나를 느꼈을 때를 말해 보라고 합니다. 아이들에게 그 느낌과 관련된 상황을 공유하도록 한 다음, 처음부터 분노를 느꼈는지 아니면 나중에 다른 감정을 더 느꼈는지 물어봅니다. 강렬한 감정이 어떻게 덜 강렬한 감정으로 바뀌었는지 말해 보도록 합니다. '신이 난'과 '매우 불행한'이라는 단어도 동일한 절차를 따릅니다.

6. 내용 질문과 개인 질문을 통해 활동을 진행합니다.

🧑‍🏫 토론

내용 질문

1. 두 극단의 감정 단어 사이에 있는 다른 단어들을 보고 놀랐나요?
2. 이런 '중간'에 속한 감정을 말로 표현하기 어려웠나요?
3. 오늘 새로 알게 된 감정 단어는 무엇인가요?

개인 질문

1. 양극단의 감정이나 중간 감정 중에서 보통 어떤 감정을 경험하나요?
2. 슬프거나 기쁜 것만을 느끼지 않고, 중간에 다양한 감정들이 있다는 것을 인식할 수 있나요?
3. 이 활동에서 자신의 감정을 파악하는 데 도움이 될 수 있는 것을 배웠나요?

🧑‍💻 후속 활동

아이들이 달걀판 한 줄의 양쪽 끝에 넣을 새로운 단어 한 쌍을 찾아내고 중간 감정을 이해하도록 돕습니다.

남자가 하는 것, 여자가 하는 것

 발달의 관점

아동기의 아이들은 점점 더 고정된 우정 패턴을 발전시키고, 같은 성별의 친구를 사귀는 경향이 있습니다. 이것은 친구 선택에 제한적인 영향을 미칠 뿐만 아니라 고정관념을 강화시켜, 아이들이 나이가 들면서 맺게 되는 관계에 부정적인 영향을 미칠 수 있습니다.

목표

▷ 고정관념의 사례 파악하기

▷ 고정관념은 남자와 여자가 할 수 있는 것과 할 수 없는 것을 좌우하지 않는다는 것 배우기

준비물

▷ 칠판

▷ 큰 종이봉투 2개('남자'라고 쓴 것 1개, '여자'라고 쓴 것 1개)

▷ 잡지, 가위, 종이 2장, 크레용

▷ 마스킹 테이프

▷ A4용지 2장(한 장에는 '한다', 다른 장에는 '안 한다'라고 쓴 것)

▷ '남자가 하는 것, 여자가 하는 것−기록표'(활동지 3)

▷ 크라프트지(후속 활동용)

▷ 각 아이에게 제공할 잡지와 가위, 풀(후속 활동용)

진행 절차

1. 잡지, 가위, 종이, 크레용을 배포하며 활동을 시작합니다. 아이들에게 잡지를 훑어보고 자신이 좋아하는 일을 나타내는 사진 두 장을 찾아 오려 내도록 합니다. 만약 사진을 찾을 수 없다면 종이와 크레용을 사용하여 그림으로 그려도 됩니다.

2. 모두가 두 가지 예를 찾거나 그린 후에, '여자'라고 적힌 봉투를 돌려서 여학생들에게만 사진을 넣어 달라고 요청합니다. 그리고 '남자'라고 적힌 봉투를 돌려서 남학생들에게만 사진을 넣어 달라고 요청합니다.

3. 다음에는 아이들을 동그랗게 둘러앉게 합니다. 여학생 봉투를 열고 지원자에게 사진을 한 장씩 꺼내서 보이는 것을 설명해 달라고 요청합니다. 이 상황들을 칠판에 씁니다. 남학생 봉투도 똑같이 진행합니다.

4. 모든 사진을 공유한 후, 목록을 봅니다. 두 목록에 동시에 나타나는 모든 항목에 원을 그립니다. 그런 다음, 내용 질문 1과 2에 대해 토론합니다.

5. 다음으로, 교실의 한 구석에 '한다' 표시용지를 두고 다른 구석에 '안 한다' 표시용지를 둡니다. 그런 다음 '남자가 하는 것, 여자가 하는 것−기록표'(활동지 3)를 걸어 모두가 볼 수 있게 합니다. 기록표에서 일부 항목을 읽을 것임을 알려 줍니다. 첫 번째 항목을 읽을 때, 아이들은 '한다' 또는 '안 한다'로 이동해야 합니다. 다음 항목을 읽기 전에 남자아이 수와 여자아이 수를 기록표에 기록합니다. 모든 항목을 읽고 기록할 때까지 이 절차를 계속합니다. 그런 다음, 내용 질문 3과 4에 대해 토론합니다.

6. 남은 내용 질문과 개인 질문에 대해 토론합니다.

🧑‍🏫 토론

내용 질문

1. 두 목록에 어떤 항목이 있었나요?

2. 다른 항목은 얼마나 있었나요?

3. 기록표에 있는 대부분의 항목을 할 수 있는 남학생과 여학생이 있었나요?

4. 남학생 중 누구도 할 수 없는 항목이 있었나요? 여학생 중 누구도 할 수 없는 항목이 있었나요?

5. 아이들이 "남자들은 그럴 수 없어." 또는 "여자들은 할 수 없어."라고 말하는 것을 들어 본 적이 있나요? 이것이 사실이라고 생각하나요? 남자라서 할 수 없는 일이 있나요, 여자라서 할 수 없는 일이 있나요? (예를 공유하게 합니다. 아이들이 논의한 항목에 대해 같은 성별 친구들에게 그렇게 하는 사람이 있는지 또는 이성 친구들에게 그런 적이 있는지 물어봄으로써 예외를 생각할 수 있게 돕습니다.)

개인 질문

1. 남자이거나 여자이기 때문에 할 수 없는 특정한 일들이 있다고 생각하나요? 만약 그렇다면, 이것에 대해 어떻게 생각하나요?

2. 자신은 특정한 일을 할 수 없다는 것이 사실이라고 생각하나요, 아니면 단지 그러한 일을 하는 남자나 여자만 보여 주는 광고를 본 적이 있기 때문에 그렇게 생각하나요, 아니면 누군가가 남자나 여자들만 한다고 말했기 때문에 그렇게 생각하나요?

3. 이 수업에서 무엇을 배웠나요?

후속 활동

긴 크라프트지 한 장을 교실에 붙입니다. '남자가 하는 것, 여자가 하는 것'이라고 적힌 라벨을 붙입니다. 아이들이 하는 일에 대해 그림을 그리거나 사진을 찾아오도록 하고 이 그림들을 붙여 콜라주를 만듭니다.

남자가 하는 것, 여자가 하는 것

	남자가 하는 것	여자가 하는 것
빨리 달리기		
나무 오르기		
줄넘기		
수영		
상상력 발휘하기		
맞춤법 찾기		
자전거 타기		
롤러블레이드 타기		
학교에서 놀기		
소꿉놀이 하기		

'함께'가 더 좋아

10세

 발달의 관점

아동기에는 많은 새로운 기술의 습득이 나타납니다. 다른 사람들과의 협력을 잘 배우는 것은 사회적 발달뿐만 아니라 아이들의 인지력 향상에 중요한 기술입니다. 다른 사람들과의 작업을 통해 아이들은 '주고받는' 기술, 타협하는 기술, 그리고 조직의 목표에 기여하는 데서 오는 만족감을 배웁니다.

목표

▷ 협력적 행동과 비협력적 행동을 구분하기
▷ 협력적 행동 실천하기

준비물

▷ 큰 크라프트지(혹은 신문) 여러 장
▷ 마스킹 테이프 2개(그룹당 1개)
▷ 팀 1과 팀 2에게 제공할 "'함께'가 더 좋아–팀 설명서'(활동지 4)
▷ 팀에 속하지 않은 아이에게 제공할 "'함께'가 더 좋아–관찰 기록지'(활동지 5), 연필
▷ 비디오 카메라(선택사항)
▷ "'함께'가 더 좋아–관찰 기록지'(후속 활동용)

진행 절차

1. 두 팀이 두 가지 방법으로 실습을 진행할 것이라는 설명을 하면서 수업을 시작합니다. 아이들은 이 두 팀이 일하는 방식을 유심히 관찰하고 차이점을 논의할 준비를 합니다.

2. 각각 5명씩 두 팀을 선택합니다. 첫 번째 팀에게 팀 1에 대한 "'함께'가 더 좋아–팀 설명서'(활동지 4)를 주고, 교실에 있는 다른 팀에게 들리지 않도록 간단히 설명합니다. 팀 2에 대한 팀 설명서도 동일하게 진행합니다.

3. 팀에 속하지 않은 사람들은 관찰자로서 중요한 역할을 한다는 점을 강조합니다. 팀에 속하지 않은 각 아이에게 ''함께'가 더 좋아-관찰 기록지'(활동지 5)를 줍니다. 관찰자가 어떻게 기록지를 작성해야 하는지 이해할 수 있도록 설명해 줍니다.

4. 팀 1에게 먼저 실습을 진행하라고 요청합니다. 약 15분 정도 기다립니다. 완료되면 관찰자에게 관찰 기록을 공유하게 합니다. 긍정적인 행동과 부정적인 행동의 구체적인 예를 이끌어 내고, 이러한 행동들이 결과에 어떤 영향을 미치는지 논의합니다. 팀원들에게 결과물과 팀의 참여도에 대해 어떻게 느꼈는지 물어봅니다.

5. 팀 2에게 실습을 진행하라고 요청합니다. 약 15분 후에 관찰자가 기록을 공유하면서 동일한 절차를 따릅니다. (이 그룹은 활동을 완료하지 못할 것입니다.)
   지도자 유의사항: 팀이 활동하는 모습을 영상으로 찍을 수 있고, 아이들이 협조적이고 비협조적인 행동의 예를 볼 수 있도록 영상을 재생할 수 있습니다.

6. 내용 질문과 개인 질문을 통해 활동을 진행합니다.

🗣 토론
내용 질문

1. 팀원으로서 협력적으로 활동하기 위해서는 어떤 행동이 필요한가요?
2. 비협력적이라면 어떤 행동을 보여 줄 것인가요?
3. 남들과 함께 작업할 때 협력하는 것이 중요하다고 생각하나요? 왜 그런가요? 혹은 왜 그렇지 않은가요?
4. 사람들이 협력하지 않는 이유에는 어떤 것들이 있나요?

개인 질문

1. 좋은 팀원으로서 협력하고 작업하는 데 가장 어려운 점은 무엇인가요?
2. 자신의 어떤 면이 협력과 팀 활동에서 뛰어난가요?
3. 만약 자신이 매우 좋은 팀원이 아니라면, 어떤 행동이 자신을 개선하는 데 도움이 될 것 같나요?

🧑‍💻 후속 활동
''함께'가 더 좋아-관찰 기록지'를 게시합니다. 아이들이 과학, 수학 또는 사회 과제에 대해 그룹별로 활동할 때, 협력적인 행동과 비협력적인 행동을 구별하는 것을 돕기 위해 기록지를 참조하도록 합니다.

'함께'가 더 좋아

지도자 유의사항: 따로따로 자른 다음 각 팀에게 해당하는 설명서를 나누어 줍니다.

팀 1

손을 들어서 그룹의 리더를 뽑습니다. 리더는 다음의 과제를 자세히 설명해야 합니다:

과제는 종이와 마스킹 데이프를 사용하여 한 번에 한 명씩 기어갈 수 있을 만큼 충분히 크고 짧은 터널을 만드는 것입니다. 이 그룹의 모든 사람들은 작업을 시작하기 전에 터널을 어떻게 건설할 것인지에 대한 아이디어를 공유해야 합니다. 리더는 제안된 아이디어 중에서 특정 아이디어를 선택하고 모든 사람들에게 할 일을 정해 준 뒤 활동을 시작할 것입니다. 구성원들은 터널을 완공할 때까지 협력하여 일할 것입니다.

팀 2

모든 사람들이 리더가 되겠다고 한꺼번에 소리칩니다. 그것에 대해 잠시 논쟁한 후, 리더가 필요하지 않다고 결정합니다. 그런 다음, 한 사람이 다음의 과제를 읽도록 합니다:

과제는 종이와 마스킹 테이프를 사용하여 한 번에 한 명씩 기어갈 수 있을 만큼 충분히 크고 짧은 터널을 만드는 것입니다. 이 그룹의 모든 사람들은 아이디어를 외치기 시작합니다. 아무도 다른 사람의 말을 듣지 않습니다. 마지막으로, 한 사람이 자신의 아이디어를 시도해 보는 게 어떤지 묻습니다. 사람들은 이에 동의하지만, 협력하지 않기 때문에 터널을 완성하지 못합니다(팀원들은 마스킹 테이프를 나누어 쓰지도 않고 다른 팀원의 아이디어가 바보 같다고 이야기하는 등의 행동을 합니다).

'함께'가 더 좋아

이름: _____   날짜: _____

지시사항: 각 팀의 작업 방식을 주의 깊게 살펴봅니다. 팀원들이 하는 각각의 행동 옆에 ×자를 표시합니다.

	팀 1	팀 2
아이디어 공유		
협력		
양보		
논쟁		
재료 나누어 쓰기		
합의하기		
경청하기		
일을 끝마치기		

사회성 발달 3
친구 사귀기

발달의 관점

또래 집단의 맥락에서 사회화는 아동기의 중심 이슈입니다. 아이들은 수용과 '가장 친한 친구' 문제에 대해 많은 신경을 씁니다. 갈등과 부정적인 감정은 종종 우정 상황과 관련되기 때문에, 사회성 발달의 단계에서 친구를 사귀고 유지하는 기술을 향상시키는 것이 중요합니다.

목표

▷ 친구를 사귀고 유지하는 기술 향상시키기
▷ 우정 행동 실천하기

준비물

▷ 칠판
▷ '친구 사귀기–진술과 응답'(활동지 6)

진행 절차

1. 아이들에게 좋은 친구에 대해 생각해 보라고 하고, 이 친구가 하는 행동 중 어떤 점이 친구를 사귀는 좋은 기술의 사례라고 생각하는지 묻습니다. 아이들이 이름을 밝히지 않고 아이디어를 공유하게 합니다.

2. 다음으로, '친구 사귀기–진술과 응답'(활동지 6)을 각 아이들에게 무작위로 나누어 줍니다. 아이들은 조용히 교실을 돌아다니면서 종이 쪽지를 서로에게 보여 줘야 한다고 설명합니다. '진술'과 '응답'이 서로 짝이 되는 것을 찾은 사람들은, 함께 앉을 자리를 찾아 좋은 친구가 되는 방법에 대해 좀 더 이야기합니다. 모든 아이들이 간략하게 논의할 기회를 가지면 전체 그룹과 아이디어를 공유하고 칠판에 이를 나열합니다.

3. 내용 질문과 개인 질문을 통해 활동을 진행합니다.

토론

내용 질문

    1. 짝이 맞는 파트너를 찾는 것이 어려웠나요?

    2. 대부분의 사람들이 긍정적인 우정 기술을 쓰고 있다고 생각하나요? 만약 그렇지 않다면, 사람들이 그런 기술을 사용하면 친구와 더 잘 지낼 것이라고 생각하나요?

개인 질문

    1. 우정 기술은 긍정적이라고 생각하나요, 부정적이라고 생각하나요?

    2. 파트너 또는 다른 학생들이 생각해 낸 친구를 사귀거나 유지하는 방법 중 활용할 만한 것이 있었나요?

후속 활동

아이들에게 주중에 연습할 두 가지 우정의 행동을 떠올리고 이를 우정 쪽지 뒤에 쓰게 합니다. 아이들에게 이 실천이 다른 사람과의 관계에 어떤 영향을 미쳤는지 보고할 시간을 줍니다.

친구 사귀기

지도자 유의사항: '진술'과 '응답'을 따로따로 잘라 내고, 각 아이에게 하나씩 나누어 줍니다.

10세

〈진술〉	〈응답〉
네 옷이 참 예쁘다.	고마워.
공놀이 하고 싶니?	그래, 물어봐 줘서 고마워.
그룹 활동에 대한 너의 아이디어가 마음에 들어.	나도 네 아이디어가 마음에 들었어.
내 생일파티에 올 수 있니?	그래, 초대해 줘서 고마워.
어제 너의 집에서 재미있게 놀았어.	나도 즐거웠어.
내 과자 좀 줄까?	아니야, 괜찮아.
여자애가 혼자 앉아 있네. 우리와 함께 앉자고 하자.	좋은 생각이야.
어제 내가 하고 싶은 걸 했으니까 오늘은 네가 선택할 차례야.	번갈아 가면서 하니까 좋은 것 같아.
너한테 알려 줄 비밀이 하나 있어.	아무한테도 말하지 않을게.
내 파티에 오지 못해서 아쉽네.	나도 아쉽지만 물어봐 줘서 고마워.
네가 반장 선거에서 이겨서 기뻐.	그렇게 말해 주니 고마워.
너랑 노는 게 재미있어.	나도 너랑 노는 게 좋아.

사회성 발달 4

그들은 나를 선택하지 않았어

 발달의 관점

아이들이 사회적 관계를 넓혀 감에 따라, 거절이나 거부당할 위험은 커집니다. 많은 아이들에게 거절은 납득하기가 매우 어려울 수 있습니다. 그러나 거절은 아동기나 청소년기 내내 아이들이 다양한 방식으로 계속해서 경험할 흔한 현상인 만큼 건강한 대처방법을 익혀야 합니다.

목표

▷ 거절에 대처하는 방법 찾아보기
▷ 남에게 거절당해도 무가치하지 않다는 것 알기

준비물

▷ 칠판
▷ 모두가 갖고 싶어 하는 (서로 다른 종류의) 장난감 한 쌍
▷ 서로 다른 종류의 시리얼 광고물 몇 가지(또는 실제 시리얼 상자)
▷ '그들은 나를 선택하지 않았어−이야기'(활동지 7). 아이들의 읽기 능력에 따라 읽어 주거나 한 장씩 복사하여 나누어 줍니다.

진행 절차

1. 한 쌍의 장난감을 보여 주고, 아이들이 어떤 장난감을 좋아하는지 논의하도록 합니다. 아이들이 취향에 따라 다른 선택을 하지만, 선택받지 못한 장난감에게 문제가 있는 것은 아니라는 사실을 강조합니다. 이를 바탕으로 아이들이 친구를 선택하는 방법으로까지 생각을 확장합니다. 즉, 다음과 같이 질문할 수 있습니다. "몇몇 사람들이 누군가를 친구로 선택하지 않는다고 해서 그 사람에게 무슨 문제가 있나요?"

2. 아이들이 선택받는 상황을 이끌어 내고 칠판에 열거해 봅니다. 예를 들어, 학습

파트너로서, 팀원으로서, 가장 친한 친구로서, 또는 파티에 초대할 누군가로서 선택받는 것입니다. 아이들은 타인이 왜 그 선택을 했는지에 대해 논의합니다. 즉, 다른 사람은 학습 파트너를 선택하는 데 있어서 과제에 대해 많이 알고 있고 열심히 공부하는 누군가를 원했을 수도 있습니다. 가장 친한 친구를 고를 때, 비밀을 말하지 않는 사람, 함께 놀기를 좋아하는 사람 등을 원했을 수도 있습니다. 우리는 여러 가지 이유로 사람들을 선택한다는 사실을 강조합니다.

3. 시리얼 광고나 상자를 한 번에 하나씩 보여 줍니다. 만일 그 시리얼이 가장 좋아하는 시리얼이라면 아이들에게 손을 들게 합니다. 각 시리얼을 보여 줄 때 시리얼의 이름과 손을 든 아이들의 수를 칠판에 기록하게 합니다. 모든 시리얼을 보여 준 후에, 결과를 살펴봅니다. 모든 사람들이 무언가를 선택하는 데에는 저마다 다른 이유를 가지고 있다는 사실에 대해 짧은 논의를 진행하는 동안, 선택받지 못했다고 해서 그 시리얼이 쓸모가 없는 것인지 질문합니다. 이것은 사람들에게도 같다는 것을 지적합니다. 즉, 만약 누군가가 어떤 이유로 자신을 선택하지 않는다고 하더라도, 자신이 무가치하거나 쓸모없다는 것을 의미하는 것은 아닙니다.

4. 아이들에게 '그들은 나를 선택하지 않았어–이야기'(활동지 7)를 읽거나 듣도록 합니다. 내용 질문과 개인 질문을 통해 활동을 진행합니다.

토론

내용 질문

1. 엘레나는 그룹 리더로 뽑히지 않고 그룹에서 마지막으로 뽑힌 것에 대해 어떻게 느꼈나요?

2. 엘레나는 그룹 리더로 뽑히지 않고 그룹에서 마지막으로 뽑힌 것에 대해 무슨 생각을 하고 있었나요?

3. 엘레나가 생각하고 있던 것이 사실(어떤 사람도 엘레나를 좋아하지 않고, 멍청하다고 생각한다는 등등)이었다고 믿나요?

4. 또래 아이들이 마지막으로 뽑혔거나 어떤 이유로 뽑히지 않았다면, 엘레나가 가졌던 비슷한 생각과 감정을 경험한다고 생각하나요?

5. 칼멘이 엘레나가 그 상황에 대해 기분이 좀 나아지도록 하기 위해 뭐라고 말했나요?

개인 질문

1. 엘레나가 한 일을 경험해 본 적이 있나요?
2. 만약 마지막으로 뽑혔거나, 아예 뽑히지 않았다면, 엘레나와 비슷한 생각과 감정을 가졌었나요? (경험을 공유합니다.)
3. 만약 마지막으로 뽑혔거나, 아예 뽑히지 않았다면, 그것을 어떻게 다루었나요?
4. 만약 이런 일이 다시 일어난다면, 선택받지 못하는 것에 대처하기 위해 무엇을 생각할 수 있을까요?

후속 활동

부모나 형제를 인터뷰하여 거절당한 적이 있는지 알아보도록 합니다. 아이들에게 다음과 같은 질문을 하게 합니다.

▶ 어떤 것에 대해 거절당하거나, 마지막으로 뽑힌 적이 있나요?
▶ 그 일이 일어났을 때 기분이 어땠나요?
▶ 아무도 당신을 좋아하지 않는다고 생각했나요? 아니면 당신이 잘 못한다고 생각했나요? 이게 정말 사실일까요?
▶ 이러한 것을 어떻게 다루었나요?

아이들이 인터뷰에 대한 짧은 보고서나 이야기를 써서 그룹과 공유하게 합니다.

그들은 나를 선택하지 않았어

엘레나는 집으로 돌아가 가족들에게 좋은 소식을 전하고 싶은 마음에 학교가 끝나기만을 기다렸다. 오늘 헤레라 선생님께서는 동물원과 자연사 박물관으로 현장학습을 가는 데 필요한 기금 모으기 프로젝트를 진행할 것이라고 알려 주셨다. 엘레나는 동물원에 한 번밖에 가 보지 않아서 매우 신이 났다. 그마저도 너무 어릴 때 간 것이어서 동물원에 대한 기억은 거의 없었다. 박물관에는 한 번도 가 본 적이 없었는데, 선생님은 거대한 공룡과 그 외에 흥미로운 것들이 많이 전시되어 있어서 아주 멋진 경험이 될 것이라고 말씀해 주셨다.

다음 날 학교에서, 헤레라 선생님은 프로젝트에 대해 더 설명해 주셨다. 선생님은 버스요금, 동물원과 박물관 입장료, 그리고 점심과 간식을 지불하는 데 충분한 돈을 모을 수 있는 방법들을 생각하기 위해 그룹을 지어 활동할 것이라고 하셨다. 각 그룹에서 아이디어를 낸 후, 전체 학급에서 돈을 가장 많이 모을 수 있는 제일 좋은 방법 다섯 가지를 선택했다. 선생님은 점심시간 후에 그룹을 짜서 활동할 것이라고 말씀하셨다.

그날 점심 때 엘레나는 주아니타와 함께 앉았다. 둘은 가장 친한 친구는 아니었지만, 가끔 점심시간에 옆자리에 앉았다. 오늘은 둘 다 현장학습과 학급 프로젝트에 신이 나 있었다. 점심시간 내내 그들은 서로의 아이디어에 대해 이야기했다.

엘레나와 주아니타가 점심시간 후에 교실로 돌아왔을 때, 헤레라 선생님은 주아니타, 피터, 레이몬, 첼시 4명의 학생들을 그룹 리더로 뽑았다. 리더가 되고 싶었던 엘레나는 매우 속상했다. 선생님이 자신을 왜 리더로 뽑지 않았는지 궁금했다. 자신을 싫어해서일까? 좋은 리더가 될 만큼 똑똑하지 않다고 생각했을까? 선생님이 뽑은 학생들만큼 인기가 없어서일까? 이러한 생각들은 엘레나의 마음을 계속 뒤흔들었다. 자신에게 무슨 문제가 있는 건지 이해할 수 없었다. **(아이들에게 엘레나가 왜 뽑히지 않았다고 생각하는지 질문한 뒤, 이들의 아이디어를 칠판에 적어 봅니다.)**

그룹 리더가 팀원들을 선택하기 시작했을 때, 엘레나는 주아니타가 자신을 뽑아 주기를 원했지만, 주아니타는 켈리를 먼저 선택했다. '왜 나를 선택하지 않았을까?' 엘레나는 궁금했다. '점심 때 그것에 대해 이야기했으니까 주아니타는 내가 어떤 아이디어를 갖고 있는지 알고 있을 거야. 그 아이디어들이 별로라고 생각했을까? 내가 주아니타를 화나게 한 게 있었을까?' 엘레나는 혼란스러웠고 점점 더 비참해졌다. **(여기서 잠깐 멈추어서, 아이들에게 왜 주아니타가 엘레나를 뽑지 않았을지 질문해 봅니다.)**

다른 그룹 리더들이 팀원들을 선택하기 시작하자, 엘레나는 점점 더 긴장하게 되었다. 레이몬은

그들은 나를 선택하지 않았어

토니, 피터는 세리타, 첼시는 칼멘을 선택했다. 그러고 나서 다시 주아니타가 선택할 차례가 되었다. 엘레나는 주아니타가 자신을 선택해 주기를 바라며 숨을 죽이고 있었다. 하지만 주아니타는 칼로스의 이름을 불렀다. 엘레나는 눈물을 흘리며 다른 리더들이 다른 사람을 선택하는 것을 들었다. 아무도 엘레나의 이름을 부르지 않았다. 엘레나는 방을 뛰쳐나가고 싶었다. 다른 사람들이 그룹에 합류할 때 자신은 여전히 자리에 앉아 있는 것이 너무 창피했다. 쥐구멍에라도 기어들어 가고 싶었다.

마침내 엘레나, 조나단, 마크 3명만이 남았다. 첼시아가 선택할 차례에, 그녀는 마크의 이름을 불렀다. 그리고 레이몬은 조나단을 선택하여 그룹에 합류하도록 했다. 엘레나만 남았다. 피터가 엘레나의 이름을 불렀을 때 엘레나는 너무 기분이 나빠서 한 발짝도 움직일 수가 없었다. 자신을 제외한 다른 모든 사람이 이미 그룹에 속해 있었기 때문에, 피터에게 선택의 여지가 없었다는 것을 알았다. 엘레나는 그 자리에서 사라지고 싶었다.

하지만 그럴 수는 없고, 그 그룹에 합류해야만 했다. 엘레나는 눈물을 글썽이는 것을 다른 아이들이 보지 않도록 고개를 숙였다. 그룹에 합류해 의자를 끌어당겨 그냥 앉아 있었다. 헤레라 선생님은 이제 기금을 모으는 프로젝트에 대해 생각하고 그룹들의 아이디어를 적어야 한다고 말씀하셨다. 엘레나는 계속 조용하게 있으면서 자신의 아이디어를 공유하고 싶지 않았다. 사실, 엘레나는 동물원이나 박물관에 가고 싶은지조차 관심이 없었다.

다른 아이들이 자신들이 낸 아이디어에 한창 흥분하고 있을 때, 엘레나는 빈둥빈둥 앉아만 있었다. 마침내 수업이 끝나고 집으로 갈 시간이 되었다. 엘레나는 조용히 책을 들고, 고개를 숙인 채 허우적거리며 문 밖으로 걸어갔다. 놀이터를 반쯤 가로지를 무렵 칼멘이 엘레나를 따라잡았다. 칼멘이 "엘레나, 무슨 일 있어? 왜 평소처럼 날 기다려주지 않았어~" 라고 말했다.

"그냥 네가 나와 함께 집에 가기를 싫어할 거라고 생각했을 뿐이야."라고 엘레나가 말했다.

"왜 그렇게 생각해?" 칼멘이 말했다.

"아무도 나와 함께 있기를 원하지 않는데, 너는 왜 나랑 같이 가기를 원해?"라며 엘레나가 말했다.

"그게 무슨 뜻이야?"

"무슨 말인지 알잖아. 나는 팀에서 제일 마지막으로 뽑혔어. 아무도 나와 함께하기를 원하지 않았어. 나한테 분명 잘못된 것이 있는 거야. 선생님조차 나를 팀 리더로 뽑지 않았으니 나를 좋아하지 않는 거야. 나는 이번 그룹 프로젝트가 싫어. 현장학습도 가고 싶지 않아."

그들은 나를 선택하지 않았어

"엘레나, 네가 마지막으로 뽑혔다고 해서 아무도 너를 좋아하지 않는다는 것은 아니야. 때로는 마지막에 뽑힐 수도 있는 거야. 어제 나는 체육시간에 마지막으로 뽑힌 선수였어. 마음에 안 들었지만, 누군가는 마지막이어야 해. 그래서 나는 오늘 첫 번째 사람 중 하나였던 거야. 가끔은 그런 식이야. 너는 어제 나보다 먼저 뽑힌 것 같은데, 그렇지 않니?"

엘레나는 천천히 고개를 저었다. "맞아, 그렇긴 했지. 하지만 오늘은 엄청나게 중요했어. 다른 사람들이 한 그룹에 합류할 때마다, 앉아 있는 게 너무 바보 같았어."

"이해해."라고 칼멘이 말했다. "나도 어제 그렇게 느꼈어. 하지만 네가 마지막으로 뽑혔다고 해서 정말 아무도 너를 좋아하지 않는다고 생각하니? 너는 지금 나와 집에 같이 걸어가고, 오늘 점심에는 주아티나와 함께 밥을 먹었는데 그게 어떻게 사실일 수 있겠어? 물론 오늘은 마지막으로 뽑혔지만, 그렇다고 해서 네가 항상 마지막이라는 뜻은 아닐 거야. 안 그래?"

"글쎄, 아닐지도 몰라."라고 엘레나가 말했다. "거의 혼자 앉아 있는 기분이 이상했어. 내가 무슨 나쁜 세균 같은 것을 가지고 있는 것처럼 느껴졌거든."

"음, 너는 세균도 없고, 네가 항상 마지막으로 선택될 것이라고 생각할 필요는 없어. 그럴 때마다 슬퍼하면 아무도 너와 놀고 싶어 하지 않거나 같은 팀이 되는 걸 원하지 않을 거야. 그러니까 현장학습에 가는 일이 얼마나 즐거울지 생각하면서 아이디어를 떠올려 보자."라고 칼멘이 격려했다.

다음 날 엘레나는 자신의 그룹에 합류했다. 엘레나는 전날 칼멘과 학교에서 집으로 오는 길에 대화했던 것을 기억하며, 자신의 아이디어들을 그룹 아이들과 공유했다. 아이들은 엘레나의 아이디어가 정말 좋다고 생각했고, 엘레나는 자신의 아이디어 중 하나가 반 전체의 기금 모으기 프로젝트 안건으로 뽑힐 수 있기를 희망했다.

큰 결정, 작은 결정, 중간 결정

인지
발달
1

🧑 발달의 관점

아이들은 성장할수록 삶에 영향을 미칠 결정을 점점 더 많이 내릴 것입니다. 아이들은 여전히 구체적인 사고를 합니다. 그래서 종종 의사결정 과정에 관련된 다양한 요소들을 고려하고 크고 작은 결정들을 구별하는 데 어려움을 겪습니다.

🧑 목표

▷ 큰 결정, 작은 결정, 중간 결정의 구별 시작하기
▷ 다양한 유형의 결정을 내릴 때 고려해야 할 다양한 요소 알아보기

🧑 준비물

▷ 껌 2개(서로 다른 종류)
▷ 만 원짜리 지폐 1장
▷ 한국의 대통령 사진 1장
▷ '큰 결정, 작은 결정, 중간 결정-의사결정 사다리'(활동지 8)와 크레용
▷ 각 아이에게 제공할 의사결정 사다리 및 크레용(후속 활동용)

🧑 진행 절차

1. 아이들에게 다른 종류의 껌 두 가지를 보여 주면서 수업을 시작합니다. 첫 번째 껌을 좋아하는 아이들에게 손을 들어 달라고 하고, 그다음에 두 번째 껌을 좋아하는 아이들에게 손을 들어 달라고 합니다. 그리고 나서 어떤 종류의 껌을 씹을지 결정하는 것이 큰 결정인지, 작은 결정인지, 중간 결정인지 질문합니다.

2. 다음에 만 원짜리 지폐를 들어 보입니다. 아이들에게 이 정도의 돈이 있고 그것을 어떻게 사용할지 결정하는 상상을 해 보게 하고, 이것이 큰 결정인지, 작은 결정인지, 중간 결정인지 질문합니다.

3. 그리고 나서 한국 대통령의 사진을 보여 줍니다. 아이들에게 자신이 대통령이

라고 상상하고, 다른 나라와 전쟁을 할 것인지 결정해야 한다고 말합니다. 다시 한번 이것이 큰 결정, 작은 결정, 중간 결정인지를 평가하게 합니다.

4. 이 세 가지 유형의 결정 사이의 차이점들을 논의합니다. 먼저, 아이들에게 결정이 큰지 작은지 중간인지, 모든 사람들이 항상 동의한다고 생각하는지 질문합니다. 대부분의 사람들이 크거나 작다고 생각하는 몇몇 결정들이 있지만, 어떤 결정이 크거나 작거나 또는 그 중간이라고 생각하는 것은 사람에 따라 다르다는 사실에 대해 논의합니다. 이러한 유형의 결정을 구분하는 다른 요소를 이끌어냅니다. 예를 들어,

▶ 작은 결정은 많은 사람들에게 영향을 미치지 않을 수도 있다.

▶ 작은 결정은 대개 큰 결정만큼 중요하지 않다.

▶ 작은 결정은 큰 결정만큼 많은 결과를 낳지 않을 수도 있다.

▶ 작은 결정의 결과는 대개 큰 결정의 결과만큼 중요하지 않다.

어떤 결정은 큰 결정과 작은 결정 사이에 있을 수 있다는 사실을 강조합니다.

5. 아이들에게 파트너를 찾도록 요청합니다. '큰 결정, 작은 결정, 중간 결정─의사결정 사다리'(활동지 8)를 2명당 1장씩 나누어 줍니다. 아이들에게 몇 가지 결정을 읽어 줄 것이라고 알려 줍니다. 각 항목을 듣고 이 결정이 큰 결정인지, 작은 결정인지, 중간 결정인지에 대해 논의합니다. 두 사람이 합의한 내용(크다, 작다, 중간이다)에 해당하는 의사결정 사다리에 결정의 번호를 적고, 다른 학생들과 의견이 일치하는 사다리의 빈칸을 파트너와 번갈아 가며 색칠합니다.

큰 결정, 작은 결정, 중간 결정

▶ 결정 1: 당신은 사탕 가게에 있고, 정말로 사탕을 원합니다. 점원이 보고 있지 않을 때 가지고 갈지, 아니면 그냥 갈지를 결정할 수 없습니다.

▶ 결정 2: 당신은 학교에 야구공이 그려진 맨투맨을 입어야 할지, 또는 축구공이 그려진 맨투맨을 입어야 할지 결정할 수 없습니다.

▶ 결정 3: 당신은 친구와 놀고 있습니다. 당신은 집 안에서 놀아야 할지, 밖에서 놀아야 할지 결정할 수 없습니다.

▶ 결정 4: 당신은 어머니와 함께 쇼핑몰의 식료품 코너에 있습니다. 어머니가 시키는 대로 옆에 가만히 있어야 하는지, 좋아하는 장난감 코너에 가야 하는지 결정할 수가 없습니다.

▶ 결정 5: 당신은 음식점에서 핫도그나 치즈 샌드위치를 선택할 수 있습니다.

어느 것을 원하는지 결정할 수 없습니다.

▶ 결정 6: 어머니는 주말에 한 명의 친구를 데리고 올 수 있다고 말했습니다. 당신은 어떤 친구를 초대할지를 결정할 수 없습니다.

▶ 결정 7: 당신이 가장 싫어하는 과목은 수학입니다. 짝꿍은 수학을 정말 잘 합니다. 정답을 알기 위해 짝꿍의 어깨너머로 슬쩍 보아야 할지 결정하고 자 합니다.

▶ 결정 8: 한 친구가 당신에게 비밀을 말했고 당신은 말하지 않기로 약속했습 니다. 그러나 다른 친구가 그 비밀에 대해 당신에게 묻고 있습니다. 당신은 말해야 할지 말지 결정하고자 합니다.

▶ 결정 9: 당신은 방과 후 곧장 집으로 가야 합니다. 그러나 공원에서 놀고 싶습니다. 친구들이 대답을 기다리고 있기 때문에 빨리 결정을 내려야 합 니다.

▶ 결정 10: 당신은 바닐라 아이스크림을 먹을지 초콜릿 아이스크림을 먹을지 결정할 수 없습니다.

6. 내용 질문과 개인 질문을 통해 활동을 진행합니다.

🧑‍🏫 토론

내용 질문

1. 자신과 파트너는 어떤 유형의 결정을 가장 많이 했나요?
2. 어떤 유형의 결정을 내릴지 어떻게 결정했나요? 결정을 내리기 위해 어떤 것들을 고려했나요?
3. 큰 결정, 작은 결정, 중간 결정을 구분 짓는 것은 무엇인가요?

개인 질문

1. 큰 결정을 내려야 했던 적이 있나요? 무엇이 그 결정을 크게 만들었나요?
2. 자신이 내린 작은 결정은 무엇인가요?
3. 큰 결정을 내려야 할 때, 보통 혼자서 하나요, 아니면 다른 사람에게 도움을 받 나요?
4. 자신이 좋은 결정을 내린다고 생각하나요? 그렇지 않다면, 좋은 결정을 내리기 위해 무엇을 할 수 있나요?

후속 활동

아이들에게 일주일 동안 내린 큰 결정, 작은 결정, 중간 결정의 목록을 작성하게 합니다. 일반적으로 내리는 의사결정 유형에 대해 더 많이 알 수 있도록 '의사결정 사다리' 활동지를 활용하게 합니다. 후속 논의에서 아이들의 결정을 공유합니다.

큰 결정, 작은 결정, 중간 결정

큰 결정	작은 결정	중간 결정
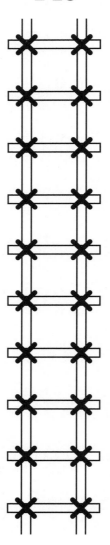	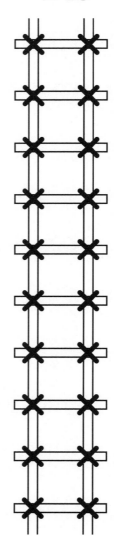	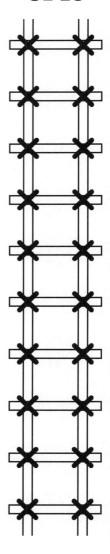

만약 그렇다면 어떻게 될까?

인지
발달
2

10세

발달의 관점

이 발달 단계에서 다양하고 중요한 인지적 변화가 발생한다는 사실에도 불구하고, 이 나이대의 아이들은 여전히 이성보다는 감정에 많이 좌우됩니다. 또한 경험을 통합하지 못하고 사건들 사이의 복잡한 연결성을 보지 못합니다. 그러므로 부정적인 영향을 경험하지 않도록 결과를 예측하는 방법을 가르치는 것이 중요합니다.

목표

▷ 결과를 예측하는 방법 배우기

준비물

▷ 8개의 큰 단어 카드(한 장당 한 단어씩: 밀다, 넘어지다, 사냥하다, 찾다, 경청하다, 배우다, 먹다, 자라다)
▷ 마스킹 테이프
▷ 4명으로 구성된 각 그룹에게 제공할 '만약 그렇다면 어떻게 될까?-상황'(활동지 9)
▷ 각 아이에게 제공할 종이와 연필(후속 활동용)

진행 절차

1. 단어 카드들을 한 번에 하나씩 무작위로 보여 줌으로써 수업을 시작합니다. 각 단어를 표시할 때 벽에 테이프로 붙이고 아이들에게 큰 소리로 읽으라고 합니다. 단어들이 모두 소개된 후에, 아이들에게 어떤 단어들이 짝을 이룰 수 있는지 물어봅니다. 왜냐하면 하나의 행동은 논리적으로 다른 결과를 낳기 때문입니다. 아이들이 짝 지은 대로 단어들을 쌍으로 정렬합니다. 즉, '밀다/넘어지다, 사냥하다/찾다, 경청하다/배우다, 먹다/자라다'와 같이 정렬합니다.

191

2. 논리적 결과의 개념에 대해 토론합니다. 논리적 결과란 어떤 행동에 기초하여 일어날 수 있다고 예측되는 결과입니다. 예를 들어, 만약 천둥소리를 듣는다면 논리적으로 비가 올 것이라고 예측할 수 있습니다. 선생님이 아이들에게 조용히 하라고 말했을 때 아이들이 계속 말한다면 선생님은 화를 낼 것이라고 예측하는 것과 같이 또 다른 예를 들어 보라고 합니다. 아이들에게 처음에 한 행동을 바꾼다면 무슨 일이 일어날지 질문합니다. 예를 들어, 아이들이 말을 하지 않고 조용히 한다면, 선생님은 화를 낼까요? 아이들에게 다른 예를 들어 보게 합니다.

3. 다음에 아이들을 4명씩 한 그룹으로 나눕니다. 각 그룹에게 '만약 그렇다면 어떻게 될까?–상황'(활동지 9)을 나누어 줍니다. 아이들에게 주어진 정보를 바탕으로 무슨 일이 일어날지 생각하고 이를 실천하기 위한 짧은 상황극을 만들어 보라고 합니다. 그런 다음, 상황극 속 등장인물이 누구인지, 누구에게 무엇을 말할 것인지, 그리고 자신의 요점을 다른 사람들에게 어떻게 전달할 수 있는지에 대해 토론하도록 합니다.

4. 각 그룹이 상황극을 발표한 후, 활동지 속 상황을 다시 읽고 일어날 수 있는 논리적 결과에 대해 토론합니다.

5. 활동을 진행하기 위해 내용 질문과 개인 질문에 대해 토론합니다.

🧑‍🏫 토론

내용 질문

1. 자신의 그룹은 상황에 대한 정보를 바탕으로 일어날 일을 어떻게 결정했나요?
2. 무슨 일이 일어날지 미리 예측하는 것이 좋다고 생각하나요? 만약 그렇다면, 왜 이렇게 하는 것이 좋다고 생각하나요?

개인 질문

1. 무언가를 하면 어떤 일이 일어날지 미리 예측할 수 있었던 순간을 생각해 볼 수 있나요? 이것이 자신의 행동을 어떤 식으로든 변화시켰나요?
2. 미리 예측하는 것을 잊은 적이 있나요? 만약 그렇다면, 예측하지 않았을 때 무슨 일이 일어났나요?
3. 이 수업에서 훗날 도움이 될 수 있는 것을 배웠나요?

후속 활동

아이들에게 두 개의 짧은 이야기를 쓰도록 합니다. 하나는 결과를 미리 생각하지 않은 등장인물과 그(또는 그녀)에게 일어나는 일에 관한 것이고, 다른 하나는 결과를 미리 생각한 인물과 그 결과에 대한 것입니다. 아이들이 자신의 이야기를 나눌 수 있는 시간을 줍니다.

10세

만약 그렇다면 어떻게 될까?

지도자 유의사항: 다음의 상황을 각각 잘라서 그룹마다 하나씩 나누어 줍니다.

상황 1

교문 밖에 서 있는데, 낯선 사람이 다가옵니다. 이 사람은 자신이 당신의 어머니와 함께 일하고 있으며, 어머니가 오늘 야근을 해야 해서, 당신을 집에 데려다 달라고 부탁했다고 말합니다. 만약 이 사람과 함께 간다면 무슨 일이 일어날까요?

상황 2

교회 모임에서, 교회 뒤편에 있는 텐트에서 잠을 잔다고 합니다. 당신은 집 밖에서 자는 것이 두렵지만, 친구들에게 두렵다고 말하고 싶지 않습니다. 만약 친구들에게 말하면 무슨 일이 일어날까요?

상황 3

늦게까지 일하시는 부모님이 집에 아무도 초대하지 말라고 하셨습니다. 친구 중 한 명이 전화를 해서 집에 놀러 가도 되냐고 묻습니다. 만약 그렇다고 대답한다면 무슨 일이 일어날까요?

상황 4

6시에 저녁을 먹으러 집에 들어오기로 했는데, 당신은 한창 발야구 게임을 하고 있는 중입니다. 게임을 마치기 위해 15분 더 머문다면 어떻게 될까요?

상황 5

아버지는 당신이 영화 보러 가기 전에 방을 청소해야 한다고 말씀하셨습니다. 당신은 텔레비전을 보고 있었고, 시간이 다 되어 버렸습니다. 만약 침대 아래에 모든 것을 집어넣고 방을 다 치웠다고 말하면 무슨 일이 일어날까요?

상황 6

당신은 새로 나온 파워레인저 장난감을 너무나 사고 싶지만 돈이 부족합니다. 어느 날 형 방에 있는 옷장에서 돈을 발견했습니다. 만약 그 돈을 가져가면 무슨 일이 일어날까요?

인지발달 3 해결하기

발달의 관점

이 발달 단계에서 아이들은 사실을 모으고 정리하는 것에 능숙해지며, 사물을 좀 더 논리적으로 바라볼 수 있습니다. 아이들은 더 어려운 문제들을 해결할 수 있고, 많은 것을 기억하기 위한 전략을 사용할 수 있습니다. 이러한 기능을 강화하면 인지 발달이 향상될 수 있습니다.

목표

▷ 문제해결 전략을 인식하고 사용하기

준비물

▷ 칠판
▷ 그룹 내 절반의 아이들에게 제공할 다양한 식품 잡지나 장난감 잡지의 사진
▷ 마스킹 테이프
▷ '해결하기-문제해결 단계'(활동지 10)
▷ 3명으로 구성된 각 그룹에게 제공할 '해결하기-딜레마'(활동지 11)
▷ 각 아이에게 제공할 '해결하기-문제해결 단계'(후속 활동용)

진행 절차

1. 그룹을 반으로 나누어 수업을 시작합니다. 한 그룹을 골라서 각 아이들의 등에 잡지 사진을 테이프로 붙입니다(아이들은 사진을 볼 수 없습니다). 그런 다음, 사진을 가지고 있지 않은 아이에게 사진을 붙인 사람을 찾도록 합니다. 파트너를 만들었으면 교실 안에서 앉을 자리를 찾도록 합니다. 사진이 없는 아이에게는 사진이 무엇인지 파트너에게 말하지 않도록 지시합니다. 사진을 등에 붙인 아이들은 파트너에게 질문을 함으로써 사진에 대해 알아내야 한다고 설명합니다. 사진이 장난감 또는 음식 중 하나임을 알려 줍니다. 사진을 등에 붙인 아이들은

파트너가 자신에게 '단서'를 줄 수 있을 만한 질문을 해야 합니다. 예를 들어, "장난감 총인가요?"라고 직접적으로 묻는 대신, "이것은 보통 밖이나 안에서 가지고 놀 수 있는 장난감일까요?"와 같은 광범위한 질문을 해야 합니다.

2. 아이들이 자신의 사진을 추측할 수 있도록 시간을 준 다음, 이 문제를 해결하는 데 어떤 전략을 사용했는지 토론하기 위해 그룹을 모읍니다.

3. '해결하기–문제해결 단계'(활동지 10)를 제시합니다. 모든 단계들을 소개하고, 이것이 문제를 해결할 때 물어보는 질문의 형식으로 작성되었다는 점을 말합니다. 아래에서 고딕체로 표시된 문장 및 질문처럼 각 단계를 아이들이 직전에 해결한 문제와 연관 지어 이야기합니다.

▶ **1단계: 문제가 무엇인가요?**
문제는 그 사진이 무엇인지 알아내는 것입니다.

▶ **2단계: 어떤 정보가 필요한가요?**
단서를 수집합니다. 예를 들면, "당신은 그것을 가지고 집 안에서 놀아요? 아니면 밖에서 놀아요?"라고 질문합니다.

▶ **3단계: 가능한 해결책은 무엇인가요?**
그것은 남자아이와 여자아이 모두 좋아하는 장난감인가요?

▶ **4단계: 이러한 해결책의 결과는 무엇인가요?**
이 예시에서는 해결책의 결과가 없습니다. 다른 예시를 사용하여 개념을 설명합니다.

▶ **5단계: 어떤 해결책을 제거할 건가요?**
예를 들어, "만약 그것이 밖에서 가지고 놀 수 있는 장난감이 아니라면, 그것은 틀림없이 안에서 가지고 놀 수 있는 장난감일 것입니다."라고 스스로 답을 찾습니다.

▶ **6단계: 어떤 해결책을 선택할 건가요?**
선택사항을 제거한 후에 해결책에 도달합니다(아이들에게 자신의 사진이 무엇인지 설명하게 합니다.)

4. 아이들을 3명씩 한 그룹으로 나누고 '해결하기–딜레마'(활동지 11)를 각 그룹에게 배포합니다. (여러 그룹이 동일한 딜레마를 가질 수 있습니다.) '해결하기–문제해결 단계'(활동지 10)에 적힌 문제해결 단계를 참고하도록 하고, 문제해결 과정을 통해 해결책을 찾도록 합니다.

5. 그룹별로 해결책을 공유하고 문제해결 과정의 단계를 복습한 후 내용 질문과 개인 질문에 대해 토론합니다.

토론

내용 질문

    1. 그룹의 문제해결 과정은 어떻게 진행되었나요?

    2. 어느 단계가 가장 어려운가요? 어느 단계가 가장 쉬운가요?

    3. 어느 단계가 가장 중요하다고 생각하나요?

10세

개인 질문

    1. 문제를 해결하려고 할 때, 이런 과정을 사용하나요? 그렇지 않다면, 어떻게 해결
       책을 찾을 수 있나요?

    2. 해결해야 할 문제가 있을 때, 보통 많은 해결책을 고려하나요? 아니면 단지 몇
       가지 해결책만 고려하나요? 어느 쪽이 더 좋다고 생각하나요?

    3. 문제를 해결할 때, 자신의 해결책에 대해 보통 어떻게 느끼나요?

 후속 활동

    아이들이 집에 가져갈 '해결하기–문제해결 단계'를 제공합니다. 부모나 형제를
인터뷰하여 문제를 해결하기 위해 이 과정을 어떻게 사용하는지 질문합니다. 아
이들이 인터뷰 결과를 공유할 수 있게 합니다.

    아이들이 해결해야 할 문제가 있을 때 참고할 수 있도록 교실에 문제해결 단계를
게시하도록 합니다.

해결하기

1단계	문제가 무엇인가요?
2단계	어떤 정보가 필요한가요?
3단계	가능한 해결책은 무엇인가요?
4단계	이러한 해결책의 결과는 무엇인가요?
5단계	어떤 해결책을 제거할 건가요?
6단계	어떤 해결책을 선택할 건가요?

딜레마

해결하기

지도자 유의사항: 다음의 딜레마를 각각 잘라서 그룹마다 하나씩 나누어 줍니다.

딜레마 1

당신은 학교 횡단보도의 어린이 순찰대원입니다. 방과 후 매일 밤 몇몇 나이 많은 형들이 다가와서 당신을 놀리고 위협합니다. 교장 선생님한테 말하면 그 형들이 알게 될 것 같습니다.

딜레마 3

아버지와 새어머니는 함께 여행을 가자고 하는데, 같은 시기에 당신의 친어머니는 당신을 놀이공원에 데려가려고 계획했습니다.

딜레마 2

당신은 시험을 보고 있습니다. 옆에 있는 아이가 다른 사람의 시험지를 훔쳐보고 있는 것이 보입니다. 당신은 부정행위를 하는 것이 나쁘다고 생각하고, 이 아이가 그 일을 해서는 안 된다고 생각합니다.

딜레마 4

조부모님이 생일선물로 새 자전거를 사 주셨습니다. 부모님께서 마당에 자전거를 두지 말라고 경고하셨는데, 급하게 나오는 바람에 밤새 바깥에 자전거를 두었습니다. 오늘 아침에 나와 보니, 자전거가 없어졌습니다. 조부모님은 당신이 새 자전거를 타는 모습을 보기 위해 오늘 밤 오신다고 합니다.

생각이 그렇게 만드는 거야

인지
발달
4

 발달의 관점

아동기 동안 인지적 변화가 많음에도 불구하고, 이 나이대의 아이들은 이성보다는 감정에 더 많이 좌우됩니다. 이것은 행동뿐만 아니라 의사결정 과정에도 영향을 미치는데, 이성적이고 합리적인 결정을 높이는 것은 아이들의 발달에 중요한 요소입니다.

 목표

▷ 생각이 감정과 행동에 어떤 영향을 미치는지 알아보기
▷ 생각을 검토하지 않고 행동하는 것의 부정적인 결과 알아보기

준비물

▷ 없음

진행 절차

1. 아이들에게 눈을 감고 다른 지역의 큰 도시로 이사할 것이라고 상상하게 함으로써 수업을 시작합니다. 먼저, 이사할 생각에 신이 날 것 같은 아이들에게 눈을 감은 채로 일어서게 합니다. 그런 다음, 이번에는 이사하기 싫은 아이들에게 손을 들어 보라고 합니다. 모든 아이들에게 눈을 뜨라고 하고, 서 있는 사람의 수와 손을 든 사람의 수를 세도록 합니다. 아이들에게 왜 같은 사건에 대해 다르게 느꼈는지에 대한 논의를 하게 합니다. 예를 들어, 신이 난 아이들은 이것을 모험으로 볼 수도 있고, 그들이 사는 곳을 싫어할 수도 있습니다. 이사하고 싶지 않은 아이들은 이웃이나 친구 등과 멀어지고 싶지 않을지도 모릅니다.

2. 예시와 같이 우리가 무언가에 대해 어떻게 생각하는지가 우리가 그것에 대해 느끼는 방식에 영향을 미친다는 점을 강조합니다. 생각하는 방식은 우리가 무언가를 하는 것에도 영향을 미칩니다. 시범을 보이기 위해, 2명의 지원자를 앞으

로 나오게 합니다. 1명의 지원자에게는 제시된 상황에 대한 반응으로 발을 구르고 화를 내라고 따로 지시합니다. 다른 지원자는 단지 실망하거나 슬퍼 보이도록 지시합니다. 그러고 나서 아이들에게 이 2명의 지원자가 번갈아 가며 지금부터 말하는 것에 반응을 보일 것이라고 설명합니다. 지원자들에게 고개를 돌려 "시킨 대로 방을 치우고 반려동물에게 먹이를 주지 않기 때문에 스케이팅 파티에 갈 수 없을 거야."라고 말합니다. 화를 내는 지원자 1을 가리킨 다음, 슬프고 실망한 표정의 지원자 2를 가리킵니다. 아이들과 지원자 1과 2의 행동 방식의 차이점을 논의합니다. 왜 이 2명의 지원자들이 다르게 행동했다고 생각하는지에 대한 답변을 이끌어 냅니다. 첫 번째 지원자는 어떤 생각을 가지고 있었기에 화가 날 정도였을까? 두 번째 지원자는 어떤 생각을 가지고 있었기에 그저 슬퍼하거나 실망한 것처럼 행동했을까? 생각과 행동 사이의 연관성을 강조합니다.

3. 다음으로, 생각이 행동에 어떤 영향을 미쳤는지에 대한 다음 이야기를 아이들에게 읽어 줍니다. 이야기를 읽은 후 내용 질문과 개인 질문에 대해 토론합니다.

생각이 그렇게 만드는 거야-이야기

월요일 아침이었습니다. 제니는 전날 밤 부모님이 서로 소리치고 비명을 질러서 늦게까지 깨어 있느라 잠을 잘 수가 없었습니다. 버스를 타면서도 생각에 잠겼던 제니는 처음 보이는 자리에 그냥 앉았습니다. 친구 던이 제니의 두 칸 뒤에 앉아 있는 것도 알아차리지 못했습니다. 그러나 던은 제니가 자신의 옆자리에 앉지 않은 것에 화가 났습니다. 이들은 항상 버스에서 함께 앉았기 때문입니다. 던은 제니가 자신에게 화가 났고 더 이상 자신의 친구가 되고 싶지 않다고 생각했습니다.

학교에 도착한 후, 버스에서 내린 제니는 던을 기다리지 않고 그냥 갔습니다. 그러고는 곧장 교실로 가서 책상에 앉았습니다. 아침 늦게 선생님은 수학을 함께 공부할 파트너를 찾으라고 했습니다. 보통 던과 제니는 함께 공부했지만, 오늘 던은 제니가 버스에서 자신과 함께 앉지 않았기 때문에 다른 파트너를 선택했습니다.

제니는 던이 자신의 파트너가 되어 달라고 하지 않은 것이 이상하다고 생각했지만, 여전히 부모님의 싸움에 대해 계속 신경 쓰고 있어서 그것에 대해 별로 생각하지 않았습니다. 점심시간이 되었을 때, 제니는 배도 아프고 별로 말하고 싶지 않아서 혼자 구석에 앉아 있었습니다. 던은 제니가 그렇게 있는 것을 알아차렸지만, 다른 여자 아이들과 함께 어울렸습니다. 그들은 서로 웃으며 제니를 가리키고 있었습니다. 제니는 그 친구들이 자신을 놀리는 것을 보았지만, 그냥 무시했습니다.

점심식사 후에 선생님은 반 학생들에게 과학 프로젝트를 할 것이고 파트너들을 배정할 것이라고 했습니다. 선생님은 던과 제니를 짝 지어 주었습니다. 제니는 책을 꺼내 던이 앉아 있는 곳으로 걸어갔는데, 던은 제니를 보려 하지도 않고 완전히 무시했습니다. 프로젝트를 끝내기 위해서는 의사소통을 해야 하는데… 제니는 좌절하고 있었습니다. 어찌할 바를 몰랐습니다. 제니는 던에게 첫 번째 과제를 어떻게 해야 할지 몇 가지 질문을 했고, 던은 "나는 너와 함께 과제를 하고 싶지 않아. 네가 알아서 해."라며 톡 쏘아 붙였습니다. 눈물이 나올 뻔한 제니는 도대체 던이 왜 이런 식으로 행동하는지 몰랐습니다. 무엇보다 지금은 집안 상황이 너무 안 좋아서 친구가 정말 필요할 때였습니다. 결국 제니는 선생님에게 나머지 시간 동안 보건실에 가 있어도 되는지 물었습니다.

하루가 끝날 무렵 버스를 탈 시간이 되자, 던은 제니가 늘 앉았던 자리에 있는 것을 보고 일부러 다른 자리로 골라 앉았습니다. 두 사람은 버스에서 내리고 나서 아무 말도 하지 않았고, 다음 날에도 상황은 달라지지 않았습니다. 던은 여전히 제니를 무시했습니다. 하지만 이들은 프로젝트를 함께 해야만 했기에, 제니는 더 이상 이 상황을 받아들일 수 없었습니다.

"던, 너는 왜 나를 이런 식으로 대하니? 내가 뭘 어떻게 했는데?"

"너, 어제 버스에서 내 옆자리에 앉지 않았잖아. 그게 다야."라고 던이 말했습니다.

"내가 네 곁에 앉지 않은 이유는 네가 어디 있는지 못 봤기 때문이야. 누구 옆자리에 앉아 있을 기분이 아니었어. 부모님이 밤새도록 서로에게 소리 지르고 싸워서 정말 화가 났고, 이혼할까 봐 걱정이었거든. 그건 너와 아무런 상관이 없었어."

"아…" 던이 말했습니다. "정말 미안해. 네가 나와 친구하고 싶지 않다고 생각하는 바람에 화가 났어."

"음, 그건 사실이 아니야." 제니가 말했습니다. "나는 단지 걱정거리가 너무 많았어. 뭐가 잘못됐는지 그냥 물어봐 줬으면 좋았을 텐데. 그럼 이렇게 큰 문제는 없었을 것 같아."

"미안해. 그렇게 행동하기 전에 확인해 보았어야 했어…"

🧑‍🏫 토론

내용 질문

1. 던의 생각이 제니의 행동에 어떤 영향을 끼쳤나요?

2. 제니가 같이 앉지 않아서 제니가 친구가 되고 싶지 않다고 던이 짐작하지 않

았다면 어떻게 되었을까요? 그럼 이야기가 어떻게 바뀌었을까요?

3. 던이 제니에게 했던 것처럼 행동하지 않으려면 어떻게 해야 할까요?

개인 질문

1. 던이 그랬던 것처럼, 자신의 행동에 영향을 미친 생각을 해 본 적이 있나요? 만약 그렇다면, 어떤 일이 일어났었나요?

2. 이 수업을 통해서 다음번에 어떻게 행동할지 결정하는 데 도움이 될 만한 것이 있었나요?

10세

후속 활동

생각이 행동에 어떻게 영향을 미칠 수 있는지를 설명하기 위해 아이들에게 짧은 상황극을 만들어 보게 합니다. 생각과 행동 사이의 중요한 연관성을 강조합니다.

REBT 기반 인성교육 프로그램

자기 발달
〈활동〉
1 그냥 실수일 뿐이야
2 나의 모든 것
3 인정 도장
4 나는 누구인가?

정서 발달
〈활동〉
1 놀림 참을성
2 걱정과의 전쟁
3 나는 할 수 없어
4 슬픈 감정에 대한 해결책

사회성 발달
〈활동〉
1 우리는 함께할 수 있어
2 나를 괴롭히지 마세요
3 자기비하에 관한 조언
4 관계를 위한 규칙

인지 발달
〈활동〉
1 터널 시야
2 길고 짧은 것
3 정말 합리적인
4 문제와 해결책

자기 발달 1

그냥 실수일 뿐이야

11세

발달의 관점

이 발달 단계에서, 아이들은 자신의 재능과 성취를 다른 사람들의 것과 비교합니다. 경쟁의식은 높아지고, 때때로 성급하게 자신을 비하하거나, 실수를 절대 해서는 안 된다고 생각합니다. 아이들은 자신이 완벽할 수는 없고, 실수를 하더라도 이것이 자존감을 손상시키지 않는다는 사실을 깨닫는 것이 중요합니다.

목표

▷ 실수하는 것이 당연하다는 것을 배우기
▷ 실수하는 것이 그 사람을 나쁜 사람으로 만들지 않는다는 것을 배우기

준비물

▷ 유리잔, 물병, 5개 이상의 단추가 달린 스웨터 또는 재킷
▷ 3명으로 구성된 각 그룹에게 제공할 '그냥 실수일 뿐이야−단서 카드'(활동지 1)
▷ 각 아이에게 제공할 종이와 연필(후속 활동용)

진행 절차

1. 유리잔에 물을 부으면서 수업을 시작합니다. 물을 붓는 동안 한눈을 팔고 '실수로' 잔을 놓쳐 책상 위로 물을 엎지릅니다. '실수'라는 단어를 알려 주면서 무슨 일이 있었는지에 대한 토론을 유도합니다. 아이들에게 실수로 저지른 일들의 사례를 질문합니다.

2. 다음으로, 재킷이나 스웨터를 가져옵니다. 얼마나 빨리 단추들을 채울 수 있는지 한 아이에게 시간을 재도록 요청합니다. 급하게 단추를 채움으로써 단추 하나를 빠뜨리거나 삐뚤어지게 합니다. 상황이 끝났으면 아이들에게 얼마나 잘했는지 물어보고, 단추를 빠뜨리거나 삐뚤어지게 해서 저지른 실수에 대해 논의합니다. '실수'(잘못된 행동 또는 오류)라는 단어의 정의에 대해서 아이들에게 질문

합니다. 사람들이 왜 실수하는지에 대한 논의를 하도록 합니다. 예를 들어, 사람들이 서두르고 있거나, 방향을 오해하고 있거나, 무엇을 했는지 다시 확인하지 않거나, 실수로 무언가를 잊어버리거나, 무엇을 해야 할지 확신하지 못하기 때문에 실수를 하는 것입니다.

3. 아이들을 3명씩 한 그룹으로 나누고 각 그룹에 하나씩 '단지 실수일 뿐이야-단서 카드'(활동지 1)를 배포합니다. 아이들에게 카드를 읽고 카드의 내용을 바탕으로 짧은 상황극을 만들도록 요청합니다.

4. 적절하게 계획한 시간이 지난 후, 그룹에게 상황극을 발표하게 합니다.

5. 활동을 진행하기 위해 내용 질문과 개인 질문에 대해 토론합니다.

🧑‍🏫 토론

내용 질문

1. 이 상황극에서 어떤 실수들이 있었나요?
2. 심각한 실수라고 생각되는 것이 있었나요?
3. 실수를 한 아이들이 실수를 해서 '나쁜' 아이였나요?
4. 실수로부터 배우는 것이 가능하다고 생각하나요? 만약 그렇다면, 어떻게 배울 수 있나요?
5. 같은 실수를 계속 반복해야 한다고 생각하나요?
6. 누구나 가끔 실수를 한다고 생각하나요?

개인 질문

1. 실수를 한 적이 있나요? (사례를 공유하도록 합니다.)
2. 실수를 하면 어떤 느낌이 드나요? 실수한 것에 대해 자신을 비난하나요?
3. 다른 누군가가 완벽할 수 있고 절대 실수하지 않을 수 있다고 생각하나요?
4. 다음번에 실수했을 때, 스스로에게 '낙담'하거나 자신을 나쁜 사람이라고 여기지 않도록 자신에게 뭐라고 말할 수 있을까요?

🧑‍💻 후속 활동

아이들에게 자신이 정말로 아끼는 누군가가 실수를 했다고 상상하게 합니다. 아끼는 그 사람에게 편지를 쓰게 하는데, 모든 사람들은 실수를 한다는 것, 실수로부터 배울 수 있다는 것, 그리고 실수하는 것에 대해 낙담하지 않기 위해 자기 자신에게 어떤 말을 할 수 있는지를 설명하는 편지를 쓰게 합니다.

그냥 실수일 뿐이야

지도자 유의사항: 다음의 단서 카드를 각각 잘라서, 각 그룹마다 하나씩 줍니다.

11세

단서 카드 1

제인은 친구 조앤이 자신의 할머니 댁으로 전화해 주기를 원했습니다. 번호를 모르는 조앤은 제인에게 번호를 적어 달라고 합니다. 조앤이 집에 돌아와 그 번호로 전화를 걸었는데 제인의 할아버지가 아닌 걸걸한 목소리의 남자가 받았습니다. 조앤은 전화번호를 잘못 눌렀다고 생각해서, 그 번호로 다시 걸어 봅니다. 똑같은 사람이 받습니다. 조앤은 할머니의 이름을 몰랐기 때문에, 전화번호를 찾아볼 수가 없어서 결국 포기합니다. 다음 날 학교에서 조앤은 제인을 보고 무슨 일이 있었는지 설명합니다. 제인은 자신이 적어 준 번호를 보고는 두 개의 숫자를 바꿔 쓴 실수를 했다는 것을 깨달았습니다.

역할연기자: 제인, 조앤, 걸걸한 목소리의 남자

단서 카드 2

토드의 아빠는 토드가 학교에서 돌아오면 고양이에게 꼭 밥을 주라고 말합니다. 하지만 토드가 집에 도착했을 때 전화벨이 울렸고, 친구인 라이언이 토드에게 나무집에서 만나자고 합니다. 토드는 급히 옷을 갈아입고 고양이에게 밥을 주는 것을 잊은 채 밖으로 뛰쳐나갑니다. 나중에 토드의 아빠가 고양이에게 밥을 주었냐고 물었을 때, 토드는 깜박했다고 말해야 합니다.

역할연기자: 토드, 라이언, 토드의 아빠

그냥 실수일 뿐이야

단서 카드 3

엄마는 쉬니쿠아에게 파자마 파티에 친구 5명을 초대할 수 있다고 말합니다. 쉬니쿠아는 누구를 초대할지 고민한 끝에 5명을 선택하고 이들에게 초대장을 보냅니다. 며칠 뒤, 쉬니쿠아의 가장 친한 친구인 샨텔이 쉬니쿠아와 함께 노는 것을 거부합니다. 쉬니쿠아가 이유를 묻자, 샨텔은 자신이 파자마 파티에 초대받지 못했기 때문이라고 말합니다.

쉬니쿠아는 자신이 샨텔에게 초대장을 분명 보냈기 때문에 매우 혼란스럽습니다. 생각할 수 있는 것은 초대장이 배송 도중에 분실되었다는 것뿐입니다. 집에 돌아온 쉬니쿠아는 그날 밤 엄마에게 이를 말했습니다. 쉬니쿠아와 엄마는 초대장이 집에 잘못 꽂혀 있지 않았는지 주위를 둘러보았지만 찾을 수 없었습니다. 다음 날 샨텔은 초대장이 방금 도착했다고 하며, 쉬니쿠아가 잘못된 주소로 보냈기 때문에 늦게 왔다고 말합니다.

역할연기자: 쉬니쿠아, 샨텔, 쉬니쿠아의 엄마

단서 카드 4

아담은 내일 받아쓰기 시험이 있어서, 형인 샘에게 공부를 도와 달라고 부탁합니다. 샘은 아담의 부탁에 승낙했고, 아담은 하나만 빼고 모두 맞혔습니다. 샘은 아담이 틀린 문제를 연습하도록 도와주었고, 다시 했습니다. 이번에는 아담이 모두 맞혔습니다. 다음 날 아침, 학교에 가기 전에 아담의 엄마는 아담과 함께 문제를 다시 한번 훑어보고, 아담은 모든 문제를 정확하게 맞혔습니다. 엄마는 아담에게 만약 오늘 받아쓰기 시험을 모두 맞히면 아이스크림을 사 주겠다고 말합니다. 시험시간이 되었고, 아담은 시험을 볼 때 약간 긴장합니다. 아담이 시험답안을 제출할 때, 'dessert'라는 단어에서 두 개의 s를 쓰지 않고 하나만 써서 틀렸다는 것을 알게 됩니다.

역할연기자: 아담, 샘, 엄마

그냥 실수일 뿐이야

단서 카드 3쪽

11세

단서 카드 5

앨리슨은 수영하러 가고 싶지만, 새엄마는 그 전에 방을 청소하고 피아노 연습을 해야 한다고 말합니다. 앨리슨은 급히 침대를 정리하고, 더러운 옷을 집어 들고, 화장대의 먼지를 털어냅니다. 그리고 장난감 몇 개를 침대 밑으로 쑤셔넣고 아래층으로 내려가 피아노 연습을 합니다. 첫 번째 연주를 끝내고, 두 번째 연주를 시작합니다. 앨리슨은 빠르게 연주하고, 계속해서 음을 틀렸지만, 급하게 가야 하기 때문에 멈추지 않습니다. 앨리슨이 마지막 노래를 막 끝내고 있을 바로 그때, 아빠가 제대로 하고 있지 않다며 다시 연주하라고 말합니다. 그래서 앨리슨은 처음부터 다시 시작하고 더 천천히 진행합니다. 이번에는 몇 개의 음만 틀렸습니다.

역할연기자: 앨리슨, 새엄마, 아빠

활동지 1

211

나의 모든 것

🧑‍🏫 발달의 관점

아이들이 자신의 능력에 대해 더 많이 인식하게 되면, 그들은 자기비판적이 될 수도 있습니다. 아이들은 매우 구체적으로 생각하기 때문에, 자신을 '좋다'거나 '나쁘다'고만 평가하는 경향이 있고, 자신이 다양한 분야에서 강점과 약점을 가지고 있다는 것을 고려하지 못하는 경우가 많습니다. 아이들이 한 영역에서만 자신을 평가하는 것보다 전체적인 그림을 볼 수 있도록 돕는 것이 중요합니다.

🧑‍🏫 목표

▷ 신체적, 사회적, 지적 발달 영역에서 강점과 약점 파악하기
▷ 성취의 한 단면으로 사람의 가치를 평가하지 않는 법 배우기

🧑‍🏫 준비물

▷ '나의 모든 것-도표'(활동지 2) 3장과 연필

🧑‍🏫 진행 절차

1. 이 수업을 시작하기 위해, 아이들에게 빨리 달리거나, 잘 잡거나, 농구 슛을 잘 던지는 것처럼 신체적으로 매우 자랑스러웠던 경험을 공유하도록 합니다. 그리고 나서 그들이 잘하지 못했던 때를 생각해 보라고 한 뒤, 이러한 경험들을 공유합니다. 모든 사람들은 어떤 것은 잘하고 다른 것은 그렇게 잘하지는 못한다는 사실에 대해 논의합니다. 그러나 어떤 것을 잘한다는 것이 당신이 꼭 좋은 사람이라는 것을 의미하는 것은 아니고, 반대로 어떤 것을 잘하지 못하는 것이 당신이 꼭 나쁜 사람이라는 것을 의미하지는 않는다고 합니다.

2. 아이 한 명당 '나의 모든 것-도표'(활동지 2)를 3장씩 나누어 줍니다. 아이들에게 연필을 꺼내라고 합니다. 첫 번째 동그라미의 맨 위에 '신체적'이라는 단어를 쓰고, 두 번째 동그라미에는 '사회적'이라는 단어를 쓰라고 합니다. 세 번째 동그라

미에는 '지적'(예: 학교 성적, 의사결정)이라는 단어를 쓰라고 합니다.

3. 아이들에게 '신체적'이라고 적힌 면부터 시작하게 합니다. 각각의 + 기호 옆에 신체적인 영역에서 잘하는 것들을 적어야 합니다. − 기호 옆에는 잘하지 못하거나, 더 잘할 수 있는 것들을 적어야 합니다. '사회적'이라고 적힌 동그라미와 '지적'이라고 적힌 동그라미에도 똑같이 합니다. 예를 들어, 잘 달릴 수 있다(신체적 +), 그러나 공을 잘 잡을 수 없다(신체적 −). 쉽게 친구를 사귈 수 있다(사회적 +), 그러나 항상 협동하지 못한다(사회적 −). 수학을 잘할 수 있다(지적 +), 그러나 맞춤법을 맞히는 데 힘들다(지적 −).

4. 아이들이 다 끝내면, 3명씩 한 그룹으로 나누어 답변을 공유한 다음 내용 질문과 개인 질문에 대해 토론합니다.

토론

내용 질문

1. 어떤 것이 더 쉬웠다고 생각하나요? 자신이 잘하는 것이었나요? 또는 잘하지 못하는 것이었나요? 자신이 잘하는 것에 대해 생각하는 것은 어땠나요? 잘하지 못하는 것은 어땠나요?

2. 강점과 약점을 확인하는 데 어떤 영역(신체적, 사회적, 지적)이 가장 어려웠나요?

3. 잘하는 것과 마찬가지로 잘하지 못하는 것을 생각하는 일이 왜 중요하다고 생각하나요?

개인 질문

1. 신체적 활동과 관련된 어떤 것도 잘하지 못한다고 가정해 봅니다. 이것은 내가 잘하는 것이 전혀 없다는 것을 의미하나요?

2. 수학과 같은 지적인 것, 또는 친절한 것과 같은 사회적인 것에 능숙하지 않다고 가정해 봅니다. 이것은 내가 잘하는 것이 하나도 없다는 뜻인가요?

3. 하고 싶은 만큼 잘하지 못한다면 자기비하를 하지 않도록 스스로에게 어떻게 말할 수 있나요?

4. 어떤 면에서 약점이 있다면, 그것을 개선할 수 있는 방법은 있나요? 만약 결코 나아지지 않는다면, 이것은 내가 형편없는 사람이라는 것을 의미하나요?

후속 활동

아이들에게 이러한 영역 중 하나에서 무언가를 발전시키기 위한 실행 가능한 목표를 세우도록 권유합니다. 비록 잘하지 못했더라도 스스로에게 괜찮다고 말하는 연습을 하게 합니다.

도표

나의 모든 것

이름: _____   날짜: _____

11세

_____

$$-\qquad\qquad +$$

$$+\qquad\qquad +\qquad\qquad -$$

$$-\qquad\qquad -\qquad\qquad +$$

$$+\qquad\qquad +\qquad\qquad -$$

$$-$$

활동지 2

215

인정 도장

발달의 관점

이 발달 단계에 있는 아이들의 세계에서 또래는 점점 더 중요한 부분을 차지합니다. 교사와 학부모의 인정뿐만 아니라 또래의 인정도 매우 중요합니다. 다만 아이들이 다른 사람의 인정에만 의존하지 않고 스스로를 인정할 수 있도록 돕고, 다른 사람에게 인정을 받아야만 자신이 더 가치 있는 사람이 되는 것은 아니라는 사실을 알도록 돕는 일이 중요합니다.

목표

▷ 다른 사람의 인정을 받는 방법과 자신을 인정하는 방법 알기
▷ 다른 사람의 인정이 가치를 결정하는 것은 아니라는 점 배우기

준비물

▷ 종이 한 장과 '인정'이라는 글자가 찍히는 고무도장
▷ 음료수 병
▷ 종이 가방
▷ '인정 도장-범주'(활동지 3)
▷ 각 아이에게 제공할 종이 한 장과 연필 한 자루
▷ 각 아이에게 제공할 크레용과 '인정 도장-인증서'(활동지 4, 후속 활동용)

진행 절차

1. '인정'이라는 단어가 찍힌 한 장의 종이를 들면서 수업을 시작합니다. 이 단어의 의미에 대해 논의합니다. 인정이란 어떤 것에 대해 좋게 생각하는 것, 그것이 좋다고 생각하는 것 등으로 정의할 수 있습니다. 아이들에게 본인이나 부모, 교사 등 다양한 출처로부터 인정을 받을 수 있다는 것을 설명합니다.

2. 다음으로, 아이들을 바닥에 동그랗게 앉힌 후 '인정 도장-범주'(활동지 3)를 넣

은 종이 가방을 보여 줍니다.

3. 두 명의 지원자를 뽑습니다. 지원자 1이 병을 돌리면, 지원자 2가 가방 안에 손을 넣어 범주가 적힌 종이를 뽑을 것이라고 설명합니다. 지원자 1이 병을 돌린 후, 병의 주둥이가 가리키는 아이는 지원자 2가 읽은 범주에 응답합니다. 예를 들어, 그 범주가 '어머니의 인정'이라면, 아이는 어머니가 볼일을 다녀오는 동안 어린 동생을 봐주겠다고 제안하는 것과 같이, 해당 범주의 인정을 받기 위해 자신이 할 수 있는 일을 제안할 것입니다. 그 아이가 대답을 마치면, 지원자 1은 다시 병을 돌리고, 또 다른 아이가 같은 범주에 응답합니다. 지원자 2가 다시 새로운 범주를 뽑고 두 아이가 답변합니다. 이 활동은 가방에서 모든 종이를 꺼낼 때까지 계속 진행합니다.

11세

4. 활동이 끝난 후, 아이들에게 다른 사람의 인정을 받지 못한 어떤 또래 아이에 대한 짧은 이야기를 쓰게 합니다. 다음의 사항을 이야기에 포함되게 합니다.

   ▶ 만약 그들이 누군가의 인정을 받지 못한다면 어떤 기분이 들까요?

   ▶ 만약 그들이 한 일이나 어떻게 행동했는지에 대해 아무도 인정하지 않는다면, 그들에게 무엇을 의미할까요? 그들이 가치가 없다는 것일까요?

   ▶ 다른 사람들이 인정하지 않는다면 그들이 스스로를 어떻게 인정할 수 있나요?

5. 4명씩 한 그룹으로 나누어 각자의 이야기들을 공유하거나, 전체 그룹에게 자신의 이야기를 소리내어 읽게 합니다.

6. 내용 질문과 개인 질문을 통해 활동을 진행합니다.

토론

내용 질문

1. 만약 자신이 그 누구에게도 인정받지 못한다면, 그것은 무엇을 의미한다고 생각하나요? 이것을 바꾸기 위해 할 수 있는 일이 있나요?

2. 다른 사람들에게 인정받지 못해서, 형편없고 좋지 않은 아이라는 말을 들었다고 생각해 봅니다. 이것이 사실이라고 생각하나요? 왜 그런가요 또는 왜 그렇지 않은가요?

3. 다른 사람들의 인정이 자신을 가치 있게 만든다고 생각하나요? 왜 그런가요 또는 왜 그렇지 않은가요?

4. 스스로를 인정하는 것이 중요하다고 생각하나요?

개인 질문

    1. 다른 사람들의 인정을 많이 받나요?

    2. 다른 사람들의 인정을 얻기 위해 하는 일은 무엇인가요?

    3. 다른 사람의 인정을 얻지 못해서 자신이 좋은 사람이 아니라고 생각하고 자신을 비하한 적이 있나요? 만약 그렇다면, 자신의 가치가 다른 사람으로 인해 좌우되지 않기 위해 무엇을 기억해야 할까요?

    4. 스스로를 인정하나요? (아이들이 자신을 인정하는 방법의 사례들을 공유합니다.)

후속 활동

고무도장으로 아이들의 손에 '인정'이라는 단어를 찍어 줍니다. 그런 다음, 각 아이에게 '인정 도장—인증서'(활동지 4)를 줍니다. 아이들에게 자신의 이름과 가장 훌륭한 능력 중 두세 가지를 쓰게 합니다. 그런 다음, 집으로 가져가서 가족들과 나누어 볼 수 있도록 합니다.

인정 도장

지도자 유의사항: 다음의 범주들을 각각 잘라서 종이 가방에 넣습니다. '자신의 인정'은 의도적으로 세 번을 넣었습니다.

자신의 인정	친구의 인정
자신의 인정	베이비시터의 인정
자신의 인정	조부모님의 인정
어머니의 인정	선배의 인정
아버지의 인정	이웃의 인정
팀원의 인정 (게임, 팀)	목사님, 신부님의 인정
음악 선생님의 인정 (피아노, 다른 악기)	형, 오빠, 언니, 누나의 인정
리더의 인정 (걸스카우트, 보이스카우트)	남동생, 여동생의 인정
양부모님의 인정	반려동물의 인정
선생님의 인정	다른 학생의 인정

인정 도장

이 인증서는 _____가

_____

_____

_____ 하는

아주 멋진 학생이라는 것을

증명합니다.

자기발달 4

나는 누구인가?

발달의 관점

이 발달 기간 동안의 인지적 변화와 사회적 세계의 확장은 아이들의 성격 발달에 크게 기여합니다. 아이들은 새로운 것을 경험함으로써 자기인식을 계속 수정하고 확장합니다. 이들이 개인의 특성을 파악하고 확인하는 방법을 배우는 것은 자기 발달을 강화합니다.

목표

▷ 개인적인 선호, 특성, 능력에 대하여 더 많이 배우기

준비물

▷ 각 아이에게 제공할 의자
▷ 각 아이에게 제공할 종이와 연필(후속 학습용)

진행 절차

1. 아이들을 2개의 그룹으로 나누어, 각 아이들에게 의자를 줍니다. 첫 번째 그룹의 아이들이 의자를 일직선으로 놓고, 두 번째 그룹의 아이들도 그와 의자를 마주 보게 일직선으로 놓습니다. 의자 사이에는 충분한 공간을 둡니다.

2. 아이들에게 의자에 앉으라고 한 다음, 각자 마주 보고 있는 파트너와 대화할 수 있도록 의자를 가까이 당기게 합니다. 그런 뒤 한 줄을 A, 다른 줄을 B로 지정하고, 이들에게 토론 주제를 줄 것이라고 설명합니다. 먼저 A줄에 있는 아이들이 (모두 동시에) 파트너에게 30초 동안 주제에 대해 이야기하고(시간이 다 되면 '타임!'이라고 외칩니다), 그런 다음, 이번에는 B줄에 있는 아이들이 같은 주제에 대해 파트너에게 이야기합니다. 30초가 다 되면, A줄에 있는 아이들이 옆자리로 한 칸씩 이동하여, 모두에게 새로운 파트너가 생기도록 합니다. 모든 주제가 다 루어질 때까지 이 과정을 반복합니다.

토론 주제

▶ 내가 토요일에 하는 일 중 가장 좋아하는 것은…

▶ 내가 가장 좋아하는 음식 중 하나는…

▶ 내가 걱정하는 것은…

▶ 내가 한 번도 안 해 봤지만 해 보고 싶은 것은…

▶ 내가 잘하는 것은…

▶ 내가 잘하지 못하는 것은…

▶ 내 또래 아이들과 나의 공통점은…

▶ 내 또래 아이들과 나의 차이점은…

▶ 내가 제일 아끼는 것 중 하나는…

▶ 내가 이 나이가 되어서 좋은 이유는…

▶ 내가 저지른 실수는…

▶ 내가 했던 정말로 자랑스러운 일은…

▶ 내가 하기 힘든 것은…

▶ 내가 학교에서 잘하는 것은…

▶ 내가 가장 좋아하는 색은…

▶ 내가 동물이 될 수 있다면, 나는… 왜냐하면…

▶ 내가 남자(또는 여자)여서 좋은 이유는…

▶ 내가 커서 되고 싶은 것은…

▶ 만약 우리 집에 불이 났다면, 내가 구하고 싶은 것은…

▶ 내가 시간을 가장 잘 보내는 방법 중 하나는…

▶ 내가 이거 없이는 살 수 없다고 생각하는 것은…

3. 내용 질문과 개인 질문을 통해 활동을 진행합니다.

🧑‍🏫 토론

내용 질문

1. 이 활동에 참여한 소감은 어땠나요?

2. 무슨 말을 해야 할지 생각하느라 힘들었나요? 특별히 어렵다고 느낀 주제는 없었나요?

3. 파트너의 답변과 자신의 답변이 비슷했나요? 어떤 부분에서 차이가 있었나요?

개인 질문

    1. 토론 주제에 대한 답변을 떠올리면서, 자신에 대해 새롭게 알게 된 것이 있나요?
    (공유하도록 합니다.)

    2. 활동에서 공유한 내용을 바탕으로 자신이 누구인지 정확하게 표현하는 세 가지
    단어나 구절을 찾을 수 있나요? 어떤 것이 있나요?

후속 활동

'나는 누구인가?'라는 이야기나 시를 써 보게 합니다.

11세

정서 발달 1 놀림 참을성

발달의 관점

아이들의 삶에서 또래는 점점 더 중요한 역할을 하기 때문에, 또래의 놀림과 관련된 부정적인 감정을 다루는 방법을 배우는 것은 필수적입니다. 아이들이 서로를 놀리지 않는다면 좋겠지만, 현실은 그렇지 않습니다. 놀림을 받는 아이들이 상처받은 감정의 피해자가 되게 하기보다는 '놀림 참을성'을 키울 수 있도록 돕는 것이 바람직합니다. 부정적인 감정이 최소화된다면, 그 상황에 대처할 수 있는 대안을 더욱 쉽게 찾을 수 있을 것입니다.

목표

▷ 놀림당하는 것에 대한 감정을 효과적으로 다스리는 방법 배우기

준비물

▷ 못생긴 가면
▷ 손거울
▷ 각 아이에게 제공할 종이와 연필(후속 활동용)

진행 절차

1. 못생긴 가면을 씁니다. 그런 뒤 아이들에게 어떻게 보이는지 말하도록 합니다. '못생긴, 멍청한, 끔찍한' 등의 단어들을 유도해 봅니다.
2. 다음으로, 만약 누군가가 자신을 못생긴, 멍청한 등과 같은 이름으로 부른다면 어떤 느낌이 들지 물어봅니다.
3. 아이들에게 만약 누군가가 자신을 욕하거나 놀리더라도, 나쁜 감정을 가질 필요가 없다는 것을 배울 수 있도록 도와줄 것이라고 말합니다. 이는 놀림받는 것을 좋아한다는 의미가 아니라, 그저 꼭 화를 낼 필요가 없다는 것을 의미합니다. 이 기술은 '놀림 참을성'이라고 불리며, 다음과 같이 할 수 있습니다.

▶ 누가 나를 "못생긴 돼지."라고 부릅니다.

▶ 나는 거울을 보고 스스로에게 묻습니다. "내가 못생겼니? 나 돼지야?"

▶ 그 대답이 "아니야."라면 스스로에게 이렇게 말합니다. "나는 못생기지 않았어. 그리고 분홍색 피부와 돼지코가 없기 때문에 돼지도 아니야. 그들이 말하는 게 내가 아닌데 속상해야 할 필요가 있나?"

▶ 만약 대답이 "맞아."라고 하더라도, 여전히 그것에 대해 화낼 필요가 없습니다. 왜냐하면 이런 말을 하는 사람은 단지 한두 명일 수 있고, 누군가가 나를 이렇게 부른다고 해서 내가 나쁜 아이라는 뜻은 아니기 때문입니다.

4. 아이들 2명에게 기술을 시연하게 합니다. 교실 앞에서 한 아이를 놀리고 나쁜 별명으로 부르도록 합니다. 그런 다음, 놀림당한 아이가 방금 설명한 놀림 참을성 기술을 연습할 수 있도록 도와줍니다.

5. 여러 명의 지원자와 함께 이 과정을 반복한 다음, 내용 질문과 개인 질문에 대해 토론합니다.

🧑‍🏫 토론

내용 질문

1. 만약 누군가가 다른 사람에게 나쁜 별명으로 부른다면, 그것이 사실이라는 것을 의미하나요?

2. 놀림 참을성 기술은 무엇인가요?

3. 누군가 자신을 놀리는 것이 사실이라고 해도(예를 들어, 만약 수학을 못해서 좋은 수학점수를 못 받는 것처럼), 상처받지 않도록 스스로에게 무엇을 말할 수 있나요?

개인 질문

1. 전에 나쁜 별명으로 불려 본 적이 있나요? 만약 그렇다면, 이것에 대해 어떻게 느꼈나요?

2. 놀림 참을성 기술을 사용해 본 적이 있나요? 그렇다면, 효과가 있었나요?

3. 놀림당하고 있다는 감정을 다루기 위해 사용해 본 다른 기법들이 있나요? (공유하도록 합니다.)

🧑‍💻 후속 활동

아이들이 놀림을 받았던 경험에 대해 이야기를 짓고, 두 가지 결말을 만들도록 합니다. 첫 번째 결말에서는 놀림에 대한 감정을 다루기 위해 좋지 않은 방법을 사용했던(또는 사용했을 것 같은) 내용을 씁니다. 두 번째 결말에서는 놀림에 대한 감정을 다루기 위해 사용했던 혹은 사용할 만한 좋은 방법을 씁니다. 이에 대하여 다른 사람들과 각자의 이야기를 나누어 볼 기회를 마련합니다.

정서 발달 2 걱정과의 전쟁

 발달의 관점

걱정을 느끼는 것은 초등학생들에게 전혀 이상한 일이 아닙니다. 걱정의 대부분은 일반적인 발달상의 경험과 관련이 있습니다. 반면에 그 외의 걱정들은 이사, 부모의 이혼 혹은 별거, 가정형편, 폭력, 학대와 관련된 상황적 요인과 관련이 있습니다. 이 나이대의 아이들은 종종 적절한 대처 기제를 갖지 못합니다. 또한 인지 발달 수준으로 인해 아이들은 상황의 모든 측면을 보지 못할 수도 있고, 이것은 감정을 다루는 데 영향을 줄 수 있습니다. 아이들에게 상황을 평가하고 걱정에 대처하는 방법을 가르치는 것은 정서적 성장에 매우 중요합니다.

 목표

▷ 걱정에 대처하는 효과적인 전략 배우기

준비물

▷ '걱정과의 전쟁─이야기'(활동지 5). 아이들의 읽기 능력에 따라 직접 읽어 주거나 스스로 읽을 수 있도록 활동지를 나누어 줍니다.

진행 절차

1. 이야기를 읽기 전에, 모든 사람들은 이따금씩 걱정한다는 사실에 대해 토론합니다. 아이들에게 최근에 걱정했던 때를 생각해 보라고 합니다. 파트너 또는 전체 그룹과 걱정했던 경험을 공유하도록 합니다.

2. 약간의 이야기를 나눌 시간을 가진 후, 걱정에 대처하는 새로운 방법을 배우기 위한 '걱정과의 전쟁─이야기'(활동지 5)를 읽거나 듣도록 합니다.

3. 내용 질문과 개인 질문을 통해 활동을 진행합니다.

토론

내용 질문

　　　1. 선생님은 트레버가 아빠에 대한 걱정을 어떻게 다루도록 도왔나요?

　　　2. 트레버는 선생님에게 무엇을 배웠나요?

개인 질문

　　　1. 트레버와 비슷한 걱정을 해 본 적이 있나요? 만약 그렇다면, 무엇이 걱정을 덜어
　　　　주는 데 도움이 되었나요?

　　　2. 무언가를 걱정하고 있는 친구에게 어떤 조언을 해줄 수 있나요? 친구가 걱정에
　　　　잘 대처할 수 있게 어떤 제안을 할 것인가요?

 후속 활동

　　　아이들에게 자신의 걱정을 파악하게 하고, 상황을 평가하며 걱정의 정도를 줄이는
　　　방법을 알아보기 위해, 이야기에서 설명된 '걱정 선(line)' 전략을 사용하게 합니다.

걱정과의 전쟁

4학년인 트레버는 밤에 잠을 자는 데 어려움을 겪고 있었습니다. 눈을 감고 잠을 자려고 할 때마다 아빠한테 나쁜 일이 일어날 것 같다는 생각이 떠올랐기 때문입니다. 때때로 트레버는 아빠가 매우 심각한 병에 걸려 죽을지도 모른다고 생각했지만, 대부분의 경우는 아빠가 심각한 교통사고를 당할까 봐 걱정했습니다. 트레버는 취침 시간에 거의 이 생각뿐이었고, 학교에서 있는 동안에도 이런 걱정을 했습니다. 만약 아빠가 제시간에 자신을 데리러 오지 않으면, 곧바로 아빠가 사고를 당했을 것이라고 생각했습니다.

트레버는 자신의 걱정 때문에 카펠라 선생님이나 친구들에게 놀림받을까 봐 아무에게도 말하지 않았습니다. 그런데 어느 날, 아빠가 몇 분 정도 늦자, 트레버는 무서워서 죽을 지경이었습니다. 트레버는 교실로 돌아가서 선생님에게 집에 전화해 봐도 되는지 계속 물어보았습니다. 결국 선생님이 말씀하셨습니다. "트레버, 너무 걱정하는 것 같구나. 아빠한테 무슨 일이 생길까 봐 두려운 거니?" 트레버는 울음을 터뜨리며 선생님에게 최근 들어 얼마나 많은 걱정을 했는지 고백했습니다. 트레버의 말을 들은 선생님은 이 나이에 이런 걱정들을 하는 것은 전혀 이상한 일이 아니라고 했습니다. 그러나 트레버가 걱정에 대해 이야기하는 것이 도움이 될 수도 있고, 걱정을 다루는 데 도움이 될 방법들을 함께 찾을 수 있을 것이라고 했습니다.

트레버가 아빠한테 일어날 수 있다고 생각한 일을 설명한 후, 카펠라 선생님은 종이 한 장을 꺼내 중앙에 선을 그었습니다. 그런 뒤 트레버에게 아빠가 끔찍한 사고를 당해서 죽는 것처럼, 일어날 수 있는 최악의 상황을 생각해 보라고 했습니다. 카펠라 선생님은 이 내용을 선의 한쪽 끝에 썼습니다. 그리고 나서 트레버에게 일어날 수 있는 가장 좋은 일은 무엇이냐고 물었고, 트레버는 아빠가 전혀 사고를 당하지 않는 것이라고 말했습니다. 카펠라 선생님은 선 반대쪽에 이 내용을 적은 뒤에 다른 가능성, 즉 아빠가 사고를 당했지만 다치지는 않을 수도 있고, 사고를 당해서 다쳤지만 회복될 수도 있다는 것을 설명했습니다. 카펠라 선생님은 트레버에게 그 외 다양한 가능성도 생각하게 했습니다. 그래서 트레버는 자동차만 망가지고 아빠는 상처만 살짝 날 수도 있다는 생각을 했습니다. 트레버와 카펠라 선생님은 이 모든 가능성을 선의 어느 위치에 두어야 할지에 대해 함께 의견을 나누었습니다.

걱정과의 전쟁

　선이 완성되자, 카펠라 선생님은 트레버가 그렇게 걱정했던 이유 중 하나는 오직 두 가지 가능성만 보았기 때문임을 깨닫게 해 주었습니다. 즉, 아빠가 죽거나, 아니면 전혀 사고를 당하지 않을 것이라는 두 가지 가능성입니다. 카펠라 선생님은 트레버에게 과거를 살펴보는 것이 중요하다고 말했습니다. 아빠가 이전에 심한 사고를 당한 적이 있었는지 생각해 보는 것입니다. 아빠가 사고를 당했더라도, 분명히 살았고 괜찮았다고도 말했습니다. 그러면서 매사에 걱정하지 않으려면 이 모든 것을 보는 것이 중요하다고 강조했습니다. 카펠라 선생님이 이렇게 설명하자 트레버는 기분이 한결 나아졌습니다. 트레버는 최선과 최악에 대해서만 생각하지 말라는 것을 상기시키기 위해 그 종이를 계속 가지고 있기로 했습니다.

　다음 날 트레버는 아빠에 대해 그렇게 많이 걱정하지 않았지만, 학교 공부에 대해서 또다시 걱정을 했습니다. 트레버는 카펠라 선생님이 가르쳐 준 방법을 사용하여 이 문제에도 효과가 있는지 알아보기로 했습니다. 먼저 종이에 선을 그어 보고, 다양한 관점을 찾아냈습니다. 자신이 최악의 상황만 생각해 왔고, 다른 많은 가능성도 있다는 것을 깨달았습니다. 모든 가능성을 선에 적고 나니 기분이 훨씬 좋아졌습니다. 만약 자신이 친구들과 문제가 생기면 이 방법을 사용할 수 있을 거라 생각했습니다. 트레버는 자신의 걱정거리를 해결하는 새로운 방법을 알게 되어 기뻤습니다.

정서
발달
3

나는 할 수 없어

 발달의 관점

이 나이대의 아이들은 종종 학교 성적에 대해 이렇게 걱정합니다. '잘할 수 있을까? 수업을 이해할 수 있을까? 시험에서 좋은 성적을 받을 수 있을까? 친구들만큼 똑똑할까?' 이 발달 기간 동안 경쟁을 최소화하고 가능한 한 일부 아이들을 다른 아이들보다 '더 똑똑하다'는 식으로 구분 짓지 않는 것이 특히 중요합니다. 이것은 학교 성적에 대한 불안을 줄이는 데 도움이 될 수 있습니다.

 목표

▷ 학교 성적에 대한 부정적 사고나 감정을 줄이기 위한 효과적인 전략 배우기

 준비물

▷ 칠판

▷ 마스킹 테이프

▷ '나는 할 수 없어-포스터 1'(활동지 6)과 '나는 할 수 없어-포스터 2'(활동지 7)(또는 오버헤드 프로젝트용 슬라이드)

▷ 2명으로 구성된 각 그룹에게 제공할 '나는 할 수 없어-게임판'(활동지 8)

▷ 봉투에 담긴 '나는 할 수 없어-게임 카드'(활동지 9) 1세트와 2개의 게임 말(예: 서로 다른 색상의 클립)

 진행 절차

1. 칠판에 다음과 같이 적으면서 수업을 시작합니다.

   ▶ 과학 시험에서 12문제 중 10개를 틀렸다.

   ▶ 중요한 숙제를 집에 두고 왔다.

   ▶ 숙제의 마지막 부분을 하는 것을 잊었다.

   ▶ 문단을 큰 소리로 읽다가 몇몇 단어를 어떻게 발음해야 할지 몰랐다.

아이들에게 이러한 상황 중 하나 이상을 경험한 적이 있는지, 만약 있다면, 어떻게 느꼈는지 질문합니다. 다음으로, '나는 할 수 없어-포스터 1'(활동지 6)을 보여 주고 아이들에게 주어진 예시와 비슷한 상황에 대해 화가 나거나, 슬프거나, 멍청하다고 생각하거나, 속이 상할 때는 스스로에게 무언가를 말하고 있기 때문이라고 설명합니다. 포스터나 슬라이드에 있는 다양한 말풍선(자기진술)들을 가리키고, 아이들에게 학교 성적에 대해 자신에게 부정적으로 말할 법한 것들을 생각할 수 있는지 질문합니다.

2. 다음으로, 아이들에게 머릿속에서 하는 말을 바꿀 수 있기 때문에 학교 성적이나 다른 상황에 대해 계속해서 나쁜 감정을 가질 필요가 없다고 설명합니다. '나는 할 수 없어-포스터 2'(활동지 7)를 보여 주고 말풍선을 가리킵니다. 두 포스터의 말풍선을 비교하고 대조하도록 합니다.

3. 아이들에게 파트너를 찾도록 한 다음, '나는 할 수 없어-게임판'(활동지 8), '나는 할 수 없어-게임 카드(활동지 9)'가 들어 있는 봉투, 그리고 2개의 게임 말을 각 파트너에게 나누어 줍니다. 파트너들은 번갈아 가며 카드를 뽑는다고 설명합니다. 만약 카드에 '앞으로 이동'이라는 지시사항이 적혀 있다면, 카드의 상황을 읽고 스스로에게 하는 긍정적인 말을 생각해 내야 합니다. 이를 통해 아이들은 학교 성적에 대해 자책하지 않을 것입니다. 만약 '뒤로 이동'이라고 적혀 있는 카드를 뽑는다면, 학교 성적에 대한 나쁜 감정을 유발하는 부정적인 자기진술의 예시를 생각해 내야 합니다. 두 가지 유형의 자기진술에 대한 예를 보려면 두 장의 포스터와 수업 초반에 진행했던 토론의 내용을 참조합니다.

4. 아이들이 게임을 할 수 있도록 시간을 주고, 내용 질문과 개인 질문에 대해 토론합니다.

토론

내용 질문

1. 게임에서 '뒤로 이동'했던 때를 생각해 봅니다. 이러한 부정적인 자기진술의 사례는 무엇인가요?

2. '앞으로 이동'했던 때를 생각해 봅니다. 긍정적인 자기진술의 사례는 무엇인가요?

3. 긍정적인 자기진술이 학교 성적이나 다른 문제들에 대한 부정적인 감정을 다루는 데 어떤 도움이 된다고 생각하나요?

개인 질문

1. 게임에서 알게 된 부정적 사고와 감정을 느낀 적이 있나요? 무언가를 할 수 없다고 생각한 적이 있나요?

2. 무언가를 할 수 없다고 생각하거나, 무언가를 배우려고 하는데 그것이 힘들 때 어떻게 느끼나요?

3. 학교 성적에 대해 포기하거나 속상해 하지 말라고 스스로에게 뭐라고 말할 수 있을까요?

11세

🧑‍💻 후속 활동

아이들과 함께 노래나 시를 지어, 학교 성적에 대해 화를 내거나 자신을 비하하지 않도록 도와줍니다. 예를 들면, 다음과 같습니다.

> 내일은 받아쓰기 시험이야.
> 나는 최선을 다할 거야.
> 하지만 몇 개를 틀린다고 해서,
> 내가 멍청하지 않다는 것을 알아.
> 나는 다른 시험에 더 열심히 준비하면 돼.

포스터 1

나는 할 수 없어

나는 할 수 없어

나는 할 수 없어

지시사항: 파트너들은 서로 돌아가며 봉투에서 카드를 뽑습니다. 카드에 '앞으로 이동'이라고 되어 있으면 긍정적인 자기대화의 예를 제시하고 카드에 표시된 숫자만큼 게임 말을 앞으로 이동합니다. 카드에 '뒤로 이동'이라고 되어 있으면 부정적인 자기대화의 예를 제시하고 카드에 표시된 숫자만큼 게임 말을 뒤로 이동합니다.

시작

| 1 |

| 2 |

| 3 |

| 4 |

| 5 |

| 6 | 7 | 8 | 9 | 10 | 11 |

종료

| 16 |

| 15 |

| 14 |

| 13 |

| 12 |

나는 할 수 없어

지도자 유의사항: 카드를 각각 잘라서 봉투에 넣습니다. 2명당 한 세트를 줍니다.

11세

어제 단원 평가로 받아쓰기 시험을 보았습니다. 단어들이 너무 어려워서 걱정이 됩니다. **앞으로 이동 2**	풀고 있는 수학 문제지가 어려운 것 같습니다. 무엇을 해야 할지 모르겠습니다. **뒤로 이동 2**
수학 문제를 푸는 것을 깜빡했습니다. **뒤로 이동 1**	선생님은 팀 리더들이 발야구 팀원을 뽑을 것이라고 발표합니다. 다른 사람들이 나보다 먼저 뽑힐까 봐 두렵습니다. **앞으로 이동 1**
독서 모임 중에 선생님이 큰 소리로 읽으라고 했고, 나는 모든 단어를 읽을 수 없을까 봐 두렵습니다. **앞으로 이동 3**	새로 읽을 책이 있는데, 어려운 단어들이 많습니다. 약간 겁이 납니다. **앞으로 이동 3**
독해 연습 문제에 관한 설명을 이해하지 못하지만, 선생님이 나를 바보라고 생각할까 봐 질문하는 것이 두렵습니다. **뒤로 이동 1**	과학 시험에서 두 문제를 틀렸습니다. **뒤로 이동 2**
선생님이 지난주에 제출한 미술 숙제를 방금 돌려주셨습니다. 나는 별 하나를 받았고, 앞에 앉은 친구는 별 두 개를 받았습니다. 자책감이 들기 시작합니다. **앞으로 이동 2**	쉬는 시간에 친구들이 게임할 팀을 짜고 있습니다. 거의 모든 사람이 나보다 먼저 뽑힙니다. **앞으로 이동 2**

정서
발달

4 슬픈 감정에 대한 해결책

 발달의 관점

이 나이대의 아이들은 상황에 따라 슬픈 감정을 자주 경험할 수 있습니다. 아이들은 여전히 감정 어휘를 개발하고 감정을 표현하는 방법을 배우는 과정에 있기 때문에, 슬픔을 다루는 효과적인 방법을 알아내지 못할 수도 있습니다. 이번 활동에서 배우는 교훈은 아이들이 슬픔을 덜 느끼도록 도울 수 있는 구체적인 방법을 알아내는 데 도움이 될 것입니다.

목표

▷ 슬픈 감정을 다루는 구체적인 방법 파악하기

준비물

▷ 2명으로 구성된 각 그룹에게 제공할 '슬픈 감정에 대한 해결책-활동지'(활동지 10)와 연필
▷ 포스터 용지와 마커

진행 절차

1. 아이들을 2명씩 나눕니다.
2. '슬픈 감정에 대한 해결책-활동지'(활동지 10)를 2명당 한 장씩 나누어 줍니다. 몇 가지 슬픈 상황을 읽어 주면 그 상황에 처한 아이들이 덜 슬퍼하도록 도울 방법을 생각해 보라고 합니다. 첫 번째 상황을 읽어 준 후, 파트너와 함께 슬픈 감정을 다루기 위해 무엇을 할 수 있는지를 논의할 수 있는 짧은 시간을 줍니다. 그런 다음, 전체 그룹과 이러한 아이디어를 공유하도록 합니다. 공유한 아이디어를 포스터 용지에 기록합니다.
3. 그다음의 상황을 읽고, 모든 문제가 끝날 때까지 동일한 절차를 따른 다음 내용 질문과 개인 질문에 대해 토론합니다.

토론

내용 질문

     1. 같은 일에 대해 모든 사람이 슬퍼한다고 생각하나요? 그렇지 않다면, 왜 그렇지 않다고 생각하나요?

     2. 슬픈 감정을 다루기 위해 생각해 낸 다양한 아이디어의 수에 놀라진 않았나요?

     3. 슬픈 상황에 대처하는 데 도움이 되는 좋은 방법을 찾는다면 슬픈 상황에 대해 덜 슬퍼할 수 있다고 생각하나요?

개인 질문

     1. 오늘 제안된 아이디어 중 어떤 것을 시도해 본 적이 있나요? 그렇다면, 어떤 것이 자신에게 가장 적합했나요?

     2. 오늘 제시된 아이디어 중에서, 다음에 자신이 슬프다고 느낄 때 어떤 아이디어를 시도해 보고 싶나요?

후속 활동

아이디어를 취합한 목록을 아이들이 볼 수 있는 곳에 게시합니다. 하루가 끝날 무렵 아이들에게 슬프다고 느꼈는지, 만약 그렇다면 어떤 제안을 시도했는지 질문합니다.

11세

슬픈 감정에 대한 해결책

상황 1

카를로스의 개는 여덟 살인데 방금 차에 치였습니다. 카를로스가 덜 슬퍼하도록 어떤 말을 해 줄 수 있나요?

_____

_____

_____

_____

상황 2

애니의 할머니가 넘어져서 다리가 부러져 병원에 입원 중입니다. 애니가 덜 슬프도록 어떤 말을 해 줄 수 있나요?

_____

_____

_____

_____

상황 3

미구엘의 여동생이 가출한 뒤 부모님께 전화해서 다른 도시에서 취직해서 다시는 돌아오지 않을 거라고 말했습니다. 미구엘이 덜 슬프도록 어떤 말을 해 줄 수 있나요?

_____

_____

_____

상황 4

테레사의 가장 친한 친구는 다른 도시로 이사할 것입니다. 테레사가 덜 슬퍼하도록 어떤 말을 해 줄 수 있나요?

_____

_____

_____

_____

상황 5

데미의 아버지는 수감 중이라 데미는 오랫동안 아버지를 보지 못했습니다. 데미가 덜 슬프도록 어떤 말을 해 줄 수 있나요?

_____

_____

_____

_____

상황 6

대릴의 가족은 지금 살고 있는 집에서 계속 살 형편이 안 되어서 이사를 해야 합니다. 대릴은 이웃을 떠나고 싶어 하지 않습니다. 대릴이 덜 슬프도록 어떤 말을 해 줄 수 있나요?

_____

_____

_____

우리는 함께할 수 있어

 발달의 관점

아이들이 후기 아동기에 접어들면 팀 스포츠와 집단활동이 활발해지면서 그에 따라 경쟁도 심화됩니다. 경쟁은 일부 아이들에게 '최고'가 되기 위해서 최선을 다한다는 점에서 부정적인 측면을 가질 수도 있습니다. 만약 아이들이 그들의 지위를 유지하기 위해 비난과 기타 부정적인 행동에 의존한다면 관계는 왜곡될 수 있습니다. 아이들은 다른 사람과 더불어 살아 가기 때문에 협력하는 기술을 개발해야 합니다.

 목표

▷ 다른 사람들과 협력하는 기술 향상시키기

 준비물

▷ 5명으로 구성된 각 그룹을 위한 종이 가방 1개. 각 가방에는 우정에 대한 상황극에 활용할 수 있는 6~8개의 물건(예: 공, 장갑, 연령에 맞는 장난감, 책, 테이프 또는 CD, 인형, 옷, 학용품, 비디오)이 들어 있어야 합니다.

▷ 각 그룹에게 제공할 '우리는 함께할 수 있어—관찰자 체크리스트'(활동지 11)와 연필

▷ 블록(또는 신문용지와 마스킹 테이프, 후속 활동용)

진행 절차

1. 아이들에게 혼자 일하는 것보다 그룹으로 일할 때 더 잘할 수 있다고 생각하는 것이 무엇일지 말해 보라고 하면서 수업을 시작합니다.

2. 몇 가지 사례를 공유한 후, 아이들을 5명(참여자 4명, 관찰자 1명)씩 한 그룹으로 나누고, 각 그룹에 물건이 들어 있는 종이 가방을 줍니다. 각 그룹이 해야 할 일은 가방에 있는 모든 물건을 사용하여 짧은 상황극으로 만들어 우정의 어느 측

면을 보여 주는 것임을 설명합니다.

3. 각 그룹에서 관찰자를 뽑으라고 합니다. 각 관찰자에게 '우리는 함께할 수 있어-관찰자 체크리스트'(활동지 11)를 줍니다. 관찰자가 활동지에 표시된 행동 유형의 사례를 보고, 그룹 구성원들에게 이 행동 유형이 관찰되면 체크를 하라고 설명합니다. 이 활동지는 다른 그룹 구성원에게 보여 주어서는 안 됩니다.

4. 아이들에게 계획 및 연습 시간을 준 다음 전체 그룹에게 그들의 상황극을 보여 주게 합니다. 상황극이 끝나면 내용 질문과 개인 질문에 대해 토론합니다.

👮 토론

내용 질문

1. 자신의 그룹은 어떻게 하기로 결정했나요?

2. 자신이나 그룹의 누군가가 협력하기 위해 타협을 해야 했나요? 만약 그렇다면 이것은 쉬웠나요, 어려웠나요?

3. 그룹의 구성원들이 서로 협력했다고 생각하나요? 만약 그렇다면, 협력적인 행동의 사례들은 무엇인가요?

4. 이 상황극에 대한 아이디어를 스스로 생각해 낼 수 있었을까요, 아니면 함께 활동해서 잘할 수 있었던 것일까요?

개인 질문

1. 집단으로 활동할 때, 다른 사람들과 협력하나요? 그렇지 않다면, 협력하는 데 어떤 점이 어려운가요?

2. 오늘 협력에 대해 배운 것 중에서 학교나 집에 있을 때 또는 친구들과 함께 있을 때 도움이 될 만한 것이 있었나요? 만약 그렇다면 무엇을 배웠고, 어떻게 적용할 것인가요?

👩‍💻 후속 활동

그룹에게 또 다른 협력 과제를 줍니다. 예를 들면, 블록으로 탑 쌓기 또는 신문과 마스킹 테이프로 다리 만들기와 같은 것입니다. 각 그룹에 관찰자를 배치하여 협력 행동의 사례를 기록합니다.

우리는 함께할 수 있어

11세

	관찰됨	관찰되지 않음
그룹 구성원들은 아이디어를 공유했습니다.	☐	☐
그룹 구성원들은 협력했습니다.	☐	☐
그룹 구성원들은 다른 구성원들의 아이디어에 대해 좋은 말을 했습니다.	☐	☐
그룹 구성원들은 한 명도 빠짐없이 프로젝트에 모두 참여했습니다.	☐	☐
그룹 구성원들은 서로의 말을 경청했습니다.	☐	☐
그룹 구성원들은 타협했습니다.	☐	☐
그룹 구성원들은 다투거나 싸웠습니다.	☐	☐
그룹 구성원들은 아이디어에 대해 합의할 수 없었습니다.	☐	☐

사회성 발달 2 · 나를 괴롭히지 마세요

발달의 관점

아동기 동안 아이들이 따돌림이나 괴롭힘을 당할까 봐 두려워하는 것은 당연합니다. 아이들은 이러한 종류의 행동에 효과적으로 대처하기 위해 괴롭힘에 대한 대처 능력과 정서적 자기관리를 배우고 연습하는 것이 필요합니다.

목표

▷ 괴롭힘 정의하기
▷ 괴롭힘에 효과적으로 대처하는 방법 배우기

준비물

▷ 각 아이에게 제공할 '나를 괴롭히지 마세요−시나리오'(활동지 12)
▷ 여러 장의 신문지, 마커, 마스킹 테이프
▷ 각 아이에게 제공할 작은 종이 접시, 크레파스 또는 마커, 안전핀

진행 절차

1. 아이들에게 '괴롭힘'이 무엇이라고 생각하는지 정의해 보게 합니다(다른 사람을 밀어 버리는 것, 약해 보이는 사람을 겁주거나 괴롭히는 것). 괴롭히는 행위는 누구라도 할 수 있는 일이며, 이런 괴롭힘의 정도는 다양하다는 점을 강조합니다. 즉, 어떤 아이는 가끔 다른 사람들을 괴롭히고, 또 어떤 아이는 거의 항상 괴롭히는 행동을 하는 것입니다. 이 수업의 목적은 아이들이 괴롭히는 행동의 영향을 받거나 괴롭힘을 당하지 않도록 피하는 데 도움이 되는 방법을 찾는 것이라고 알려 줍니다.

2. '나를 괴롭히지 마세요−시나리오'(활동지 12)를 나누어 줍니다. 아이들에게 각 시나리오를 읽고 처음 두 가지 질문을 완성하게 합니다. 그런 다음, 아이들을 3명씩 한 그룹으로 나누어 이 시나리오의 아이들이 괴롭힘에서 스스로를 보호

하기 위해 무엇을 할 수 있는지 브레인스토밍하게 하고, 각 활동지 세 번째 질문에 이러한 응답을 나열하게 합니다.

3. 브레인스토밍을 완료한 후, 괴롭힘 행위와 이를 막기 위해 무엇을 할 수 있는지 의견을 주고받습니다. 의견을 적어서 목록으로 만들고 필요에 따라 아이들이 참조할 수 있도록 교실에 게시합니다.

4. 각각의 아이들에게 작은 종이 접시, 크레용 또는 마커, 안전핀을 나누어 줍니다. 아이들에게 "나는 괴롭히지 않습니다" 또는 "나를 괴롭히지 마세요" 배지를 만들도록 합니다. 만약 아이들이 배지를 달기로 한다면, 그것은 다른 사람들을 괴롭히지 않는다는 '계약'이자 괴롭힘으로부터 자신을 방어하기 위해 할 수 있는 일을 상기시켜 주는 것입니다.

5. 내용 질문과 개인 질문을 통해 활동을 진행합니다.

토론

내용 질문

1. 괴롭힌다는 것은 무엇인가요?
2. 왜 어떤 아이들은 다른 아이들을 괴롭힌다고 생각하나요?
3. 괴롭힘으로부터 자신을 보호하기 위해 무엇을 할 수 있나요?

개인 질문

1. 누가 자신을 괴롭힌 적이 있나요? 만약 그렇다면, 그것에 대해 어떻게 느꼈나요?
2. 다른 사람들이 자신을 괴롭히는 것을 막기 위해 무엇을 할 수 있나요?
3. 만약 다른 사람들이 자신을 괴롭히는 것을 막을 수 없다면, 그런 일이 일어났을 때 무엇을 할 수 있나요? 누구에게 도움을 청할 수 있나요?
4. 이 수업을 통해 누군가를 괴롭히거나 괴롭힘을 당하는 문제를 해결하기 위해 활용할 수 있을 만한 것을 배웠나요?

후속 활동

아이들에게 그룹으로 나누어 괴롭힘 행위와 이를 막는 방법을 제시하는 짧은 발표 자료를 준비하게 합니다.

나를 괴롭히지 마세요

이름: _____   날짜: _____

시나리오 1

앨리슨과 에이미는 도서실에서 집으로 걸어오고 있었습니다. 모퉁이를 막 돌았을 때, 앨리슨은 그들 뒤로 가까이 다가오는 두 명의 소녀를 발견했습니다. 앨리슨은 이들 중 한 명이 자신의 언니와 같은 반이라는 것을 알았습니다. 곧바로 언니들 중 한 명이 더 빨리 걷기 시작했고, 에이미를 계속 쫓아오고 있었습니다. 에이미는 돌아서서 제발 그만 오라고 했지만 이 언니는 웃으며 계속 쫓아왔습니다. 앨리슨과 에이미는 이 언니들이 왜 이러는지 몰라서 두려웠지만, 점점 더 심해지고 있었습니다. 그러자 갑자기 한 언니가 앨리슨과 에이미를 힘껏 밀치고는 "잘 있어. 겁 많은 꼬맹이들아!"라고 소리치더니 웃으며 도망쳤습니다.

1. 괴롭힘 행위들: _____

_____

_____

2. 앨리슨과 에이미는 언니들로부터 자신을 방어하기 위해 무엇을 했나요? _____

_____

_____

3. 그 밖에 앨리슨과 에이미는 무엇을 할 수 있었을까요? _____

_____

_____

시나리오 2쪽

나를 괴롭히지 마세요

시나리오 2

코리는 동네에서 자전거를 타다가 친구인 아담을 보러 가야겠다고 생각했습니다. 코리가 아담의 집으로 올라갔을 때, 아담의 형은 차고에서 걸어 나와 코리의 길을 막았습니다. "야, 너 내 집에서 뭐하고 있었어?"라며 소리쳤습니다. "그냥 아담이 집에 있는지 확인하고 싶었어요."라며 코리가 말했습니다. "글쎄, 그 아이는 집에 없어. 너랑 못 놀게 할 거니까 여기에서 나가. 이 근처에서 또 내 눈에 띄면 그때는 후회하게 해 줄 거야!"

1. 괴롭힘 행위: _____

_____

_____

2. 코리는 아담의 형으로부터 자신을 방어하기 위해 무엇을 했나요? _____

_____

_____

3. 그 밖에 코리가 무엇을 할 수 있었을까요? _____

_____

_____

11세

나를 괴롭히지 마세요

시나리오 3

찰리는 학교에서 앤의 뒤에 앉았습니다. 찰리는 매일 앤을 쳐다보고, 앤에게 심한 말을 하고, 방과 후에 때리겠다고 위협하곤 했습니다. 앤은 무서워서 집에 걸어갈 때 항상 친구와 같이 갔습니다. 하루는 앤이 방과 후에 학교에 남아야 하는 바람에 집에 같이 걸어갈 사람이 없었습니다. 앤이 교실을 나와 학교 정문으로 걸어갔을 때 찰리와 그의 친구가 자신을 기다리고 있는 것을 보았습니다. 앤은 재빨리 학교 안으로 들어와 복도를 따라 다른 방향으로 달려가면서 밖을 확인했습니다. 두 남자아이들을 보지 못했기 때문에 복도의 끝까지 최대한 빨리 달렸습니다. 갑자기 남자아이들이 소리치는 것을 듣고 그들이 뒤에 있다는 것을 알았습니다. 앤은 더 빨리 달렸고 남자아이들이 자신을 따라잡기 전에 간신히 집에 도착했습니다. 어머니가 창가에 서 계셔서 남자아이들은 떠났지만, 그들은 앤에게 "다음에는 잡을 거야!"라고 말했습니다.

1. 괴롭힘 행위: _____

_____

_____

2. 앤은 남자아이들로부터 자신을 방어하기 위해 무엇을 했나요? _____

_____

_____

3. 그 밖에 앤이 무엇을 할 수 있었을까요? _____

_____

_____

나를 괴롭히지 마세요

11세

시나리오 4

필립과 팸은 자전거를 타고 학교에서 집으로 가고 있었습니다. 갑자기 필립은 누군가가 자전거 뒤에 부딪히는 것을 느꼈습니다. 돌아서서 보니 5학년 형이었습니다. 처음에 필립은 그 형이 우연히 자신에게 뛰어들었다고 생각했지만, 5학년 형은 "내 앞에서 비켜. 네가 여기에 있는 것을 원하지 않아."라고 말했습니다. 팸은 "우리도 여기에 있을 권리가 있어. 우리는 아무 잘못도 하지 않았어."라고 말했습니다. 그 형은 팸을 노려보면서 입 닥치라고 말했습니다. "여기는 내 동네야. 여기서 나가지 않으면, 너에게 더 나쁜 짓을 할거야."

1. 괴롭힘 행위: _____

_____

_____

2. 필립과 팸은 5학년 형으로부터 자신을 방어하기 위해 무엇을 했나요? _____

_____

_____

3. 그 밖에 필립과 팸이 무엇을 할 수 있었을까요? _____

_____

_____

자기비하에 관한 조언

발달의 관점

사회적 상호작용은 아동기 동안 증가하기 때문에 대인관계 갈등도 함께 증가합니다. 이 시기의 아이들은 점점 더 경쟁하게 되고 다른 사람들과 비교하는 방법에 대해 더 관심을 갖게 됩니다. 일부 아이들은 조망수용(perspective taking)에 능하지 않습니다. 이러한 요소들은 모두 자기수용에 부정적인 영향을 미칠 수 있는 자기비하 행동의 원인이 됩니다.

목표

▷ 타인의 비난에 대처하는 기술 개발하기
▷ 사람의 가치는 다른 사람이 자신에 대해 말하는 것에 좌우되지 않는다는 사실 배우기

준비물

▷ 칠판
▷ 다음의 단어들이 적혀 있는 종이: 멍청한, 못생긴, 겁쟁이, 패배자, 뚱보
▷ 마스킹 테이프
▷ 각 아이에게 제공할 8×13cm 단어 카드와 연필

진행 절차

1. 지원자 5명을 뽑으며 수업을 시작합니다. 지원자들은 나머지 학생들과 얼굴을 마주 보게 섭니다. 글자가 적혀 있는 종이를 각 지원자의 등에 붙입니다. 지원자들은 자신의 종이를 보면 안 되고, 다른 아이들도 보면 안 됩니다.

2. 아이들에게 각 지원자에 대해 세 가지를 말해 달라고 합니다. 칠판에 각 지원자의 이름을 적고 그 아래에 아이들이 이야기하는 특징을 나열합니다. 모든 특징을 적고 나면 지원자들에게 종이를 보여 주기 위해 돌아서라고 합니다. 게시판

의 단어가 종이에 적힌 말과 일치하는지 아이들에게 물어봅니다. 일부 아이는 다른 사람들을 비난하기 위해 종이에 적힌 이런 말을 사용하지만, 이 활동이 방금 중명한 바와 같이 대부분은 진실이 아니라는 사실을 강조합니다.

3. 다음으로, 아이들을 5명씩 한 그룹으로 나누고, 비난의 개념, 다른 사람이 자신을 비난할 때 어떻게 생각하고 느끼는지, 비난을 다루는 방법을 설명하는 상황극을 만들어 보게 합니다. 계획할 시간을 준 다음, 아이들의 상황극을 발표하게 합니다.

4. 비난에 대처하는 방법으로서 '자기대화'의 개념을 소개합니다. 자기대화는 스스로에게 할 수 있는 말이라고 설명하는데, 자기대화를 사용하면 비난으로 인해 화가 나지 않을 것입니다. 예를 들면,

   ▶ 막대기와 돌은 내 뼈를 부러뜨릴 수 있을지 몰라도, 내가 허락하지 않는 한 말로는 나를 다치게 할 수 없어.

   ▶ 내가 그들이 말하는 그런 사람일까?

   ▶ 그들이 한 말이 마음에 들지 않지만, 그 내용이 사실이 아니라는 것을 알기 때문에 화내지 않고 대처할 수 있어.

   ▶ 화를 내면 그들에게 나를 괴롭히고 있다는 사실을 확인시켜 주는 꼴이 될 거야.

5. 단어 카드와 연필을 한 명당 하나씩 나누어 줍니다. 아이들에게 자기대화의 다른 예시를 생각해 보고 이러한 메시지를 기억하도록 돕기 위해 떠올리기 쉬운 '구호'를 만들게 합니다. 아이들이 다음에 다른 사람들에게 비난을 당할 때 말할 수 있는 것을 상기하도록 단어 카드에 이러한 구호를 쓰게 합니다.

6. 아이들이 각자의 구호를 공유할 시간을 준 다음, 내용 질문과 개인 질문에 대해 토론합니다.

🗨️ 토론

내용 질문

1. 비난이 흔한 일이라고 생각하나요?
2. 왜 아이들이 다른 사람들을 비난한다고 생각하나요?
3. 누군가가 자신을 비난한다고 해서, 나는 그 사람이 말하는 그런 사람인가요?

개인 질문

1. 다음에 누가 자신을 비난했을 때, 크게 화내지 않도록 어떻게 그것을 다룰 수 있

나요?

2. 비난을 다루는 방법으로 자기대화를 사용해 본 적이 있나요? 만약 그렇다면, 어떤 효과가 있었나요?

3. 이 수업에서 다른 사람들과의 관계에 적용할 수 있는 것을 배웠나요?

후속 활동

아이들에게 자기대화 구호를 계속 만들어 보게 하고, 만약 비난을 경험한다면 자기대화를 연습하게 합니다.

관계를 위한 규칙

 발달의 관점

아이들이 성숙해지고 사회적 관계망이 확장될수록 불가피하게 어떤 식으로든 자신을 부당하게 대하는 사람을 만나게 될 것입니다. 모두가 다른 사람들을 긍정적으로 대한다면 바람직하겠지만, 일반적으로 다른 사람들을 통제하는 것은 불가능합니다. 그러므로 아이들이 부정적인 관계 문제를 다루기 위한 효과적인 기술을 찾도록 돕는 것은 아이들에게 힘을 실어 주는 방법입니다.

 목표

▷ 타인의 부당한 취급에 대처하는 효과적인 기술 알아보기
▷ 대인관계에서 자신이 통제할 수 있는 것과 통제할 수 없는 것 배우기

 준비물

▷ 4명으로 구성된 그룹에게 제공할 '관계를 위한 규칙-게임판'(활동지 13)
▷ 각 아이에게 제공할 서로 다른 색상의 종이 클립 또는 게임 말
▷ 각 그룹에 대해 1~4번으로 번호가 매겨진 4장의 쪽지가 들어 있는 봉투
▷ 다음과 같이 적혀 있는 6장의 종이
　－다른 사람이 나를 놀릴 때 효과적으로 대처하는 방법
　－다른 사람이 나를 거부했을 때 효과적으로 대처하는 방법
　－누군가 나를 밀거나 다치게 했을 때 효과적으로 대처하는 방법
　－누군가 나를 비웃을 때 효과적으로 대처하는 방법
　－다른 사람이 나에게 욕을 할 때 효과적으로 대처하는 방법
　－누군가 나에게 싸움을 걸었을 때 효과적으로 대처하는 방법
▷ 마스킹 테이프와 마커

11세

📖 진행 절차

1. 자신이 좋아하지 않는 다른 사람의 행동에 대한 종합적인 토론을 하도록 아이들을 참여시킵니다(이름을 언급해서는 안 된다고 강조합니다). 모든 사람이 자신이 대접받고 싶은 방식으로 대접받는다면 세상이 참 아름답겠지만 실제로는 그렇지 않은 경우가 많다는 사실에 대해 아이들과 이야기합니다. 다른 아이들이 자신의 별명을 부르거나, 놀리거나, 비웃는 등의 행동을 하는 것을 막는 일이 가능하다고 생각하는 아이에게 손을 들어 보라고 합니다. 다른 사람들이 이런 행동을 하는 것을 막을 수 없다면 누구를 통제할 수 있는지 물어봅니다. 이 수업의 목적은 아이들이 부정적인 관계에 좀 더 효과적으로 대처할 수 있도록 도움을 주는 것이라고 말합니다.

2. 아이들을 4명씩 한 그룹으로 나눕니다. 각 그룹에게 '관계를 위한 규칙-게임판'(활동지 13), 네 가지 색깔의 클립(또는 게임 말), 1~4의 번호가 매겨진 쪽지 봉투를 나누어 줍니다. 게임판의 지침을 살펴봅니다.

3. 아이들이 게임을 할 수 있도록 충분한 시간을 주고, 내용 질문에 대해 토론합니다. 아이들이 각 질문에 대한 의견을 제시할 때, 그것들을 각각 다른 용지에 적습니다.

4. 정서적 동요를 줄이고 부정적인 관계 문제를 다루는 데 효과적인 방법으로서 자기대화를 사용하는 것과 다른 사람의 말이 사실이라고 생각하지 않는 것의 중요성을 강조합니다.

5. 내용 질문과 개인 질문에 대해 토론합니다.

👩‍🏫 토론

내용 질문

1. 놀림에 효과적으로 대처하기 위해 어떤 제안을 했나요?
2. 친구로부터 거절당하는 것에 효과적으로 대처하기 위해 어떤 제안을 했나요?
3. 밀치거나 다치게 하는 것에 효과적으로 대처하기 위해 어떤 제안을 했나요?
4. 비웃는 것에 효과적으로 대처하기 위해 어떤 제안을 했나요?
5. 욕하는 것에 효과적으로 대처하기 위해 어떤 제안을 했나요?
6. 싸움을 걸었을 때 효과적으로 대처하기 위해 어떤 제안을 했나요?

개인 질문

1. 친구들과의 관계에서 이런 상황을 경험한 적이 있나요? 그렇다면, 어떤 방법이 가장 효과적이었나요?

2. 다른 사람들이 놀리거나 거절하는 것을 막을 수 있었던 적이 있나요? 만약 그렇다면, 무엇을 했나요? 그렇지 않다면, 어떻게 대처했나요?

3. 누군가가 놀리거나, 비웃거나, 욕할 때, 보통 속이 상하거나 화를 내나요? 속이 상하는 것이 도움이 된다고 생각하나요? 자신은 다른 사람들이 말하는 그런 사람이 맞나요? 그들이 말하는 것이 사실이라고 믿어야 하나요?

4. 이 수업을 통해 다음번에 누군가가 자신을 그다지 좋지 않은 태도로 대할 때 활용할 수 있을 만한 것을 배웠나요?

 후속 활동

의견들이 적힌 용지를 계속 게시해 둡니다. 아이들에게 이러한 의견들을 주말에 시도해 보고, 어떻게 했는지 또는 어떻게 하지 않았는지에 대한 짧은 보고서를 쓰도록 합니다.

관계를 위한 규칙

지시사항: 교대로 돌아가며 봉투에서 숫자(1~4까지)를 뽑고, 표시된 숫자만큼 게임 말을 옮깁니다. 말을 내려놓을 칸에 있는 글자(T, R, P, L, C, S)와 다음 목록에 있는 글자 중 일치하는 것을 확인합니다. 해당 상황에 대처할 수 있는 긍정적인 방법을 생각해 봅니다.

T   누군가 나를 '놀릴 때(Teasing)' 할 수 있는 일

R   친구가 나를 '거절할 때(Reject)' 할 수 있는 일

P   누군가 나를 '밀치거나 다치게 할 때(Push or hurt)' 할 수 있는 일

L   누군가 나를 '비웃을 때(Laugh)' 할 수 있는 일

C   누군가 나를 '욕할 때(Calls you a name)' 할 수 있는 일

S   누군가 나에게 '싸움을 걸 때(Starts a fight)' 할 수 있는 일

관계를 위한 규칙

T	P	L	C	S	P	R
S						L
C						C
L						S
R		R				T
T						R
S						P
P						C
L						S
R						T
T	P	C		L	R	R

시작　　　　**종료**

인지 발달 1

터널 시야

 발달의 관점

이 시기의 아이들은 구체적 사고방식을 갖고 있기 때문에 여전히 사물을 보이는 그대로 받아들이고, 다양한 관점으로 생각하지 못합니다. 그 결과, 아이들은 문제를 여러 관점에서 바라보지 않기 때문에 종종 다른 사람을 오해하거나 스스로에게 화를 내기도 합니다. 이렇게 다양한 관점에서 문제를 바라보는 기술을 배우는 것은 인지 발달에 중요한 부분입니다.

목표

▷ 가정을 하는 것과 여러 관점을 고려하는 것 구별하기
▷ 가정을 하는 것의 부정적 효과 인식하기
▷ 가정이 사실인지 확인하는 방법 배우기

준비물

▷ 하나 이상의 장난감 만화경

진행 절차

1. 만화경을 차례대로 볼 시간을 주면서 수업을 시작합니다. 아이들에게 만화경을 볼 때 한 가지만 보이는지, 아니면 다양하게 변화하는 패턴이 보이는지 질문합니다. 그런 다음, 바늘구멍으로 하늘을 본다는 것이 무엇을 의미하는지 질문합니다. 바늘구멍으로 하늘을 보면 어떤 일이 일어날까요? 때때로 사람들은 바늘구멍처럼 좁은 시야를 가지고 행동하고 상황을 하나의 관점으로만 파악한다는 사실을 강조하면서, 바늘구멍으로 하늘을 보는 것과 만화경으로 보는 것을 비교하여 논의합니다. 사람들은 보통 어떤 것이 사실이라고 생각하고, 그것을 확인하려 하거나 다른 가능성을 고려하지 않습니다. 아이들에게 '터널 시야'라는 용어를 소개합니다. 사람들이 마치 바늘구멍으로 하늘을 바라보는 것처럼 행동하

고, 가정을 하고, 어떤 것에 대하여 한 가지 가능성으로만 제한하여 생각할 때 이 용어를 사용한다고 설명합니다. 터널 시야를 갖는 것이 집이나 학교에서 또는 친구들과 어떻게 문제를 일으킬 수 있는지에 대해 토론합니다. 터널 시야를 갖는 것과 '만화경 시야'의 경우처럼 다양한 관점을 고려하는 것의 차이를 강조합니다.

2. 다음의 상황을 큰 소리로 읽습니다.

> 당신은 학교에 있고 점심 휴식 시간입니다. 당신이 공을 밖으로 가져갈 차례가 되었으니, 그것을 가지러 사물함으로 갑니다. 사물함으로 가기 위해 모퉁이를 돌 때, 켈리가 교실의 반대편으로 뛰어나가는 것을 봅니다. 켈리는 뭔가를 들고 있는 것처럼 보입니다.

11세

학생들에게 터널 시야(상황의 한 측면만을 생각하고 가정하는 것)를 가진 척하도록 해 봅니다. 이런 식으로 생각한다면 이 상황을 어떻게 해석할까요? (대부분은 켈리가 공을 가졌다고 말할 것입니다.)

그리고 나서 아이들에게 만화경을 통해 보고 있고, 많은 다른 관점이나 가능성을 고려하고 있다고 상상하도록 합니다. 그리고 이것들 중 몇 가지를 이야기해 달라고 부탁합니다. 예를 들어, 켈리가 우연히 교실에 있었는데 공을 가져가지 않았다는 것, 켈리가 공을 가져가는 날이라고 생각했다는 것, 그리고 자신이 뭔가를 오해하고 있다는 것을 깨닫지 못했다는 것 등을 이야기할 수 있습니다. 두 가지 사고방식의 차이를 강조합니다. 아이들에게 터널 시야를 가질 때 발생할 수 있는 부정적인 결과를 파악하도록 합니다.

3. 다음으로, 아이들을 두 그룹으로 나누어 두 줄로 세웁니다. 한 그룹을 터널 시야 그룹으로 지정하고, 다른 그룹을 만화경 시야 그룹으로 지정합니다. 몇 가지 상황을 읽어 줄 것이라고 설명합니다. 각각의 내용을 읽는 동안, 터널 시야 그룹의 첫 번째 아이는 그 상황에 대해 가정을 하고 그것을 큰 소리로 이야기할 것입니다. 만화경 시야 그룹에 있는 첫 번째 아이는 적어도 두 가지의 다른 관점을 이야기할 것입니다. 다음으로, 상황을 가정한 터널 시야 그룹의 아이는 '사실'을 읽어 달라고 부탁하여 진상을 확인합니다. 그 가정이 올바르면 아이는 줄의 맨 뒤로 이동하여 서 있습니다. 만약 가정이 옳지 않다면, 그 아이는 자리에 앉습니다. 만화경 시야 그룹의 첫 번째 아이도 줄의 맨 뒤로 이동하고, 다음 두 명의 아이도 같은 방식으로 진행합니다. 게임은 모든 상황을 다 읽고 모든 가정에 대해

259

사실인지 확인할 때까지 계속됩니다.

터널 시야 상황

▶ 상황 1: 톰은 집에 5시까지 오기로 되어 있었는데, 6시가 되어서야 도착했습니다. 톰의 엄마는 어떻게 가정했을까요? (사실: 톰은 시계를 잃어버려서 몇 시인지 몰랐습니다.)

▶ 상황 2: 시론은 과학 시험에서 나쁜 점수를 받았습니다. 선생님은 어떻게 가정했을까요? (사실: 시론이 키우는 토끼가 어젯밤에 죽어서 그 생각 때문에 집중할 수 없었습니다.)

▶ 상황 3: 다프네는 서랍에 돈을 넣어 두었습니다. 잠자리에 들 준비를 했을 때, 돈이 없어졌다는 것을 알았습니다. 다프네는 어떻게 가정했을까요? (사실: 창문이 열려 있었고, 바람에 돈이 날아가 바닥에 떨어졌는데 그것을 보지 못했습니다.)

▶ 상황 4: 도니타는 버스에서 친구 베시 옆에 앉지 않았습니다. 베시는 어떻게 가정했을까요? (사실: 도니타는 베시 옆의 빈자리를 보지 못했습니다.)

▶ 상황 5: 테란스는 조시의 생일파티에 가지 않았습니다. 조시는 어떻게 가정했을까요? (사실: 테란스는 엄마에게 거짓말을 했기 때문에 외출금지를 당했습니다).

▶ 상황 6: 아론은 어젯밤 야구 연습에 가지 않았습니다. 코치는 어떻게 가정했을까요? (사실: 아론은 야구를 하지 않기로 결정했습니다.)

▶ 상황 7: 메건은 달시의 엄마를 통해 달시에게 전화를 해 달라는 메시지를 남겼지만, 달시는 메건에게 전화를 하지 않았습니다. 메건은 어떻게 가정했을까요? (사실: 달시의 엄마는 달시에게 메시지를 전해주지 않았습니다.)

▶ 상황 8: 몰리는 놀이터에서 세리타를 무시했습니다. 세리타는 어떻게 가정했을까요? (사실: 몰리는 세리타를 보지 못했습니다.)

▶ 상황 9: 조나단은 벤에게 방과 후에 함께 놀겠다고 말했지만, 벤이 조나단을 찾아갔을 때 그는 가고 없었습니다. 벤은 어떻게 가정했을까요? (사실: 조나단은 엄마와 함께 어딘가에 가야 했고, 벤에게 전화하는 것을 잊었습니다.)

▶ 상황 10: 하비에르는 가브리엘에게 주말 동안 마을을 떠나 있을 것이라고 말했습니다. 토요일에 가브리엘은 시내버스에서 하비에르를 보았습니다. 가

브리엘은 어떻게 가정했을까요? (사실: 하비에르의 엄마가 마음을 바꾸었습니다.)

  ▶ 상황 11: 테리는 친구들을 집에 한 번도 초대한 적이 없었습니다. 친구들은 어떻게 가정했을까요? (사실: 테리의 엄마가 술을 너무 많이 마셔서, 테리는 누군가를 초대하는 것을 창피해합니다.)

  ▶ 상황 12: 제시카는 과학 시험에서 끔찍한 점수를 받았습니다. 선생님은 어떻게 가정했을까요? (사실: 제시카는 공부를 전혀 하지 않았습니다.)

  4. 내용 질문과 개인 질문을 통해 활동을 진행합니다.

토론

내용 질문

  1. 터널 시야로 생각하는 사람과 만화경 시야로 생각하는 사람의 차이는 무엇인가요?

  2. 어떤 사고방식이 가장 좋다고 생각하나요?

  3. 이 활동에서 다양한 관점으로 생각하는 것이 어려웠나요?

  4. 이 활동에서 많은 가정들이 맞는 것으로 판명되었나요? 그렇지 않다면, 이것은 가정에 대해 무엇을 말해 주나요?

개인 질문

  1. 자신은 터널 시야로 생각하는 사람인가요, 아니면 만화경 시야로 생각하는 사람인가요?

  2. 자신이 가정을 할 때, 어떤 부정적인 결과가 나온 적이 있나요? 긍정적인 결과는 있었나요? (예시를 공유합니다.)

  3. 만약 자신이 터널 시야로 생각하는 사람이라면, 이것에 만족하나요? 그렇지 않다면, 어떻게 변화시킬 수 있을까요?

후속 활동

아이들에게 가정과 그 결과로 일어날 수 있는 부정적인 것들에 대한 이야기를 쓰게 합니다. 선택적인 활동은 김영주가 쓴 『달이 태양을 가릴 때』를 읽고 다양한 관점에 대해 논의하는 것입니다.

길고 짧은 것

**인지
발달
2**

🧑 발달의 관점

가장 어려운 발달과제 중의 하나는 결과를 고려하는 방법을 배우는 것입니다. 구체적인 사고를 하는 이 나이대의 아이들은 종종 미래를 계획하는 데 어려움을 겪습니다. 하지만 좋은 결정을 내리기 위해서는 이 기술을 개발할 필요가 있습니다.

🐻 목표

▷ 행동에 따른 결과 알아내기
▷ 단기 결과와 장기 결과의 차이 파악하기

🎩 준비물

▷ 3명으로 구성된 각 그룹에게 제공할 '길고 짧은 것-게임판'(활동지 14)
▷ 각 그룹에게 제공할 '길고 짧은 것-답안지'(활동지 15)

💬 진행 절차

1. 수업을 시작하기 위해, 3명의 지원자들에게 2개의 짧은 역할극을 하게 합니다. 첫 번째 지원자에게, 교실에 들어와서 선생님(지원자)에게 숙제를 집에 두고 왔다고 알리는 학생 역할을 하도록 지시합니다. 세 번째 지원자에게, 선생님이 보지 않을 때 교실에 몰래 들어와 선생님의 지갑에서 많은 돈을 꺼내는 학생 역할을 하라고 지시합니다.

2. 지원자들에게 역할극을 하게 합니다. 그런 다음, 이러한 각 행동의 가능한 결과에 대한 논의에 아이들을 참여시킵니다. 단기 결과와 장기 결과를 구분하고, 두 번째 역할극에서 이 절도 행위가 아이의 학교생활기록부에 올라가면 그 결과가 장기적인 영향을 미칠 수 있고, 보호관찰을 받아야 하는 등의 사실을 강조합니다.

3. 아이들이 그 차이를 이해한다는 것을 보여 주기 위해 단기 결과와 장기 결과의

다른 사례들을 제시하게 합니다. 그런 다음, 아이들을 세 그룹으로 나눕니다. 각 그룹에 '길고 짧은 것-게임판'(활동지 14)을 나누어 줍니다. 그룹 중에 한 아이는 심판으로서 그 응답이 올바른지 여부를 판단하게 된다는 것을 설명합니다. 각 심판에게 해당하는 '길고 짧은 것-답안지'(활동지 15)를 줍니다. 나머지 두 아이는 번갈아 가며 사각형을 선택하고, 그것이 단기 결과인지 장기 결과인지를 심판에게 확인한 다음, 응답이 맞으면 S(단기 표시용) 또는 L(장기 표시용)을 그 사각형에 표시합니다. 한 아이가 게임판에 3개의 L 또는 3개의 S를 연속으로 가지고 있을 때 게임은 종료됩니다(빙고 게임처럼). 총 3번의 게임을 진행합니다. 그러면 모든 사람이 게임을 하고 심판을 해 볼 수 있습니다.

4. 내용 질문과 개인 질문을 통해 활동을 진행합니다.

🗨️ 토론

내용 질문

1. 결과란 무엇인가요?
2. 단기 결과와 장기 결과의 차이점은 무엇인가요?
3. 어떤 일을 하기로 결정했을 때 결과를 고려하는 것이 중요하다고 생각하나요?
4. 결과를 바꾸기 위해 할 수 있는 일이 있나요?
5. 단기 또는 장기 결과 중 어느 것이 더 변경하기 어려울까요? 왜 그럴까요?

개인 질문

1. 단기 결과와 장기 결과 중 어느 것을 파악하기가 더 쉬운가요?
2. 평소에 결과를 잘 예측하나요? 만약 그렇다면, 그것이 행동에 차이를 만든다고 생각하나요?
3. 결과를 잘 예측하지 못하는 사람들을 본 적 있나요? 만약 그렇다면, 그것이 그 사람에게 어떤 영향을 미쳤나요?

👨‍🏫 후속 활동

학생들은 이 수업에서 사용된 것과 유사한 장기 결과와 단기 결과를 사용하여 자신만의 빙고 게임을 만들 수 있습니다. 게임의 제작자가 자신의 게임의 심판 역할을 맡고 아이들이 게임을 바꿔 가면서 진행하도록 합니다.

길고 짧은 것

〈게임 1〉

서로 번갈아 가며 사각형을 선택합니다. 사각형에 쓰인 내용을 읽고 그 결과가 '단기(S)' 결과 인지, '장기(L)' 결과인지 구별합니다. 매 차례가 끝날 때마다 심판이 정답을 알려 줄 것입니다. 만약 정답이라면, 선택했던 사각형에 S 또는 L을 표시합니다. 한 참가자가 3개의 S 또는 L로 한 줄을 만들면 게임이 끝납니다.

1. 저녁식사 시간에 늦게 들어와서, 하루 동안 외출금지를 당했습니다.	2. 친구와 너무 많이 싸워서, 3개월 동안 스쿨버스의 지정석에 앉아야 합니다.	3. 어두운 곳에서 책을 많이 읽어서 앞으로 안경을 써야 합니다.
4. 할머니를 위해 쿠키를 만들어서 드렸는데 용돈을 주셨습니다.	5. 강아지에게 깜빡하고 먹이를 주지 않은 바람에 어제는 아무것도 먹이지 않았습니다. 그래서 아버지는 강아지를 다른 곳에 보내 버리기로 했습니다.	6. TV를 보느라 숙제를 하지 않았습니다. 숙제를 끝내기 위해 휴일 동안 집에 있어야 했습니다.
7. 외투를 입지 않고 밖에서 놀았다가 감기에 걸렸습니다.	8. 수영장이 개장한 첫날에 매점에서 사탕을 훔쳤습니다. 남은 여름 기간 동안 수영장에 갈 수 없습니다.	9. 형이 나의 배를 때려서 저녁 내내 자기 방에 있어야 합니다.

길고 짧은 것

〈게임 2〉

서로 번갈아 가며 사각형을 선택합니다. 사각형에 쓰인 내용을 읽고 그 결과가 '단기(S)' 결과인지, '장기(L)' 결과인지 구별합니다. 매 차례가 끝날 때마다 심판이 정답을 알려 줄 것입니다. 만약 정답이라면, 선택했던 사각형에 S 또는 L을 표시합니다. 한 참가자가 3개의 S 또는 L로 한 줄을 만들면 게임이 끝납니다.

1. 선생님께서 내가 학교에서 첫 두 달간 매우 모범적이었기 때문에 남은 기간 동안 반장을 맡으면 좋겠다고 했습니다.	2. 어제 친구에게 쿠키를 주었더니, 오늘 그 친구가 디저트를 줘서 나누어 먹었습니다.	3. 열심히 공부를 해서 좋은 성적을 받았습니다.
4. 공부를 하지 않았기 때문에 밖에 나가서 놀 수 없습니다.	5. TV에서 무엇을 볼지 싸웠더니 엄마가 일주일 동안 일찍 자게 했습니다.	6. 나쁜 친구들의 심술궂은 장난에 가담하지 않았기 때문에 이들에게 괴롭힘을 당합니다.
7. 사회 과목 퀴즈에서 어려운 문제의 정답을 맞혀서 상을 받았습니다.	8. 너무 화가 나서 유리문을 주먹으로 쳤더니 손이 부러졌습니다.	9. 연설을 잘해서 다음 해에 반장으로 선출되었습니다.

길고 짧은 것

〈게임 3〉

서로 번갈아 가며 사각형을 선택합니다. 사각형에 쓰인 내용을 읽고 그 결과가 '단기(S)' 결과인지, '장기(L)' 결과인지 구별합니다. 매 차례가 끝날 때마다 심판이 정답을 알려 줄 것입니다. 만약 정답이라면, 선택했던 사각형에 S 또는 L을 표시합니다. 한 참가자가 3개의 S 또는 L로 한 줄을 만들면 게임이 끝납니다.

1. 다른 아이들은 내가 멍청한 대답을 했다고 생각해서 나를 비웃었습니다.	2. 사람들에게 미소를 지었더니 내게 친절하게 대해 주었습니다.	3. 지난주에 친구들을 도와주었더니 친구들이 내 일을 도와주었습니다.
4. 엄마의 말을 듣지 않아서 외출금지를 당했습니다.	5. 저녁을 골고루 먹었더니 상으로 후식을 받았습니다.	6. 동생을 도와주었더니 동생이 내가 하기 싫어하는 집안일을 대신해 주었습니다.
7. 작년에 과학과 수학 시험에서 나쁜 성적을 받아서 여름 보충 수업에 가야 하기 때문에, 이번 여름에는 야구를 할 수 없습니다.	8. 어떤 아이의 자전거를 훔쳤기 때문에 그에게 새 자전거를 사 주기 위해 1년 내내 토요일마다 일해야 합니다.	9. 요양원에서 어르신들께 잘해 드려서 상을 받았습니다. 이 상은 학교에 계속 전시된다고 합니다.

길고 짧은 것

지도자 유의사항: 심판들이 자신이 판정하는 게임의 정답만 볼 수 있도록 각각 자릅니다.

게임 1: 정답	게임 2: 정답	게임 3: 정답
참가자는 번갈아 가며 사각형을 선택하고, 거기에 적힌 내용을 읽고, 결과를 단기(S) 또는 장기(L)로 구분합니다. 각 참가자의 순서가 끝난 후에 정답을 알려 줍니다.	참가자는 번갈아 가며 사각형을 선택하고, 거기에 적힌 내용을 읽고, 결과를 단기(S) 또는 장기(L)로 구분합니다. 각 참가자의 순서가 끝난 후에 정답을 알려 줍니다.	참가자는 번갈아 가며 사각형을 선택하고, 거기에 적힌 내용을 읽고, 결과를 단기(S) 또는 장기(L)로 구분합니다. 각 참가자의 순서가 끝난 후에 정답을 알려 줍니다.
1. 단기	1. 장기	1. 단기
2. 장기	2. 단기	2. 단기
3. 장기	3. 단기	3. 단기
4. 단기	4. 단기	4. 단기
5. 장기	5. 단기	5. 단기
6. 단기	6. 단기	6. 단기
7. 단기	7. 단기	7. 장기
8. 장기	8. 장기	8. 장기
9. 단기	9. 장기	9. 장기

정말 합리적인

👤 발달의 관점

이 나이대의 아이들은 보다 논리적으로 생각하고 좀 더 현실적으로 추론할 수 있습니다. 그러나 여전히 그들은 가정을 하고, 과잉일반화하며, 정보를 왜곡하는 일이 흔합니다. 합리적인 사고 기술을 배우는 것은 아이들의 인지 발달에 중요한 부분입니다.

👩‍🏫 목표

▷ 비합리적 신념의 개념 이해하기
▷ 비합리적 신념을 확인하는 방법 배우기

👷 준비물

▷ 4명으로 구성된 각 그룹에게 제공할 '정말 합리적인-역할극 상황'(활동지 16)

👩‍💼 진행 절차

1. 3명의 지원자를 뽑으면서 수업을 시작합니다. 한 명은 교장 선생님 역할을 하고, 두 명은 학생 역할을 할 것입니다. 지원자들에게만 따로 교장 선생님이 운동장에서 싸운 두 명의 학생들을 끌고 교실로 걸어 들어갈 것이라고 설명합니다. 당신은 선생님 역할을 맡습니다. 교장 선생님이 학생들을 데리고 들어올 때, 다음과 같이 말할 것입니다. "당신은 이 학생들을 통제할 수 없나요? 운동장에서 싸우다니요. 학생들이 이런 행동을 하면 안 되는 거 아시잖아요."

2. 역할극을 실시합니다. 교장 선생님이 당신에게 말을 한 후에, 당신은 학생들에게 다음과 같이 말합니다.

   아, 나는 정말 끔찍한 교사이고, 이런 행동을 하는 너희들은 정말 끔찍한 학생이야. 너희들은 왜 항상 못된 행동만 하니? 이제 교장 선생님은 내 수업에서 우리 반을 운동장에 못 나가게 할 것이고, 나를 학생들을 통제하지 못하는 형편없는 교사라고 생각할 거야. 나는 처음부터 교사가 되지 말았어야 했어. 모든 교사들이 나에 대해 이야기할 것이고, 운동장에 있는 모든 학생들에게 너희 둘이 얼마나 끔찍한지 소문이 나겠지. 너희 둘은 이제 똑바로 행동해야 해. 어쨌든 너희들은 4학년이잖아. 이건 정말 나쁜 상황이야. 이보다 더 나쁜 상황은 없을 거야.

3. 아이들에게 이런 반응을 분석해 보라고 합니다. 선생님이 과잉반응했다고 생각하나요? 그렇다면 어떻게 그런가요? 선생님이 한 말 중에서 과장(지나치게 부풀리는 것)된 표현이라고 생각하는 것은 무엇인가요? 비현실적이라고 생각하는 것은 무엇인가요? 아이들이 구체적으로 말하도록 격려합니다. 토론의 결과로서 예를 들어 설명하면서 다음과 같은 비합리적인 신념을 알아봅니다.

   ▶ 과잉일반화: 마치 상황이 항상 이런 것처럼 보이게 하는 것
   사례: 이제 교장 선생님은 내 수업에서 우리 반을 운동장에 못 나가게 할 것이고, 나를 학생들을 통제하지 못하는 형편없는 교사라고 생각할 것이다.

   ▶ 과장: 상황을 지나치게 부풀리는 것
   사례: 모든 교사들이 나에 대해 이야기할 것이고, 운동장에 있는 모든 학생들에게 너희 둘이 얼마나 끔찍한지 소문이 날 것이다. 이보다 더 나쁜 상황은 없을 것이다.

   ▶ 자기비하: 일어난 일 때문에 자신이 형편없다고 생각하는 것
   사례: 나는 정말 끔찍한 교사이다. 나는 처음부터 교사가 되지 말았어야 했다.

   ▶ 당위적 사고: 자신이나 다른 사람이 어떻게 행동해야 하는지에 대한 엄격한 기준을 갖는 것
   사례: 너희 둘은 이제 똑바로 행동해야 한다.

   많은 비합리적 신념들은 항상 또는 절대와 같은 단어들을 포함하고 있다는 것을 강조합니다. 이러한 신념은 현실을 반영하지 않습니다. 예를 들어, 학생들이 한 번 싸웠다고 해서 정말 끔찍할까요? 제자들이 버릇없이 굴었다고 해서 그 교사는 끔찍한 교사인가요?

4. 아이들에게 이런 비합리적인 사고가 도움이 된다고 생각하는지 물어봅니다. 그런 다음, '논박'이라고 알려진 과정을 통해 이러한 사고에 도전하는 방법을 보여 줍니다. 논박을 할 때는 다음과 같은 질문을 스스로에게 합니다. "학생 두 명이 싸웠다는 이유만으로 내가 형편없는 교사라는 증거가 있을까? 그리고 학생들이 이런 문제를 겪었다고 해서, 모든 사람들이 나에 대해 이야기하거나 내가 형편없다고 생각할까? 평소에 교사로서 일을 잘하지 않았나? 이게 정말 일어날 수 있는 최악의

일일까?"

5. 아이들을 4명씩 한 그룹으로 나눕니다. 각 그룹에게 '정말 합리적인−역할극 상황' (활동지 16)을 하나씩 줍니다. 그룹에게 매우 비현실적이고 비합리적으로 상황을 연기하도록 요청합니다. 연습 시간이 조금 지난 후, 아이들에게 상황극을 발표하도록 합니다. 각 단계 후에 비합리적 신념을 파악하는 데 나머지 그룹을 참여시킵니다. 모든 그룹이 발표하고 토론한 후, 각 그룹이 다시 상황극을 발표하도록 합니다. 이번에는 상황극에서 합리적인 신념 또는 논박을 보여 줍니다.

6. 내용 질문과 개인 질문을 통해 활동을 진행합니다.

토론

내용 질문

1. 비합리적 신념의 예시들은 무엇인가요?
2. 비합리적 신념을 갖는 것이 좋다고 생각하나요, 아니면 나쁘다고 생각하나요?
3. 비합리적 신념들을 어떻게 없앨 수 있을까요?

개인 질문

1. 자신이나 자신이 아는 누군가가 이러한 비합리적 생각을 하나요?
2. 비합리적 생각을 했을 때, 그 상황이 처음 생각했던 것만큼 끔찍하게 되었나요?
3. 비합리적 신념을 논박하는 데 성공했나요?

후속 활동

비합리적 신념의 목록을 작성합니다. 아이들을 두 줄로 세웁니다. 첫 번째 줄의 맨 앞에 선 아이에게 불합리한 신념을 읽어 주고, 그 신념에 대한 논박의 예를 들어 보라고 요청합니다. 그런 다음, 두 번째 줄의 아이에게 동일한 신념에 대한 논박의 다른 예를 들도록 요청합니다. 그 후 이 아이들은 줄의 맨 뒤로 이동하고 다음 순서의 두 아이를 대상으로 다른 비합리적 신념의 절차를 계속 진행합니다. 신념을 전부 읽어 주고 모든 아이들이 논박을 해 볼 때까지 활동을 계속합니다.

정말 합리적인

지도자 유의사항: 4명으로 구성된 그룹이 각각 하나의 역할극 상황을 받도록 잘라서 나누어 줍니다.

상황 1

당신과 형이 잠자리를 제대로 정리하지 않아서 아빠와 엄마가 매우 화가 났습니다.

(예: 당신과 형은 무엇 하나 제대로 하는 것이 있나요?)

상황 4

여동생이 당신의 방에 들어와서 책 한 권을 가져갔습니다. 이 사실을 알고는 화가 나서 부모님께 고자질하러 뛰어갑니다.

(예: 그 애는 세상에서 가장 최악의 여동생입니다.)

상황 2

당신과 친구 두 명은 열심히 준비한 과학 프로젝트에서 C를 받았습니다. 선생님은 당신이 이런 점수를 받은 것을 믿을 수가 없습니다.

(예: 우리는 너무 멍청해서 아마 과학 과목에서 낙제할 것입니다.)

상황 5

당신은 개한테 먹이 주는 것을 잊었고, 형은 고양이 배설물을 치워야 하는데 그러지 않았습니다. 부모님은 두 사람이 얼마나 무책임한지에 대해 화가 많이 났습니다.

(예: 당신은 항상 무책임합니다.)

상황 3

당신의 가장 친한 친구는 점심시간에 다른 사람 옆에 앉아서 당신과 당신 옆에 앉아 있는 사람을 계속 쳐다봅니다.

(예: 그 친구는 당신에 대해 심한 말을 하고 있을 것입니다.)

상황 6

스케이팅 동아리에서 트레이너가 점프하는 법을 가르쳐 주었습니다. 트레이너는 당신과 두 명의 아이들에게 그것을 해 보라고 했는데, 두 아이들은 성공했지만 당신은 하지 못했습니다.

(예: 당신은 점프를 절대로 못 배울 것입니다.)

문제와 해결책

발달의 관점

이 발달 단계에 있는 아이들은 문제를 해결하는 데 있어서 추론이 가능하고 다양한 관점을 고려할 수 있습니다. 아이들의 생각은 일반적으로 더 논리적이고 좀 더 현실적인 시야를 가지고 있습니다. 그러나 성숙해지고 보다 어려운 문제에 직면함에 따라, 아이들은 문제해결 과정을 수행할 수 있어야 합니다.

목표

▷ 문제해결 과정 배우기
▷ 문제해결 기술을 사용하여 연습하기

준비물

▷ 칠판
▷ 4명으로 구성된 각 그룹에게 제공할 이쑤시개 한 상자, 종이 한 장, 풀 한 통
▷ 마스킹 테이프
▷ '문제와 해결책–문제해결 단계'(활동지 17)

진행 절차

1. 아이들이 최근에 겪었던 문제와 그 문제를 해결하기 위해 어떤 단계를 거쳤는지 생각해 보라고 합니다. 아이디어를 이끌어 내고 문제해결 단계를 칠판에 씁니다.

2. 이 수업의 목적은 아이들이 문제해결을 연습할 수 있게 해 주는 것임을 알려 줍니다. 아이들을 4명씩 한 그룹으로 나누고 이쑤시개 한 상자, 종이 한 장, 그리고 풀 한 통을 각 그룹에 나누어 줍니다. 그룹으로서의 과제는 이쑤시개로 탑을 쌓는 것입니다. 종이를 탑의 밑받침으로 사용하고, 맨 밑에 있는 이쑤시개만 종이에 붙입니다(즉, 탑에 있는 다른 이쑤시개는 붙이지 않습니다). 그룹이 활동을 하는 데 약 15분을 줍니다. 전체 그룹과 탑에 대해 이야기 나눌 수 있는 시간을 제공

합니다.

3. 다음으로, '문제와 해결책—문제해결 단계'(활동지 17)를 교실에 게시합니다. 과정의 각 단계를 읽고 자세히 설명합니다. 아이들이 탑을 세울 때 어떻게 이 과정을 따랐는지 또는 따르지 않았는지 구체적인 사례를 공유하도록 합니다.

4. 그러고 나서 다음의 딜레마를 크게 읽습니다. 아이들에게 주의 깊게 듣도록 요청합니다. 그런 후에 이 딜레마에 적용되는 문제해결 과정의 각 단계를 다함께 수행합니다.

> 브래드는 비디오 가게에서 빌리려는 비디오를 찾고 있었고, 엄마는 다른 쪽 통로에 있었습니다. 브래드와 멀지 않은 곳에 한 남자가 있었는데 그 역시 비디오를 고르고 있었습니다. 어린 소녀가 다가와서 그 남자(분명히 소녀의 아빠인 것 같습니다)에게 사탕을 산다며 돈을 달라고 합니다. 남자는 1달러 지폐를 꺼내 소녀에게 건넸는데, 그러다가 5달러짜리 지폐가 바닥에 떨어졌습니다. 브래드는 바로 알아차리지는 못했습니다. 브래드가 아래를 내려다보는 순간, 그 남자가 가게에서 걸어 나가는 것을 보았습니다. 브래드는 5달러를 주웠습니다. 브래드는 무엇을 해야 할까요? 그는 모형 자동차를 갖고 싶었고… 5달러는 그것을 사기에 충분했습니다. 당신은 이 문제를 어떻게 해결할 것인가요?

5. 내용 질문과 개인 질문을 통해 활동을 진행합니다.

🧑‍🏫 토론

내용 질문

1. 탑을 쌓고 있을 때, 문제해결 과정의 단계를 따랐나요? 자신의 그룹은 어떤 단계를 잘했나요? 어떤 단계를 잘하지 못했나요?

2. 브래드의 딜레마에 이 과정을 적용하는 것이 쉽다고 생각했나요, 또는 어렵다고 생각했나요?

3. 이런 과정이 문제해결에 도움이 된다고 생각하나요? 왜 그런가요, 또는 왜 그렇지 않은가요?

개인 질문

1. 해결해야 할 문제가 있을 때, 이 수업에서 제시된 것과 유사한 단계를 사용하나요? 만약 그렇다면, 그 단계가 '실제' 문제를 해결하는 데 어떻게 도움이 될까요?

273

이러한 과정을 사용하는 것이 문제해결 능력에 어떤 영향을 미친다고 생각하나요?

2. 해결해야 할 문제가 있으면 주로 혼자 해결하려고 노력하나요? 아니면 다른 사람들에게 도움을 요청하나요? 만약 도움을 요청한다면, 어른이나 친구 또는 형제자매에게 요청하나요?

3. 이 수업에서 유용한 문제해결에 대해 무엇을 배웠나요?

👤 후속 활동

아이들을 그룹으로 나누어, 문제해결 과정을 보통의 또래 아이들이 겪는 문제에 적용하는 내용의 상황극으로 만들도록 합니다(예: 친구들과 싸우거나, 팀에서 마지막으로 선택되는 것).

문제와 해결책

11세

P 문제(Problem)를 명확히 정의합니다.

R 현실적으로(Realistically) 문제를 평가합니다: 큰 문제인가요? 작은 문제인가요?

O 모든 선택사항들(Options)을 생각합니다.

B 결과를 인지합니다(Be aware).

L 다른 사람들의 의견을 듣습니다(Listen).

E 선택사항들을 제거합니다(Eliminate).

M 문제해결 계획을 세웁니다(Make a plan).

REBT 기반 인성교육 프로그램

자기 발달
〈활동〉

1 지명수배: 나 같은 아이
2 나의 실수
3 나 그리고 내가 아닌 것
4 나는 어느 쪽인가요?

정서 발달
〈활동〉

1 소외감과 외로움
2 내 감정은 내가 만드는 거야
3 나는 왜 이런 기분일까요?
4 조롱과 거부 당하기

사회성 발달
〈활동〉

1 협력이 필요해
2 친구들과의 싸움
3 놀림을 무시하기
4 그들의 관점에서

인지 발달
〈활동〉

1 그건 선택이야
2 그게 말이 되나요?
3 연쇄 반응
4 의심스러운 결정

지명수배: 나 같은 아이

 발달의 관점

학령기의 자기 발달에 영향을 끼치는 주요한 요인은 또래의 영향입니다. 아이들은 새로운 기술을 성취하기 위해 노력할 때 자기평가뿐만 아니라 또래들로부터의 피드백을 받습니다. 또한 자신이 가진 능력의 특정 분야를 알게 되면서 자신감 부족을 경험하기 시작할 수 있으며, 이것은 다양한 방식으로 아이들에게 영향을 미칠 수 있습니다.

 목표

▷ 자신의 긍정적인 특성 알아보기

 준비물

▷ 각 아이에게 제공할 '지명수배: 나 같은 아이─문장 줄기'(활동지 1)가 들어 있는 봉투. 또는 활동지를 오버헤드 프로젝트로 띄우고 아이들이 목록에서 자신의 특성을 고르도록 할 수도 있습니다.

▷ 각 아이에게 제공할 미술용품: 연필, 크레용, 풀, 가위, 판지, 잡지, 실 등

▷ 각 아이에게 제공할 옷걸이와 여분의 미술용품(후속 활동용)

진행 절차

1. 아이들에게 '지명수배' 포스터를 본 적이 있는지 물어봅니다. 보통 지명수배자는 범죄자나 실종된 사람입니다. 아이들에게 자신의 좋은 자질을 강조하는 자신만의 지명수배 포스터를 만들 것이라고 말합니다. 우리는 자신이 할 수 없는 것이나 자신에 대해 좋아하지 않는 부분만 생각하는 경우가 너무 많습니다. 그렇게 생각하면 새로운 것을 시도하지 않거나 행복하다고 느끼지 못할 수 있다는 사실에 대해 논의합니다. 누구도 완벽하지 않다는 생각을 강조합니다. 모든 사람에게는 장단점이 다 있지만, 이 활동의 목적은 긍정적인 것에 초점을 맞추는

것입니다.

2. '지명수배: 나 같은 아이—문장 완성하기'(활동지 1)가 들어 있는 봉투와 미술용품들을 나누어 줍니다. 아이들이 봉투에 들어 있는 종이 쪽지를 읽고, 포스터를 만드는 데 사용하고 싶은 것 10개를 선택하라고 합니다. 미술용품을 자유롭게 사용하여 포스터를 만들 수 있지만, 결과물에는 각자 선택한 문장 완성하기의 내용이 어떻게든 드러나야 합니다.

3. 아이들을 그룹으로 나누어 지명수배 포스터에 대해 이야기 나눌 시간을 준 다음, 내용 질문과 개인 질문에 대해 토론합니다.

토론

내용 질문

1. 이 활동을 하면서 좋았던 점이나 싫었던 점은 무엇인가요?
2. 다른 사람들에게 알리고자 자신에 대한 긍정적인 면들을 확인하는 것에 대해 어떻게 느꼈나요?

개인 질문

1. 좋아하는 것보다 싫어하는 것에 대해 더 많이 생각하나요? 만약 그렇다면, 왜 그런다고 생각하나요? 바꾸고 싶은 것이 있나요?
2. 만약 학급 친구들이 자신보다 어떤 것을 더 잘한다면, 그것은 나에 대해 무엇을 말하나요? 다른 분야에서 나의 긍정적인 자질을 빼앗기는 것인가요?
3. 이 수업을 통해 자신에 대해 배운 것이 있나요? 만약 그렇다면 무엇인가요?

후속 활동

아이들이 옷걸이와 여분의 미술용품을 사용하여 자신에 대해 좋아하는 것을 모빌로 만들어 보게 합니다.

문장 완성하기

지명수배: 나 같은 아이

지도자 유의사항: 항목들을 잘라서 봉투 안에 넣은 뒤 각 아이들에게 한 세트씩 줍니다.

내가 가장 잘하는 것은…	나의 지능으로 할 수 있는 것은…
내가 최근에 배운 것은…	나의 유머 감각에서 내가 좋아하는 것은…
나 자신에 대해 가장 좋아하는 것은…	나의 사고방식 중에서 내가 좋아하는 점은…
내가 신체적으로 할 수 있는 것(빨리 달리기, 점프하기 등)은…	나를 가장 잘 묘사하는 단어 3개는…
내가 또래와 잘 지내는 방식 중 긍정적인 점은…	다른 사람들이 나에 대해 좋아하는 점은…
내가 어른(부모님, 선생님)과 잘 지내는 방식 중 긍정적인 점은…	내가 사람이나 동물에게 섬세하고 친절하다고 보여 주는 것은…
나의 독특하거나 남들과 다른 점은…	나의 외모 중에서 마음에 드는 점은…
내가 개선한 것 중의 하나는…	내가 자랑스럽게 생각하는 성과는…

12세

활동지 1

나의 실수

발달의 관점

이 발달 단계 동안, 학습과 숙달은 중요한 과업입니다. 아이들은 모든 것을 완벽하게 할 수는 없으며 실수는 학습의 일부라는 것을 이해해야 합니다. 이 나이대의 아이들은 다소 자기비판적인 경향이 있기 때문에, 모든 것을 제대로 하지 못할 때에도 자신이 부족하거나 어리석지 않다는 사실을 깨달을 수 있도록 도와주는 것이 중요합니다.

목표

▷ 실수하는 것과 실패하는 것 구별하기

준비물

▷ 칠판
▷ 각 아이에게 제공할 종이와 연필
▷ 풍선, 장난감 공, 침핀

진행 절차

1. 아이들에게 종이 한 장을 꺼내서 1~5의 번호를 매기도록 하면서 이 수업을 시작합니다. 아이들은 다음 퀴즈 질문에 참 또는 거짓으로 답해야 합니다.

   ▶ 질문 1: 어떤 사람이 실수를 한다면, 그것은 그 사람이 멍청하다는 것을 의미한다.

   ▶ 질문 2: 세상에는 절대 실수하지 않는 사람들이 있다.

   ▶ 질문 3: 실수를 하는 것은 정말 나쁘다.

   ▶ 질문 4: 어른들은 실수를 하지 않는다.

   ▶ 질문 5: 한 번 실수하면, 계속 실수할 것이다.

2. 다음으로, 칠판에 날짜와 시간을 틀리게 적습니다. 그런 다음, 여러 명의 아이들

을 불러서 퀴즈에 대한 답변을 공유하게 합니다. 일부러 엉뚱한 이름으로 부릅니다. 그런 다음, 칠판에 수업 주제를 쓰고 일부러 단어를 틀리게 씁니다.

3. 아이들에게 실수라는 단어를 정의하도록 도움을 요청합니다. 만약 어떤 사람이 실수를 한다면, 그 사람에 대해 뭐라고 말하는지 물어봅니다. 아이들이 당신이 한 실수를 알아채지 못했다면 이에 대해 언급하고, 퀴즈의 질문을 참고하여 다음에 대해 토론하도록 합니다. "선생님이 실수를 해서 멍청한가요? 이런 실수들이 정말 나쁜가요? 이것은 선생님이 앞으로도 실수를 할 것이라는 의미인가요? 실수하는 것은 자연스러운 일인가요?"

4. 다음으로, 풍선을 들고 불어 봅니다. 아이에게 풍선을 잡고 자신이 풍선인 척하라고 합니다. 그리고 아이에게 실수한 경험을 이야기하게 합니다. 아이가 설명을 마치자마자 풍선을 바로 터뜨립니다. 그런 다음, 장난감 공을 들고 같은 실수를 이야기하라고 합니다. 아이가 설명을 마치자마자 핀으로 공을 찌릅니다. 때때로 사람들이 실수를 할 때, 자신을 완전한 실패자―"나는 아무것도 아니다."―라고 생각한다는 것을 아이들에게 설명합니다. 이러한 생각을 한 번의 실수로 터진 풍선에 비유해 봅니다. 그리고 장난감 공에도 비교합니다. 실수가 있었지만 공은 사라지지 않았습니다. 작은 구멍이 몇 개 있었을지 모르지만, 그렇다고 해서 공 전체가 파괴된 것은 아닙니다. 사람들이 실수를 하는 경우는 이러하다고 설명합니다. 실수는 완전한 실패가 아니며, 한 번 실수한다고 해서 망가지는 것은 아닙니다.

5. 아이들에게 종이를 뒤집어서 예전에 실수했을 때를 떠올리며, 실수로 인해 무엇을 배웠는지를 쓰게 합니다.

6. 내용 질문과 개인 질문을 통해 활동을 진행합니다.

🧑‍🏫 토론

내용 질문

1. 만약 실수를 한다면, 그것은 자신에 대해 무엇을 말하나요?

2. 대부분의 사람들이 가끔 실수를 한다고 생각하나요?

3. 실수를 하는 것과 아예 시도하지 않는 것 사이에 차이가 있나요? 이 차이를 어떻게 설명할 수 있나요? 실수하는 것과 시도하지 않는 것 중에 어느 것이 더 나쁘다고 생각하나요?

개인 질문

    1. 실수할 때 기분이 어떤가요?

    2. 자신의 실수에 대해 자책하나요? 만약 그렇다면, 자책하는 것이 도움이 된다고 생각하나요? 다음번에 실수할 때 자신을 비하하지 않기 위해 스스로에게 무슨 말을 할 수 있을까요?

    3. 이 수업에서 실수에 대해 무엇을 배웠나요?

후속 활동

아이들에게 부모님이나 형제를 인터뷰하여 그들이 저지른 실수와 실수로부터 무엇을 배웠는지에 대해 질문하도록 합니다.

나 그리고 내가 아닌 것

 발달의 관점

이 발달 단계 동안 아이들은 점차 안정적이고 포괄적인 자기이해를 발달시킵니다. '나'와 '내가 아닌 것'이 무엇인지 이해하는 일은 이 과정의 중요한 부분입니다.

목표

▷ 나 자신과 비슷하거나 다른 특성을 찾아보기

준비물

▷ 각 아이에게 제공할 3개의 빈 봉투와 연필
▷ 각 아이에게 제공할 '나 그리고 내가 아닌 것−문장'(활동지 2)이 담긴 봉투

진행 절차

1. 각각의 아이들에게 3개의 빈 봉투와 연필을 줍니다. 먼저, 아이들에게 빈 봉투 하나에 '나'라고 쓰고, 또 다른 봉투에는 '내가 아닌 것'이라 쓰고, 세 번째 봉투에는 '나와 비슷하지만 그렇지 않은 것'이라고 쓰게 합니다. 다음으로, '나 그리고 내가 아닌 것−문장'(활동지 2)이 담긴 봉투를 나누어 준 뒤, 아이들에게 이 봉투 안에 있는 각각의 쪽지를 읽어 보라고 합니다. 해당 쪽지의 문장에 동의하면 '나' 봉투에 넣으라고 하고, 동의하지 않으면 '내가 아닌 것' 봉투에 넣으며, 다소 비슷하지만 그렇지 않으면 '나와 비슷하지만 그렇지 않은 것' 봉투에 넣으라고 합니다.
2. 아이들이 쪽지들을 분류한 후 그 결과를 파트너와 공유하게 합니다.
3. 내용 질문과 개인 질문에 대해 토론하고 활동을 진행합니다.

토론

내용 질문

    1. 봉투에 어떤 쪽지를 넣을지 결정하기가 어려웠나요? 어떤 문장이 다른 문장보다 더 어려웠나요?

    2. 자신의 몇몇 답변에 대해 놀랍지는 않았나요?

개인 질문

    1. 이 수업으로 자신에 대해 무엇을 배웠나요?

    2. 나이가 들면서 이 항목들에 대한 자신의 태도가 달라질 거라고 생각하나요? (변화 가능한 항목과 이유에 대한 예시를 공유합니다.)

후속 활동

아이들이 그룹으로 '나'와 '내가 아닌 것' '나와 비슷하지만 그렇지 않은 것'의 특징들에 근거해서 상황극을 만들게 합니다.

나 그리고 내가 아닌 것

지도자 유의사항: 항목들을 잘라서 봉투 안에 넣고 각 아이들에게 한 세트씩 줍니다.

12세

나는 바깥에서 노느니 차라리 텔레비전을 보겠다.	나는 새로운 상황에서 외향적이기보다는 수줍음을 타는 편이다.
나는 부모님과 함께 있는 것보다 친구들과 시간을 보내는 것이 더 좋다.	나는 친구들보다 키가 작지 않고 크고 싶다.
집에 있는 것보다 학교에 가는 것이 낫다.	집에 있는 것보다 교회에 가는 것이 낫다.
나는 국어보다 수학을 더 잘한다.	나는 정직하게 지는 것보다는 속임수를 써서 게임을 이기려고 한다.
나는 고양이보다 개가 더 좋다.	나는 햄버거보다 피자를 좋아한다.
나는 시골에서 사는 것보다 도시에서 사는 것이 더 좋다.	나는 진실을 말하기보다는 거짓말을 하겠다.
나는 형제자매가 있는 것보다 외동이고 싶다.	나는 지저분한 방보다 깨끗한 방을 원한다.
나는 여러 명보다는 한 명의 친구와 함께 놀고 싶다.	나는 술을 먹는 것보다 안 먹는 게 낫다고 생각한다.
나는 농구보다는 수영을 하고 싶다.	나는 담배를 피우는 것보다 피우지 않는 것이 더 낫다고 생각한다.
나는 운동보다는 노래를 더 잘한다.	나는 아버지보다 어머니와 더 가깝다.

나는 어느 쪽인가요?

 발달의 관점

아이들이 10, 11세가 될 무렵에는 발달 속도가 매우 다양하기 때문에 또래보다 수준 높은 5학년 학생들을 보는 것은 드문 일이 아니지만, 대부분의 아이들은 여전히 어린아이들의 특징적인 활동을 즐기고 있습니다. 아이들이 자신이 누구인지 알아내기 위해 고군분투할 때 성숙함의 차이는 매우 혼란스럽고 당혹스러울 수 있습니다.

목표

▷ 다양한 발달 속도와 관련된 감정 알아보기

준비물

▷ 각 아이에게 제공할 '나는 어느 쪽인가요?–사례연구'(활동지 3)와 연필
▷ 성장 과정을 설명하는 여러 소설과 비소설책(후속 활동용)

진행 절차

1. 사람들마다 성장 속도가 조금씩 다르며, 그 결과로 또래의 어떤 아이들은 어렸을 때 했던 게임을 하는 것에 만족하는 반면, 또 어떤 아이들은 좀 더 나이 많은 아이들이 하는 것에 더 관심이 있다는 사실에 대해 논의함으로써 이 수업을 시작합니다. 모든 사람은 있는 그대로의 자신이 될 권리가 있다는 사실을 강조합니다. 사람들은 또래의 다른 사람들이 그래야 한다고 생각해서 변할 필요는 없습니다.

2. 아이들에게 '나는 어느 쪽인가요?–사례연구'(활동지 3)를 나누어 줍니다. 활동지의 사례를 읽고 마지막에 질문에 답하도록 합니다. 아이들에게 원하지 않으면 답을 공유하지 않아도 된다는 것을 알려 줍니다.

3. 내용 질문과 개인 질문을 통해 활동을 진행합니다.

토론

내용 질문

>   1. 이 '사례연구'를 읽으면서 무엇을 배웠나요?

>   2. 이야기들 중에서 특별히 동의하는 것이 있나요? 동의하지 않는 것은 무엇이었
>   나요?

개인 질문

>   1. 더 어른스러워지는 것에 대해 어떤 점이 재미있다고 생각하나요?

>   2. 어렸을 때와 달라져서 아쉬운 점이 있나요?

>   3. 이 수업에서 자신 또는 자신의 삶에 적용되는 것으로 무엇을 배웠나요?

 후속 활동

아이들에게 성장 과정의 다양한 속도를 설명하는 소설이나 비소설 책을 읽게 합
니다. 예를 들면, 소중애의 『세상에 나쁜 아이는 없다』, 류현순의 『소심한 게 어때
서』가 있습니다.

12세

나는 어느 쪽인가요?

이름: _____   날짜: _____

〈안나의 사례〉

안나는 열두 살입니다. 여전히 인형을 가지고 노는 것을 좋아하고, 가끔 자신의 여동생과 여동생 친구들과 함께 시간을 보냈습니다. 이들은 이웃집 염탐놀이를 하고, 학교에서 놀기도 하며, 자전거 타기를 좋아했습니다. 하지만 최근에 안나는 여동생을 비롯하여 그 친구들과 함께 노는 것이 약간 우스꽝스럽다고 느껴졌습니다. 같은 학년의 몇몇 친구들이 자신이 왜 어린 동생들과 놀고 있는지 궁금해할까 봐, 동네에서 이들과 함께하는 것을 보이기 싫었습니다. 안나는 반 친구들에게 자신이 여전히 인형을 가지고 논다는 것을 절대 말하지 않았습니다. 친구들이 자신을 아기라고 부를까 봐 두려웠습니다. 모든 것이 약간 혼란스럽게 느껴집니다.

지난주에 안나는 파티에 초대를 받았습니다. 스케이트를 타고 피자도 먹으며 처음에는 재밌었습니다. 하지만 이후 몇몇 여자아이들이 남자아이들과 키스하는 것에 대해 이야기하기 시작했고, 이들은 남자아이들에게 전화를 걸기 시작했습니다. 안나는 기분이 이상했습니다. 마치 이 여자아이들이 자신보다 훨씬 더 어른인 것 같았습니다. 안나는 남자와 키스하는 것을 상상할 수 없었습니다. 자신에게도 남자친구들이 몇 명 있지만, 이 여자아이들이 하는 것처럼 그들을 생각하지 않았습니다. 안나는 자신에게 어떤 문제가 있는 것은 아닌지 궁금했습니다.

질문

1. 나는 누구와 더 비슷한가요? 안나인가요, 안나의 친구들인가요?

2. 어렸을 때 했던 일들을 아직도 하고 싶어 하나요?

3. 같은 관심사를 가지고 있는 또래의 다른 사람들을 알고 있나요?

4. 일부 또래 아이들이 어른스러운 일을 좋아한다거나 내가 다른 또래 아이들처럼 행동하지 않는다고 해서, 그것이 내가 이상하다는 것을 의미하나요? 아니면 단지 다른 사람들과 다른 속도로 성장하고 있다는 것을 의미하나요?

나는 어느 쪽인가요?

〈테렐의 사례〉

테렐과 티론은 같은 동네에 살았습니다. 이들은 유치원 때부터 가장 친한 친구 사이였습니다. 하지만 열두 살이 되면서부터는 함께 보내는 시간이 그리 많지 않았습니다. 학교에서 집으로 걸어가고 있던 어느 날, 티론이 테렐에게 담배를 권했습니다. 테렐은 충격을 받았습니다. 티론이 그런 것을 할 줄은 전혀 몰랐습니다. 테렐은 처음에는 거절했지만, "뭐야, 너 아직도 애야?" 하는 티론의 말에 결국 담배 한 대를 잡았습니다.

그 후로 또 어느 날, 테렐이 티론에게 자전거를 타거나 야구하고 싶지 않느냐고 했을 때, 티론은 그를 비웃으며 그런 것들은 어린애들이나 하는 거라고 말했습니다. 그러면서 차라리 오락실에서 시간을 보내겠다고 했습니다. 테렐은 기분이 정말 나빴습니다. 이들은 오랫동안 친구였지만, 더 이상 공통점이 별로 없는 것 같았습니다. 티론은 테렐이 느끼는 것보다 훨씬 더 어른인 것처럼 행동했습니다.

질문

1. 나는 누구와 더 비슷한가요? 티론인가요, 테렐인가요?

2. 어렸을 때 했던 일들을 아직도 하고 싶어 하나요?

3. 같은 관심사를 가지고 있는 또래의 다른 사람들을 알고 있나요?

4. 일부 또래 아이들이 어른스러운 일을 좋아한다거나 내가 다른 또래 아이들처럼 행동하지 않는다고 해서, 그것이 내가 이상하다는 것을 의미하나요? 아니면 단지 다른 사람들과 다른 속도로 성장하고 있다는 것을 의미하나요?

소외감과 외로움

발달의 관점

아이들이 아동기 중후반부에 접어들면서, 또래 집단에서의 수용은 더욱 중요해집니다. 이와 관련하여 아이들은 소외되거나 팀에 뽑히지 않는(또는 마지막으로 뽑히는) 것에 두려움을 느낍니다. 종종 자신의 감정을 말로 표현하는 것을 주저하거나 잘하지 못하기 때문에 소외되고 외로움을 느끼는 사람은 자신뿐이라고 생각합니다. 아이들에게 이런 식으로 느끼는 것은 혼자만이 아니라는 것을 알게 하고, 이러한 정서를 다룰 수 있는 몇 가지 방법을 알려 주는 것이 중요합니다.

목표

▷ 다른 사람도 거절당하고 외로움을 느낀다는 것 배우기
▷ 거절과 외로움을 다루는 효과적인 방법 배우기

준비물

▷ 각 아이에게 제공할 '소외감과 외로움−활동지'(활동지 4)와 연필

진행 절차

1. '소외감과 외로움−활동지'(활동지 4)를 아이 한 명당 하나씩 나누어 줍니다. 아이들에게 '소외감과 외로움 찾기'에 참여할 것이라고 설명합니다. 이 활동의 목표는 활동지에 쓰여 있는 상황들과 같은 경험을 한 사람들을 찾는 것입니다.
2. 아이들이 활동지를 완성한 후(또는 대부분의 아이들이 서명을 받을 수 있는 충분한 시간이 지난 후), 내용 질문과 개인 질문에 대해 토론하고 활동을 진행합니다.

토론

내용 질문

1. 활동지에 서명할 사람을 찾기가 어려웠나요?

2. 생각보다 많은 사람들이 소외되고 외로움을 느낀다는 것에 놀랐나요?

개인 질문

1. 소외되고 외롭다고 느껴 본 적이 있나요? 만약 그렇다면, 그것은 자신에게 어땠나요?

2. 어떤 사람이 소외되었을 때 자신의 활동 중 하나에 그를 끼워 준 적이 있었나요? 반대로 누군가 자신을 끼워 준 적이 있나요?

3. 소외되어 외로움을 느낄 때 자신의 감정을 다스리기 위해 무엇을 하나요?

4. 만약 자신이 소외된다면, 그것은 아무도 나를 좋아하지 않는다는 것을 의미하나요? 그것은 무엇을 의미하나요?

 후속 활동

아이들에게 외로워 보이거나 소외된 사람에게 활동을 같이 하자고 권유하는 것에 대해 생각해 보라고 합니다.

소외감과 외로움

이름: _____   날짜: _____

지시사항: 활동지 상단에 이름과 날짜를 씁니다. 그런 뒤에 교실을 돌아다니며 다른 사람들에게 다음의 상황 중 하나를 경험한 적이 있는지 질문합니다. 만약 그렇다면, 해당 항목의 밑줄에 서명하게 합니다. 한 사람당 1개의 서명만 받고, 모든 공간에 서명이 채워지면 자리에 앉습니다.

이름

1. 운동 경기 팀에서 마지막으로 뽑혔습니다. _____

2. 친구의 생일파티에 초대받지 못했습니다. _____

3. 친구의 집에서 하룻밤 자고 가라는 초대를 받지 못했습니다. _____

4. 쉬는 시간에 아이들과 놀 때 팀에 뽑히지 않았습니다. _____

5. 학급 활동에서 소외된 적이 있습니다. _____

6. 형제자매는 가족 나들이를 갔지만 나는 가지 못했습니다. _____

7. 점심시간에 친한 친구에게서 같이 앉자는 말을 듣지 못했습니다. _____

8. 맞춤법 대회에서 제일 마지막으로 뽑혔습니다. _____

9. 학급 도우미로 선발되지 못했습니다. _____

10. 발야구 게임에서 퇴장을 당했습니다. _____

내 감정은 내가 만드는 거야

정서
발달
2

 발달의 관점

이 나이대의 아이들은 자신이 타인의 불편한 감정에 대한 직접적인 원인이 아니라는 사실을 깨닫기 시작합니다. 하지만 아이들은 어쩔 수 없이 무언가 혹은 누군가가 자신이 특정한 감정을 느끼게 '만든다'고 생각합니다. 아이들은 학업, 또래 관계, 운동부나 동아리 등의 활동 중에 겪는 경쟁에 완벽하게 대처하고자 함에 따라 훨씬 부정적인 감정을 경험하게 됩니다. 그러므로 아이들이 감정적으로 통제력을 가지고 있다는 사실을 이해하도록 돕는 것이 중요합니다.

목표

▷ 타인이 자신의 감정을 만들지 않는다는 것 배우기
▷ 생각과 감정 사이의 연관성 이해하기

준비물

▷ 각 아이에게 제공할 '내 감정은 내가 만드는 거야–시나리오'(활동지 5)와 연필
▷ 2명으로 구성된 그룹에게 제공할 '내 감정은 내가 만드는 거야–활동지'(활동지 6)

진행 절차

1. 아이들에게 사람들이 같은 상황에 대해 항상 똑같은 생각을 하는지 물어봄으로써 수업을 시작합니다. 모든 사람들이 항상 같은 감정을 느끼는 것은 아니라는 말에 동의하는 아이들에게 견해의 차이를 보여 주는 사례를 설명하도록 요청합니다. 이때 아이들로 하여금 어떤 것에 대해 생각하는 방식이 감정에 영향을 미친다는 사실을 이해할 수 있도록 합니다. 예를 들어, 만약 눈이 거의 내리지 않는 기후에서 산다면, 썰매나 스키를 타는 일이 거의 없기 때문에 눈보라가 치고 있다는 말을 듣는다면 매우 흥분할 것입니다. 하지만 눈이 많이 내리는 기후에 살면, 눈도 지겹고 썰매나 스키도 질릴 수 있으니 눈보라가 온다는 소식을 들으

면 실망할 것입니다.

2. 각 아이에게 '내 감정은 내가 만드는 거야-시나리오'(활동지 5)를 줍니다. 아이들에게 시나리오를 읽고 빈칸에 자신의 생각과 감정을 모두 적어 보게 합니다. 다 끝난 후에는 파트너와 함께 생각과 감정을 토론하게 합니다.

3. 파트너들과 이야기를 나눈 후에, 내용 질문과 개인 질문에 대해 토론합니다.

4. 내용 질문에 대해 토론한 후, 각 파트너에게 '내 감정은 내가 만드는 거야-활동지'(활동지 6)를 나누어 줍니다. 아이들에게 1부의 마지막 부분에 있는 질문에 답하도록 합니다. 질문에 대한 아이들의 답변을 검토하고, 주요 개념을 다음과 같이 요약합니다.

> 일상에서, 우리가 어떤 상황에 대해 어떻게 생각하는지는 그것에 대해 느끼는 방식에 영향을 미칩니다. 만약 어떤 상황이 끔찍하고 견딜 수 없다고 생각한다면, 아마도 매우 화가 나거나, 속상하거나, 좌절감을 느낄 것입니다. 그러나 이 상황이 싫지만 세상이 끝난 것도 아니고 굳이 신경 쓰거나 화낼 필요가 없다고 생각한다면, 실망하거나 조금 속상하겠지만 크게 화내거나 분노하지는 않을 것입니다.

5. 아이들에게 2부를 완성하게 합니다. 각자 화가 나거나 기분이 언짢았던 상황을 생각합니다. 이러한 상황을 간략하게 설명한 후, 활동지 1부에 있는 사례를 사용하여 생각을 달리 함으로써 자신의 감정을 바꿀 수 있는지 함께 알아봅니다.

6. 아이디어를 공유하고 과정에 대해 토론할 시간을 준 다음, 개인 질문에 대해 토론합니다.

🧑‍🏫 토론

내용 질문

1. 각 시나리오의 감정에 대해 파트너와 의견이 일치했나요? 만약 그렇지 않았다면 왜 그런다고 생각하나요?

2. 시나리오의 첫 번째 상황이 아이들을 항상 화나게 만든다는 의견에 대해 어떻게 생각하나요? 그게 사실이라고 생각하나요?

3. 사람 또는 상황이 나의 감정을 느끼게 만든다고 생각하나요? 아니면 나에게 선택권이 있다고 생각하나요?

4. 생각과 감정 사이에 어떤 연관성이 있나요?

개인 질문

1. "그 사람이 나를 화나게 만들었어."라거나 "그것이 나를 정말 속상하게 했어."라고 말한 적이 있나요?

2. 다른 사람이 자신을 화나게 만들거나 상처를 줄 수 있다고 생각하나요? 아니면 스스로가 그렇게 느끼는 것일까요? 만약 스스로 느끼는 것이라고 생각한다면, 어떻게 그런 일이 일어날까요?

3. 이 수업에서 배운 것 중에서 언젠가 감정으로 인해 어려움을 겪을 때 도움이 될 만한 것이 있었나요?

 후속 활동

아이들에게 자신의 말에 집중하도록 합니다. "그 사람이 나를 …하도록 만들었어." 또는 "그들은 나를 너무 화나게 만들었어."와 같은 말을 하는 것을 발견할 때마다, 스스로 자신의 언어인 "나는 …에 대해 화가 났어."로 바꾸도록 하는 것입니다. 또한 다른 사람들이 실제로 우리에게 아무것도 느끼게 하지 않는다는 것을 더 잘 알 수 있도록, 정중하게 다른 사람들에게 말해 볼 수 있습니다.

12세

내 감정은 내가 만드는 거야

이름: _____ 날짜: _____

지시사항: 다음의 각 시나리오를 읽습니다. 먼저 이 상황에 대해 어떻게 생각하는지 파악해 봅니다. 예를 들어, 만약 나이가 더 많은 아이가 자신에게 이래라 저래라 해서는 안 된다고 생각한다면, 다음 첫 번째 시나리오에 대해 짜증이 나거나 화가 날 수 있습니다. 그러나 발야구 말고도 할 수 있는 일이 또 있고, 발야구를 하든 말든 특별히 신경 쓰이지 않는다고 생각한다면, 이러한 상황을 대수롭지 않게 여기면서 그리 큰 문제가 아니라고 느낄 수 있습니다. 각 상황에 대한 감정을 파악한 후, 자신이 어떻게 느끼는지를 빈칸에 적습니다.

1. 동네에서 발야구를 하고 있습니다. 나이 많은 아이 중 한 명이 다가와서 발야구를 하지 말라고 합니다.

   나의 생각: _____

   나의 감정: _____

2. 엄마와 함께 식료품점에 있습니다. 나는 엄마가 초콜릿을 사 주시기를 바라지만, 엄마는 우유와 시리얼을 살 돈밖에 없다고 말합니다.

   나의 생각: _____

   나의 감정: _____

3. 우리 반은 학교 조례에서 공연할 예정입니다. 선생님은 가장 좋은 옷을 입고 좋은 신발을 신으라고 말합니다. 나는 멋진 옷이 없고 신발도 한 켤레밖에 없습니다.

   나의 생각: _____

   나의 감정: _____

4. 아빠에게 법적인 문제가 생겨서 교도소에 가야 합니다. 학교 아이들은 이 사실을 알고 나를 놀리기 시작합니다.

   나의 생각: _____

   나의 감정: _____

내 감정은 내가 만드는 거야

5. 점심 겸 쉬는 시간에 밖으로 나갔습니다. 농구를 하고 싶지만 이미 너무 많은 아이들이 놀고 있습니다.

　　나의 생각: ＿＿＿＿＿＿＿＿＿＿＿＿＿＿＿＿＿＿＿＿＿＿＿＿＿＿＿＿

　　나의 감정: ＿＿＿＿＿＿＿＿＿＿＿＿＿＿＿＿＿＿＿＿＿＿＿＿＿＿＿＿

6. 친구 두 명이 교내식당에서 자기들끼리만 앉아 있습니다. 그들은 내가 있는 쪽을 보고 비웃으며 속삭이기 시작합니다.

　　나의 생각: ＿＿＿＿＿＿＿＿＿＿＿＿＿＿＿＿＿＿＿＿＿＿＿＿＿＿＿＿

　　나의 감정: ＿＿＿＿＿＿＿＿＿＿＿＿＿＿＿＿＿＿＿＿＿＿＿＿＿＿＿＿

7. 지난밤에 머리를 잘랐습니다. 너무 마음에 듭니다. 하지만 오늘 아이들이 웃기게 잘랐다며 나를 놀려 댑니다.

　　나의 생각: ＿＿＿＿＿＿＿＿＿＿＿＿＿＿＿＿＿＿＿＿＿＿＿＿＿＿＿＿

　　나의 감정: ＿＿＿＿＿＿＿＿＿＿＿＿＿＿＿＿＿＿＿＿＿＿＿＿＿＿＿＿

8. 반 친구 중 한 명이 토요일에 롤러블레이드를 타러 가자고 합니다. 그러나 엄마는 가면 안 된다고 말합니다.

　　나의 생각: ＿＿＿＿＿＿＿＿＿＿＿＿＿＿＿＿＿＿＿＿＿＿＿＿＿＿＿＿

　　나의 감정: ＿＿＿＿＿＿＿＿＿＿＿＿＿＿＿＿＿＿＿＿＿＿＿＿＿＿＿＿

9. 동네 아이들 몇 명이 소풍을 가려고 하는데, 나에게 함께 가자고 초대하지 않습니다.

　　나의 생각: ＿＿＿＿＿＿＿＿＿＿＿＿＿＿＿＿＿＿＿＿＿＿＿＿＿＿＿＿

　　나의 감정: ＿＿＿＿＿＿＿＿＿＿＿＿＿＿＿＿＿＿＿＿＿＿＿＿＿＿＿＿

10. 남동생이 내가 없을 때 방에 들어와서 내 물건 하나를 가져갑니다.

　　나의 생각: ＿＿＿＿＿＿＿＿＿＿＿＿＿＿＿＿＿＿＿＿＿＿＿＿＿＿＿＿

　　나의 감정: ＿＿＿＿＿＿＿＿＿＿＿＿＿＿＿＿＿＿＿＿＿＿＿＿＿＿＿＿

내 감정은 내가 만드는 거야

1부

지시사항: 다음 두 가지 상황을 읽고 토론한 다음, 파트너와 함께 질문에 대답합니다.

〈쉐니쿠아와 샨텔〉

쉐니쿠아와 샨텔은 점심을 먹기 위해서 줄을 섰습니다. 앞에 있는 두 소녀가 계속 뒤를 돌아보더니 킥킥거리며 속삭이기 시작합니다.

내가 쉐니쿠아라고 가정합니다. 나는:

▶ 나를 쳐다보고 있는 두 명의 소녀를 봅니다.

▶ 그들이 킥킥거리고 속삭이는 것을 듣습니다.

▶ '쟤네가 킥킥거리면서 우리에 대해 수근거리고 있잖아. 정말 끔찍해. 쟤네들은 우리를 놀리면 안 돼.'라고 생각합니다.

▶ 나는 화가 납니다.

이번에는 내가 샨텔이라고 가정합니다. 나는:

▶ 나를 쳐다보고 있는 두 명의 소녀를 봅니다.

▶ 그들이 킥킥거리고 속삭이는 것을 듣습니다.

▶ '쟤네가 킥킥거리면서 우리에 대해 수근거리는 것이 싫지만 신경 쓸 필요는 없어.'라고 생각합니다.

▶ 나는 약간의 짜증만 납니다.

내 감정은 내가 만드는 거야

〈타일러와 토마스〉

타일러와 토마스는 닌텐도를 하고 있습니다. 형이 들어오더니 저녁을 먹으려면 씻으라고 소리치기 시작합니다.

내가 타일러라고 가정합니다. 나는:

▶ 형이 방으로 걸어 들어오는 것을 봅니다.

▶ 형이 나에게 소리 지르는 것을 듣습니다.

▶ '형은 우리에게 소리칠 권리가 없어. 형은 항상 너무 심술궂어서 나는 형이 이러는 것을 참을 수가 없어.'라고 생각합니다.

▶ 나는 화가 납니다.

이번에는 내가 토마스라고 가정합니다. 나는:

▶ 형이 방으로 걸어 들어오는 것을 봅니다.

▶ 형이 나에게 소리 지르는 것을 듣습니다.

▶ '형이 이럴 때마다 정말 싫어. 너무 소리를 많이 질러. 왜 소리를 지르지 않고 조용히 씻으라고 하지 못하는지 모르겠어.'라고 생각합니다.

▶ 나는 짜증이 납니다.

질문

1. 똑같은 상황에 대해 왜 두 소녀가 다르게 느꼈다고 생각하나요?

2. 똑같은 상황에 대해 왜 두 소년이 다르게 느꼈다고 생각하나요?

3. '내 감정은 내가 만드는 거야-시나리오'의 각 상황들에 대해 당신과 파트너도 서로 다르게 느꼈나요? 만약 몇몇 시나리오에 대해 서로가 다르게 느꼈다면, 해당 시나리오를 다시 보며 각자의 생각에 대해 의견을 나누고, 생각을 바꾸면 감정도 바뀌는지 판단해 봅니다.

내 감정은 내가 만드는 거야

2부

지시사항: 화가 나거나 기분이 상했던 상황을 생각해 봅니다(한 명당 하나씩). 아래에 이러한 상황을 적습니다. 그리고 나서, 다르게 생각함으로써 감정을 바꿀 수 있는지 함께 알아봅니다. 1부에서의 사례들을 사용하여 도움을 받습니다.

파트너 1

내 상황: _____

_____

_____

_____

_____

파트너 2

내 상황: _____

_____

_____

_____

_____

**정서
발달
3**

나는 왜 이런 기분일까요?

발달의 관점

아동기가 가장 안정적인 발달 기간 중의 하나로 묘사되어 왔음에도 불구하고, 많은 아이들은 역기능적인 가족환경에서 살고 있습니다. 이 아이들은 이 시기에 겪는 평범한 경험이나 스트레스 요인 그 이상과 맞서야 합니다. 많은 아이들이 이러한 상황들과 더불어 불편한 감정으로 인해 어려움을 겪습니다. 그들이 이러한 감정을 파악하고, 표현하고, 효과적으로 대처하는 방법을 배우도록 돕는 것은 중요합니다.

12세

목표

▷ 일반적으로 경험하는 불편한 정서 파악하기
▷ 불편한 정서를 효과적으로 다루는 방법 배우기

준비물

▷ 4명으로 구성된 각 그룹에게 제공할 '나는 왜 이런 기분일까요?–게임판'(활동지 7)과 '나는 왜 이런 기분일까요?–상황 기록지'(활동지 8)
▷ 2명당 하나씩 제공할 게임 토큰과 동전

진행 절차

1. 아이들을 4명씩 한 그룹으로 나눕니다. 그리고 '나는 왜 이런 기분이 들까요?–게임판'(활동지 7)과 '상황 기록지'(활동지 8)를 나누어 줍니다. 4명으로 구성된 그룹 내에서, 각 파트너 한 쌍에게 게임 토큰과 동전을 줍니다.

2. 게임의 진행 절차를 설명합니다. 아이들은 한 팀이 되어 첫 번째 상황을 읽고, 어떻게 느낄지에 대해 이야기한 다음, 그 상황에 대처하는 방법 중 하나를 선택합니다(또는 직접 아이디어를 생각해 냅니다). 그런 다음, 각 파트너 한 쌍 중 한 명이 동전을 던져 파트너가 이동할 수 있는 칸 수(앞면=2칸, 뒷면=1칸)를 결정합니다.

3. 모든 상황을 다 읽거나, 게임판의 끝에 도달할 때까지 아이들은 게임을 계속 진행합니다.
4. 활동을 진행하기 위하여 내용 질문과 개인 질문에 대해 토론합니다.

🧑‍🏫 토론

내용 질문

1. 어떤 감정을 가장 많이 느꼈나요?
2. 한 가지 이상의 감정을 느낄 수 있는 상황들이 있었나요? (예시를 공유합니다.)
3. 이런 감정들을 어떻게 다룰지 생각하기가 어려웠나요? 어떤 상황이 다른 상황보다 더 어려웠나요? (예시를 공유합니다.)

개인 질문

1. 자신이나 자신이 아는 누군가가 이와 같은 경험을 한 적이 있나요? (예시를 공유합니다.)
2. 이러한 상황에서 자신이 확인한 것과 비슷한 감정을 경험한 적이 있나요?
3. 자신이나 자신이 아는 누군가는 화나거나, 걱정되거나, 두렵거나, 당황스러운 가족상황을 어떻게 다루나요?
4. 만약 자신이 생각을 바꾼다면, 감정을 느끼는 방식에도 도움이 될 거라고 생각하나요? 예를 들어, 만약 아빠가 주말에 나를 데리러 오기로 되어 있는데 나타나지 않았다고 가정합니다. 아빠가 나타나지 않기 때문에 나를 사랑하지 않을지도 모른다고 생각한다면, 매우 슬픈 감정을 느낄 수도 있습니다. 만약 생각을 '아빠가 나타나지 않았다고 해서 나를 사랑하지 않는다는 것은 아니다.'로 바꾼다면, 나는 그렇게까지 슬프지 않을 수도 있습니다. (아이들이 이 과정을 어떻게 사용할 수 있는지에 대한 예시를 공유합니다.)

🧑‍🏫 후속 활동

아이들에게 역기능적인 가족 상황에 대처하는 데 긍정적인 방법을 설명하는 이야기를 읽어 줍니다. 추천하기 좋은 이야기들로는 문경민이 지은 『나는 언제나 말하고 있었어』, 김혜리가 지은 『열한 살 아름다운 시작』이 있습니다.

나는 왜 이런 기분일까요?

지시사항: 그룹별로 '나는 왜 이런 기분일까요?—상황 기록지'에 있는 첫 번째 상황을 살펴봅니다. 이 상황에 관하여 주어진 선택사항 중 하나를 택하거나 자신만의 해결책을 제시하여 이 상황에 대해 어떻게 생각하는지, 그리고 어떻게 대처할지 논의합니다. 각 파트너 한 쌍 중 한 명이 동전을 던져 파트너가 이동할 수 있는 칸 수(앞면=2칸, 뒷면=1칸)를 확인합니다. 모든 상황을 다 읽거나 한 쌍이 게임판 끝에 도달할 때까지 게임을 계속합니다.

12세

나는 왜 이런 기분일까요?

1. 부모님이 또 소리 지르고 싸웁니다. 나는 _____을 느낍니다. 그리고 나는…

   ▶ 방에 머무르면서 다른 것에 집중하려고 노력합니다.

   ▶ 중간에 끼어들어서 싸우지 말라고 사정합니다.

   ▶ 그것은 부모님의 문제라고 스스로에게 말합니다.

   ▶ (나의 해결책) _____

   _____

2. 가정형편이 좋지 않아서, 자전거를 사기 위해 아르바이트를 하고 있었습니다. 드디어 원하는 자전거를 살 수 있을 만큼 충분한 돈이 생겼습니다. 할머니가 방과 후에 자전거를 사러 가기 위해 데리러 오신다고 합니다. 그래서 학교에 돈을 가지고 갑니다. 하루 일과가 끝날 무렵 책상을 보았는데, 돈이 없어졌습니다. 나는 _____을 느낍니다. 그리고 나는…

   ▶ 선생님에게 누가 돈을 가져갔는지 반 학생들에게 물어봐 달라고 요청합니다.

   ▶ 큰일이 아닌 것처럼 행동합니다.

   ▶ 돈을 가져갔다고 생각되는 사람에게 접근합니다.

   ▶ (나의 해결책) _____

   _____

3. 학교에서 집으로 가는 길에 동네 술집 앞을 지나야 합니다. 나는 아빠의 차를 보고, 아빠가 술집 안에서 술을 마신다는 것을 알게 됩니다. 나는 _____을 느낍니다. 그리고 나는…

   ▶ 들어가서 아빠에게 함께 집에 가자고 합니다.

   ▶ 그냥 지나쳐서 그 일에 관해 생각하지 않으려고 합니다.

   ▶ 아빠를 변화시킬 수 없다고 스스로에게 말합니다.

   ▶ (나의 해결책) _____

   _____

나는 왜 이런 기분일까요?

4. 학교에서 새 친구를 사귄 뒤 하룻밤 자고 가라며 친구를 집으로 초대했습니다. 친구가 오면 동생이 끼어들려고 할 것입니다. 부모님은 동생과 함께 놀아 주라며 계속해서 소리치고, 그렇지 않으면 친구가 돌아가야 한다고 말합니다. 나는 _____을 느낍니다. 그리고 나는…

   ▶ 이런 일이 일어난 것에 대해 친구에게 사과합니다.
   ▶ 불편하지 않은 척합니다.
   ▶ 가족의 문제에 대해 친구와 이야기합니다.
   ▶ (나의 해결책) _____
   _____

12세

5. 부모님은 이혼을 했습니다. 엄마를 자주 만나지는 않지만, 엄마는 내 생일을 위해 외식하면서 시간을 함께 보내기로 약속했습니다. 엄마가 오기로 한 날, 창가에 서서 기다리지만 나타나지 않습니다. 엄마에게 전화했는데 응답이 없습니다. 나는 _____을 느낍니다. 그리고 나는…

   ▶ 방에 가서 웁니다.
   ▶ 다른 생각을 할 수 있도록 친구를 불러서 밖에 나가 놉니다.
   ▶ 엄마가 이렇게 하더라도 나를 사랑하지 않는 것은 아니라고 스스로에게 말합니다.
   ▶ (나의 해결책) _____
   _____

6. 아빠는 직장을 잃었습니다. 그래서 새 옷을 사고 싶어도 돈이 여의치 않습니다. 엄마가 중고가게에서 옷을 몇 벌 사 주셨는데, 학교에서 아이들이 그것을 보고 놀렸습니다. 나는 _____을 느낍니다. 그리고 나는…

   ▶ 그들을 무시하려고 노력합니다.
   ▶ 그들의 외모에 대해서 똑같이 놀립니다.
   ▶ 사람들이 뭐라고 해도 멋지다고 스스로에게 말합니다.
   ▶ (나의 해결책) _____
   _____

활동지 8

나는 왜 이런 기분일까요?

상황 기록지 3쪽

7. 엄마가 최근에 재혼했습니다. 그리고 나는 두 형제가 있는 새아빠 집으로 이사했습니다. 어느 날 집 뒤쪽에서 두 형제 중 한 명이 담배를 피우는 것을 봤습니다. 그러자 그 아이는 새아빠한테 말한다면 나를 때리겠다고 위협했습니다. 나는 _____을 느낍니다. 그리고 나는…

▶ 엄마한테 말하고 도움을 청합니다.

▶ 아무것도 못 본 것처럼 행동합니다.

▶ 새아빠에게 말합니다.

▶ (나의 해결책) _____

_____

8. 개학 첫날, 선생님은 학생들에게 여름 방학 때 어디로 놀러 갔었는지 이야기해 보자고 합니다. 우리집은 휴가를 갈 형편이 안 돼서 내가 다녀온 유일한 곳은 공원밖에 없었습니다. 나는 _____을 느낍니다. 그리고 나는…

▶ 어디에 갔었는지 이야기를 지어냅니다.

▶ 사실대로 말합니다.

▶ 그냥 이야기하고 싶지 않다고 말합니다.

▶ (나의 해결책) _____

_____

9. 침대를 정리하고 방을 치우는 것을 잊었습니다. 새엄마는 나에게 제대로 하는 것이 하나도 없고, 만약 내가 친엄마와 같이 산다면 새엄마와 아빠는 더 행복할 거라며 소리치기 시작합니다. 나는 _____을 느낍니다. 그리고 나는…

▶ 새엄마에게 화내고 당신이 틀렸다고 말합니다.

▶ 아빠에게 새엄마가 말한 것을 말합니다.

▶ 그냥 새엄마가 원하는 대로 합니다.

활동지 8

▶ (나의 해결책) _____

_____

나는 왜 이런 기분일까요?

10. 형이 술을 마신 후 차를 훔쳐서 운전하다가 잡혔습니다. 형은 교도소에서 지내야 합니다. 나는 _____을 느낍니다. 그리고 나는···

   ▶ 가능할 때마다 형을 면회하러 갑니다.
   ▶ 형이 가족이 아닌 것처럼 행동합니다.
   ▶ 비록 형의 행동이 나빴더라도, 그는 여전히 나의 형이라고 생각하고 형을 챙길 것이라며 스스로에게 말합니다.
   ▶ (나의 해결책) _____
   _____

12세

11. 엄마에게 새로운 남자친구가 생겼습니다. 그는 항상 내 방으로 와서 나에게 굿나잇 키스를 하려고 합니다. 나는 그를 잘 모르고, 그는 내 방에 매번 혼자 오려고 합니다. 나는 _____을 느낍니다. 그리고 나는···

   ▶ 무슨 일이 일어나고 있는지 엄마에게 말합니다.
   ▶ 혼자 있게 해 달라고 그에게 말합니다.
   ▶ 나에게 키스하게 놔둡니다.
   ▶ (나의 해결책) _____
   _____

12. 엄마는 직장에서 늦게 귀가합니다. 나는 엄마가 술을 마셨다고 생각하지만, 아빠가 집에 오면 화내는 것을 원하지 않기 때문에 서둘러서 저녁을 먹고 여동생을 돌보려고 합니다. 나는 _____을 느낍니다. 그리고 나는···

   ▶ 아빠가 집에 오기 전에 술을 그만 마시라고 엄마에게 사정합니다.
   ▶ 그냥 저녁을 먹고 아무렇지 않은 척합니다.
   ▶ 엄마가 술 마시는 것을 나는 막을 수가 없다는 것을 깨닫습니다.
   ▶ (나의 해결책) _____
   _____

활동지 8

조롱과 거부 당하기

 발달의 관점

　　이 나이대의 아이들은 또래와 좀 더 밀접한 관계를 맺기 시작하지만, 그러한 관계
에는 거부와 조롱에 대한 두려움이 따릅니다. 아이들에게 다른 아이들도 이와 같
은 두려움을 가지고 있다는 것을 알게 하고, 그들의 감정을 다루는 방법을 찾도록
돕는 것은 중요합니다.

 목표

　　▷ 조롱과 거부에 대처하는 효과적인 방법 배우기

 준비물

　　▷ 각 아이에게 제공할 '조롱과 거부 당하기-이야기'(활동지 9)
　　▷ 각 아이에게 제공할 연필과 종이(후속 활동용)

 진행 절차

　　1. 아이들에게 다음과 같은 상황을 겪어 본 적이 있다면 손을 들어 보라고 합니다.

　　　　▶ 누군가가 나의 외모를 보고 놀렸습니다.

　　　　▶ 누군가가 나의 걷고, 뛰고, 던지고, 잡는 방법에 대해 놀렸습니다.

　　　　▶ 누군가가 나에게 결코 나의 친구가 되고 싶지 않다고 말했습니다.

　　　　▶ 누군가가 나에게 좋아하지 않는다고 말했습니다.

　　　　▶ 누군가가 나는 못생기고 냄새가 난다고 말했습니다.

　　2. 많은 사람들이 다른 사람으로부터 거부 또는 조롱을 경험해 본 적이 있다는 사
　　　실에 대해 토론합니다. 아이들에게 이런 일이 일어날 때 어떻게 느끼는지 설명
　　　하는 단어를 찾아보게 합니다.

　　3. '조롱과 거부 당하기-이야기'(활동지 9)를 읽어 주거나, 아이들이 스스로 읽어
　　　보도록 합니다.

4. 이야기가 끝난 후 내용 질문과 개인 질문에 대해 토론합니다.

 토론

내용 질문

1. 이 이야기에서 누가 조롱당하고 거부당했다고 느꼈나요?

2. 마리아가 이런 대우를 받았을 때 어떤 것이 도움이 되었나요?

3. 캐롤라이나가 왜 마르타에게 이런 말을 했다고 생각하나요?

4. 마리아가 마르타를 대하는 방식에 대해 어떻게 생각하나요? 캐롤라이나가 마르타를 어떻게 대했나요?

개인 질문

1. 마리아와 마르타처럼 자신을 대해 준 사람이 있나요? 만약 그렇다면, 기분이 어땠나요?

2. 캐롤라이나가 마르타를 대했던 것처럼 누군가를 대했던 적이 있나요? 만약 그렇다면, 왜 그랬다고 생각하며, 그것에 대해 어떻게 느꼈나요?

3. 만약 자신이 조롱당하거나 거부당한 적이 있다면, 감정을 어떻게 다루었나요?

4. 마리아가 마르타와 나눈 아이디어 중에 자신에게 도움이 될 만한 것이 있다고 생각하나요? 만약 조롱을 당하거나 거부당한다면, 그 감정을 다루기 위해 무엇을 할 수 있나요?

 후속 활동

조롱과 거부에 대처하는 방법에 대한 아이디어를 공유하면서, 가상 신문에 조언 칼럼을 쓰도록 합니다.

12세

조롱과 거부 당하기

5학년인 마리아는 4학년인 마르타와 함께 점심을 먹고 있었습니다. 식사가 거의 끝나갈 무렵 캐롤라이나가 테이블 쪽으로 걸어왔습니다. "마리아, 왜 이런 애랑 같이 밥을 먹니?" 캐롤라이나는 마르타를 쳐다보며, "마르타가 거짓말도 잘하고 컨닝하는 거 몰라? 너는 좀 더 좋은 친구들과 어울릴 수 있는데 왜 얘 옆에 앉는 거야? 그리고 마르타는 4학년이잖아. 왜 애기들이랑 어울리니?"

마리아는 캐롤라이나가 그런 말을 하는 것에 충격받았습니다. 마르타를 힐끗 쳐다보니 눈에 눈물이 그렁그렁 고여 있었습니다. 마리아는 어떻게 해야 할지, 무슨 말을 해야 할지 몰랐습니다. 마르타에 대해서 잘 알고 있는 것은 아니었지만, 마리아에게 있어 마르타는 점심시간 직전에 있는 독서 모임의 파트너였기 때문에 이들은 수업이 끝난 후에 습관처럼 함께 식당에 걸어가곤 했습니다. 마리아는 마르타가 컨닝하는 것을 본 적이 없었고, 그 아이가 거짓말을 했다고 생각할 이유도 없었습니다. 마리아는 캐롤라이나가 자신에게 왜 그런 말을 하는지 이해할 수 없었습니다.

하지만 마르타의 상황이 어떤 느낌인지는 알 수 있었습니다. 작년에 자신에게도 비슷한 일이 있었기 때문입니다. 작년에 마리아는 자신이 생각하기에 어떤 잘못도 하지 않았는데, 갑자기 반 친구 중 한 명이 자신을 욕하기 시작했고 동네에서 만나는 방과후 동아리 모임에 오지 말라고 말했습니다. 엄마에게 이에 대해 말했더니, 엄마는 4~6학년 때 이런 일이 가끔 일어난다고 했습니다. 왜냐하면 이 시기의 아이들은, 말하기 전에 상대방이 어떻게 느낄지에 대해 아무 생각도 하지 않기 때문입니다. 그리고 이 나이대의 아이들은 때때로 서로를 질투한다고 했습니다. 이는 아마도 누군가가 더 인기 있거나 더 좋은 옷을 입거나 더 똑똑하거나 선생님이 더 좋아하는 것을 불안해한다는 의미일 수 있다고 했습니다. 그래서 이런 아이들은 자신의 기분을 나아지게 하기 위해 다른 사람을 거부하거나 조롱함으로써 상처를 주려고 합니다.

마리아의 엄마는 누군가가 마리아에게 그렇게 한다고 해서 마리아가 그 일을 똑같이 되돌려줘야 한다는 뜻은 아니고, 일단 멈춰서 사람들이 마리아에 대해 말하는 것이 사실인지 스스로에게 물어봐야 한다고 했습니다. 사실이 아니라면, '막대기와 돌이 내 뼈를 부러뜨릴 수 있을지 몰라도, 내가 허락하지 않는 한 말로는 나를 다치게 할 수 없다'는 것을 기억해야 한다고 했습니다.

마리아는 당시 엄마의 말은 이해했지만 여전히 속상했습니다. 자신은 잘난 척하거나 튀게 행동하려는 것이 아니었기 때문에 누군가가 자신에게 왜 이런 짓을 하는지 이해하지 못했습니다. 사람들에 대해 나쁜 말도 하지 않았기에 그들이 왜 그런 행동을 하는지 알 수 없었습니다. 마리아는 이런 상황들이 너무 슬프고 혼란스러워서 학교 상담 선생님을 찾아 갔습니다. 상담 선생님은 무슨 일이 있었는지 듣고는, 마리아에게 탁자 위로 손바닥을 펼쳐 보라고 했습니다. 그런 다음, 마리

조롱과 거부 당하기

아가 자신에 대해 좋아하는 것(또는 다른 사람들이 마리아에 대해 좋아하는 것)을 떠올리며 손가락을 하나씩 접도록 했습니다. 마리아가 다섯 가지를 나열한 후, 상담 선생님은 마리아의 그 손으로 주먹을 꽉 쥐도록 했습니다. 선생님은 이것이 마리아의 좋은 특성이자 장점이며 아무도 이것을 빼앗을 수 없다고 말했습니다. 제아무리 많은 아이들이 마리아를 조롱하거나 거부하더라도 그것은 마리아의 좋은 자질을 빼앗을 수 없습니다.

선생님은 마리아에게 다음에 이런 일이 생기면 이 다섯 가지 장점을 기억하고 주먹을 쥐어 자신이 좋은 자질을 가지고 있음을 상기하라고 했습니다. 일부 사람들이 그렇게 생각하지 않더라도 말입니다. 그러면서 이 나이의 아이들은 때때로 매우 잔인하며, 우리가 그들을 통제할 수는 없지만, 똑같은 행동을 하면 상황을 더 악화시킬 거라고 설명했습니다. 선생님은 시간이 지나면 저절로 해결될 것이지만, 상황이 계속된다면 더 많은 조치를 취해야 할 것이라고 마리아에게 말했습니다. 그리고 마리아 자신이 덜 속상해하는 데 도움이 되는 방법이 무엇일지 생각해 보라고 했습니다. 마리아는 자신에게 나쁘게 대하는 사람들을 생각하기보다는 자신을 좋아하고 자기에 대해 좋은 말을 해 주는 사람들을 생각하겠다고 했습니다.

마리아는 새 친구인 마르타와 함께 앉았을 때 작년에 있었던 일을 떠올렸습니다. 마르타에게도 도움이 될 거라고 생각하면서, 상담 선생님이 자신에게 해 주었던 말을 마르타에게도 해 주었습니다. 또한 그것에 대해 계속 생각할수록 더 불행해질 것이라고 말하며, 쉬는 시간에 나가서 할 일을 찾아보자고 제안했습니다. 다른 아이들이 우리와 놀고 싶어 하지 않는다면 그것은 그저 유감일 뿐입니다. 마리아와 마르타는 다른 할 일을 찾을 것이고 우울해하지 않을 것입니다.

12세

사회성 발달 1 협력이 필요해

발달의 관점

아이들이 좀 더 사교적으로 변하면서, 이들은 보이스카우트나 걸스카우트와 같은 단체에 가입하거나, 단체 경기에 출전한다든지 캠프나 동아리 활동에 참여할 수 있습니다. 그 결과, 협력적인 행동을 발달시키려는 욕구가 증가합니다. 그룹의 일원으로서 아이들의 역할에 대한 구체적인 가르침은 그들의 사회성 발달을 촉진시킬 수 있습니다.

목표

▷ 협력적 행동 알아보기
▷ 협력적 행동 수행하기

준비물

▷ 5~6명으로 구성된 각 팀에게 제공할 탁구공 3개, 작은 물통 또는 플라스틱 용기
▷ 각 팀원에게 제공할 숟가락
▷ 바닥에 길게 붙일 마스킹 테이프

진행 절차

1. 아이들을 5~6명씩 한 팀으로 나누고, 각 팀에 3개의 탁구공과 작은 물통 또는 플라스틱 용기를 나누어 줍니다. 그리고 각 팀원에게 숟가락을 하나씩 나누어 줍니다.

2. 각 팀에게 탁구공 3개를 한 번에 한 개씩 교실 끝에 있는 물통으로 옮기는 것이 과제라고 지시합니다. 이를 위해 각 팀원은 한 손을 등 뒤에 놓고 공을 옆 팀원의 숟가락으로 넘겨야 합니다. 만약 공이 떨어지면, 팀원들은 어떻게 해야 할지 상의하고 공을 숟가락에 다시 올려놓기 위해 함께 노력해야 합니다. 숟가락에 공을 올리기 위해서는 반드시 숟가락을 사용하고 한 사람당 한 손만 사용해야 합니

다. 팀원들은 공이 마지막 팀원에게 도달할 때까지 계속해서 공을 넘겨 주어야 하며, 마지막 팀원은 무릎을 구부려서 숟가락에서 물통으로 공을 떨어뜨립니다.

3. 내용 질문과 개인 질문에 대해 토론하고 활동을 진행합니다.

🗣 토론

내용 질문

1. 탁구공을 물통에 옮기기 위해 팀원들과 어떻게 협력했나요?
2. 비협력적 행동 사례들이 있었나요? 만약 그렇다면, 그 행동이 진행 과정에 어떤 영향을 주었다고 생각하나요?
3. 이 활동에서 사용하지 않았지만 향후 활동에 도움이 될 다른 협력적 행동들의 사례는 무엇이 있을까요?

개인 질문

1. 자신은 평소에 잘 협력하는 사람이라고 생각하나요?
2. 어떤 협력적 행동을 가장 많이 사용하나요?
3. 다른 아이들이 협력적이지 않은 상황에 처해 본 적이 있나요? 만약 그렇다면, 이 것에 대해 어떻게 느꼈나요? 협력하지 않는 사람들과 함께 활동하거나 노는 것을 좋아하나요?
4. 자신의 협력적 행동과 관련하여 유지하고 싶거나 변화시키고 싶은 것은 무엇인 가요?

📹 후속 활동

아이들에게 협력해야 완수할 수 있는 게임을 발명하게 합니다. 다른 사람들과 게임을 진행하고 협력적인 과정에 참여할 수 있는 시간을 제공합니다.

친구들과의 싸움

🧑 발달의 관점

아동기의 중후반이 되면 아이들은 사회적 기술의 광범위한 레퍼토리를 갖게 됩니다. 그럼에도 불구하고, 아이들은 계속해서 다른 사람을 따돌리거나 심하게 놀리기도 합니다. 또래로부터 부적절한 활동에 참여하라는 압력도 많아지기 때문에 갈등이 쉽게 발생하고, 다른 아이들보다 뛰어나고 싶어 하는 욕구는 때때로 건강하지 못한 경쟁을 초래할 수 있습니다. 친구들과의 싸움은 흔한 일이고 좌절감의 주요 원인이 됩니다.

👩 목표

▷ 효과적인 갈등관리 기술 배우기

👷 준비물

▷ 칠판
▷ 각 아이에게 제공할 '친구들과의 싸움−문제해결 바퀴'(활동지 10), 연필
▷ 3명으로 구성된 각 그룹에게 제공할 '친구들과의 싸움−갈등 카드'(활동지 11) 세트

👩‍🏫 진행 절차

1. 아이들에게 친구와 최근에 했던 말다툼, 갈등, 싸움에 대해 생각해 보라고 하면서 수업을 시작합니다. 다른 사람의 이름을 이야기하지 않고, 갈등의 유형과 이를 해결한 방법에 대해 토론하게 합니다.

2. 아이들을 3명씩 한 그룹으로 나눕니다. '친구들과의 싸움−문제해결 바퀴'(활동지 10)를 각 아이에게 나누어 주고, '친구들과의 싸움−갈등 카드'(활동지 11) 세트를 각 그룹에게 나누어 줍니다. 아이들에게 갈등 카드를 번갈아 가며 뽑고 큰 소리로 읽게 합니다. 아이들은 갈등을 다룰 방법들을 그룹으로 브레인스토밍해야 합니다. 카드를 뽑은 아이는 의논한 대안들로 자신의 갈등 바퀴의 '바퀴살'을 채

웁니다. 다음에는 아이들에게 각 대안들의 긍정적인 면과 부정적인 면을 확인하게 합니다. 카드를 뽑은 아이는 갈등을 해결하는 가장 좋은 방법이라고 생각되는 대안 옆에 별표(*)를 표시합니다.

3. 또 다른 아이가 갈등 카드를 뽑게 하고, 그룹과 선택사항에 대해 의논한 후, 바퀴의 공간을 채우고 각각의 긍정적인 측면과 부정적인 측면을 고려한 후에 최적의 대안을 선택하도록 하여 같은 절차를 반복합니다.

4. 내용 질문과 개인 질문에 대해 토론하고 활동을 진행합니다.

 토론

내용 질문

1. 어떤 갈등이 다른 갈등보다 대안을 발견하기가 더 어려웠나요?

(특정 상황을 공유하게 합니다.)

2. 좋은 대안이라고 생각되는 것을 그룹에서 찾을 수 있었나요?

(예시를 물어보고, 칠판에 그 목록을 적습니다. 대안이 제시되면 아이들에게 갈등을 해결하는 좋은 방법, 공정한 방법 또는 나쁜 방법으로 평가하게 합니다.)

3. 갈등을 해결할 수 있는 더 좋은 방법을 선택하지 못하게 하는 원인이 무엇이라고 생각하나요?

개인 질문

1. 친구와 갈등이 있을 때, 자신이 찾은 대안들을 사용하나요? (예시를 공유합니다.)

2. 친구들과 싸울 때 어떤 일로 싸우나요? 싸울 때 기분이 어떤가요?

3. 친구와 싸우지 않기 위해 스스로에게 말하거나 행동할 수 있는 것은 무엇인가요?

 후속 활동

아이들이 친구들과 갈등이 있을 때 시도할 수 있도록 이 수업에서 알아본 전략 중 세 가지를 선택하게 합니다. 이러한 전략의 성공 또는 실패에 대한 짧은 보고서를 쓰도록 제안합니다.

12세

317

친구들과의 싸움

이름: _____   날짜: _____

지시사항: '친구들과의 싸움—갈등 카드'를 번갈아 가며 뽑고, 큰 소리로 읽습니다. 그리고 다른 팀원들과 브레인스토밍을 합니다. 카드를 뽑는 사람은, 자신의 갈등 바퀴의 '바퀴살'을 팀원이 떠올린 아이디어로 채우고, 각 아이디어의 긍정적인 면과 부정적인 면을 토론한 다음 자신이 가장 좋다고 생각하는 아이디어 옆에 별표(*)를 표시합니다.

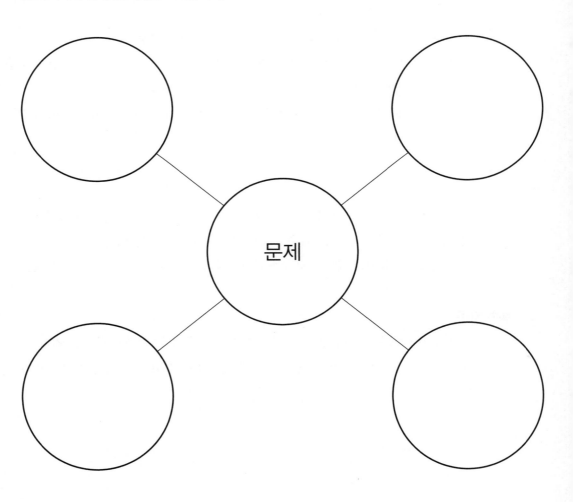

친구들과의 싸움

지도자 유의사항: 각각 잘라서 3명으로 구성된 각 그룹에게 한 세트를 줍니다.

친한 친구가 점심시간에 나를 무시합니다.	수학 파트너 중 한 명이 나를 멍청이라고 부릅니다.
누군가가 내가 좋아하는 사람을 좋아합니다.	친구가 방과 후에 나와 놀고 싶지 않다고 말합니다.
반 친구가 우리 엄마에 대해 나쁜 말을 합니다.	친구가 파티를 여는데, 나만 빼고 모든 반 아이들을 초대합니다.
친구 두 명이 속닥거리며 나를 쳐다봅니다.	나와 친구는 게임 규칙에 대해 싸우기 시작합니다.
뒤에 앉아 있는 아이가 자꾸 의자를 발로 찹니다.	나와 친구는 어디에서 자전거를 탈지에 대해 의견이 일치하지 않습니다.
나와 발야구를 하는 아이들이 나를 사기꾼이라고 부릅니다.	(나만의 상황을 만들어 봅니다.)

12세

활동지 11

놀림을 무시하기

사회성
발달
3

발달의 관점

또래관계가 매우 중요한 이 발달 기간 동안, 아이들이 따돌림당하거나, 놀림받거나, 비하당할 때 매우 큰 충격을 느끼는 것은 이상한 일이 아닙니다. 그리고 아이들은 여전히 매우 구체적인 사고를 하기 때문에, 이러한 상황에서 대안적으로 생각하고, 느끼고, 행동하는 방법이 있다는 것을 쉽게 알지 못합니다. 더 넓은 시야를 확보하는 것은 아이들의 사회성 발달에서 중요한 요소입니다.

목표

▷ 따돌림, 놀림, 비하를 초래할 수 있는 개인행동 찾아보기
▷ 따돌림당하고, 놀림당하고, 비하되고 있을 때 생각하고, 느끼고, 행동하는 다양한 방법 찾아보기
▷ 갈등상황에서 생각을 통제하는 것이 감정과 행동에 어떤 영향을 미치는지 인식하기

준비물

▷ 2명으로 구성된 각 그룹에게 제공할 '놀림을 무시하기−활동지'(활동지 12)
▷ 각 아이에게 제공할 종이와 연필

진행 절차

1. 아이들에게 종이와 연필을 꺼내서 다음의 사항을 떠올리도록 하면서 수업을 시작합니다.
   ▶ 또래로부터 따돌림당하거나 놀림받거나 비하되었던 경험
   ▶ 이것에 대해 어떻게 느꼈는지
   ▶ 그 상황에 어떻게 대처했는지
   ▶ 다른 사람들이 자신에게 그렇게 반응하도록 영향을 줄 수 있는 방식으로 행

동했는지 여부(자신이 먼저 별명을 부르고 놀리는 등)

2. 그 상황에서 아이들이 느꼈던 감정과 무엇을 했는지 등 몇 가지 사례를 토론합니다. 그런 다음, 다른 사람의 반응에 영향을 미칠 수 있는 행동에 대해 이야기합니다. 예를 들어, 만약 자신이 누군가를 나쁜 별명으로 부른다면, 그 사람이 자신에게 똑같이 행동해도 그렇게 놀라지는 않을 것입니다. 다른 사람들과의 관계에서 아이들이 통제할 수 있는 것과 통제할 수 없는 것에 대해 토론을 하도록 격려합니다. 자신의 행동은 통제할 수 있지만(따라서 무엇을 시작하거나 다른 사람의 행동이나 말에 반응하지 않아도 됨), 다른 사람들의 선택이나 행동은 통제할 수 없습니다.

3. 아이들에게 파트너를 찾게 하고 각 파트너에게 '놀림을 무시하기–활동지'(활동지 12)를 줍니다. 파트너에게 각각의 상황을 읽고 응답하게 합니다.

4. 먼저, 반응을 유발했을 만한 '촉발' 행동을 파악하여, 활동지에 적을 답변에 대해 토론합니다. 그런 다음, 아이들이 자신의 행동을 통제할 수 있는지, 그리고 다른 사람들의 촉발 행동에 반응해야 하는지 여부를 토론합니다. 비록 다른 사람들의 말이나 행동을 통제할 수 없더라도 자신의 행동을 통제할 수 있는 방법을 설명하기 위해 다음의 글을 이야기합니다.

> 누군가가 당신을 화나게 하거나 짜증 나고 속상하게 할 때마다 당신은 여러 선택을 할 수 있습니다. 첫 번째는, 그것에 반응하는 것인데, 이는 종종 그 사람에게서 또 다른 반응을 촉발하기도 합니다. 두 번째는, 스스로 그것을 다루고 통제하는 것입니다. 예를 들어, 누군가가 당신에게 다가와 별명을 부르며 놀린다고 가정해 봅시다. 첫 번째 선택처럼, 당신이 화를 내거나 어떤 식으로든 보복하는 것으로서 반응할 수 있습니다. 그리고 두 번째 선택처럼, 스스로에게 말하는 자기대화를 해 봄으로써 그것을 통제할 수도 있습니다. 즉, 스스로에게 이렇게 말해 보는 것입니다. '그가 말하는 것이 내가 맞는 걸까? 설령 그렇다고 해도, 그것이 내가 나쁜 사람이라는 뜻일까? 내가 화를 내는 것이 무슨 소용이 있을까? 그를 때리면 내게 무슨 소용이 있을까? 또 다른 선택사항은 무엇이 있을까?' 이런 식으로 생각해 보면, 화를 낼 필요가 없다는 것을 알 수 있습니다. 이렇게 한다고 해서 사람들이 당신을 놀리거나, 비하하거나, 따돌릴 때 당신이 좋아할 것이라는 의미는 아닙니다. 하지만 상황을 더 악화시킬 수 있는 방식으로 행동할 필요는 없습니다.

5. 파트너들에게 '놀림을 무시하기–활동지'를 다시 참조하게 합니다. 두 가지 예를

들어 보고, 다른 사람이 한 말이나 행동으로 인해 화를 내지 않도록 스스로에게 무슨 말을 할 수 있었는지 알아보게 합니다. 모두가 의견을 공유할 수 있도록 시간을 줍니다.

6. 내용 질문과 개인 질문을 통해 활동을 진행합니다.

토론

내용 질문

1. 다른 사람들이 자신을 대하는 것을 통제할 수 있다고 생각하나요? 자신의 행동이 다른 사람들의 행동에 영향을 미칠 때가 있나요? 만약 그렇다면, 자신의 행동을 통제할 수 있나요?

2. 다른 사람들이 나를 놀리거나 비하하면 내가 그 말을 믿어야 하나요?

개인 질문

1. 누군가 자신을 실망시키거나, 놀리거나, 따돌리면 보통 화나거나 속이 상하나요?

2. 자기대화가 이런 상황을 다루는 데 어떻게 도움이 된다고 생각하나요?

3. 다른 사람의 반응을 유발할 가능성을 줄이기 위해, 자신의 행동에 변화가 필요한 부분이 있나요? 그렇다면 그것은 무엇이고 어떻게 바꿀 수 있나요?

후속 활동

학생들을 그룹으로 나누고, 이 수업에서 다룬 요점을 설명하기 위한 상황극을 만들어 보게 합니다.

놀림을 무시하기

지시사항: 각 상황을 읽고, 파트너와 논의한 다음 빈칸을 채워 봅니다.

상황 1

타냐는 놀이터에 혼자 서 있습니다. 두 소녀가 지나가면서 얄미운 목소리로 타냐는 가난하고 아빠는 술을 마시기 때문에 타냐가 가까이 있는 것을 원하지 않는다고 말합니다.

12세

질문

1. 타냐가 소녀들에게 이런 행동을 하도록 영향을 줄 만한 일을 했나요? _____

 만약 그렇다면, 무엇을 했나요? _____

2. 타냐는 이 소녀들이 자신에게 하는 말을 통제할 수 있나요? _____

 만약 그렇다면, 어떻게 할 수 있나요? _____

3. 타냐는 자신이 이 소녀들에게 어떻게 반응하는지 통제할 수 있나요? _____

 만약 그렇다면, 어떻게 할 수 있나요? _____

상황 2

카림은 수학 문제를 다 풀었고, 선생님은 카림이 문제를 전부 맞혔다고 말했습니다. 카림의 짝꿍은 여전히 문제를 푸느라 애쓰고 있었습니다. 카림은 짝꿍에게 "하하하, 나는 너보다 먼저 끝냈는데도 답도 다 맞혔지~"라고 말했습니다. 그러자 짝꿍은, "그게 뭐 대수라고. 지난번에는 엄청 나쁜 점수를 받았잖아. 그러니까 너는 생각만큼 잘하는 게 아냐."라고 했습니다.

질문

1. 카림은 짝꿍이 이런 행동을 하도록 영향을 줄 만한 일을 했나요? _____

 만약 그렇다면, 무엇을 했나요? _____

2. 짝꿍은 카림이 하는 말을 통제할 수 있나요? _____

 만약 그렇다면, 어떻게 할 수 있나요? _____

3. 카림은 자신의 행동을 통제할 수 있나요? _____

 만약 그렇다면, 어떻게 할 수 있나요? _____

활동지 12

놀림을 무시하기

상황 3

필립이 텔레비전을 보고 있는데 형이 나타나서 필립을 괴롭히기 시작했습니다. 필립은 화가 나서 형을 주먹으로 때렸습니다.

질문

1. 형은 필립이 이런 행동을 하도록 영향을 줄 만한 일을 했나요? _____

  만약 그렇다면, 무엇을 했나요? _____

2. 필립은 형의 행동을 통제할 수 있나요? _____

  만약 그렇다면, 어떻게 할 수 있나요? _____

3. 필립은 자신의 행동을 통제할 수 있나요? _____

  만약 그렇다면, 어떻게 할 수 있나요? _____

상황 4

쉬론은 음수대 앞에 줄을 서 있었는데, 매트가 나타나서 멍청한 사람들은 맨 뒤로 가야 한다며 쉬론을 줄 밖으로 밀었습니다.

질문

1. 쉬론은 매트가 이런 행동을 하도록 영향을 줄 만한 일을 했나요?_____

  만약 그렇다면, 무엇을 했나요? _____

2. 쉬론은 매트의 행동을 통제할 수 있나요? _____

  만약 그렇다면, 어떻게 할 수 있나요? _____

3. 쉬론은 자신의 행동을 통제할 수 있나요? _____

  만약 그렇다면, 어떻게 할 수 있나요? _____

사회성 발달 4

그들의 관점에서

 발달의 관점

이 나이대의 아이들은 이전보다는 덜 자기중심적이고, 대부분의 경우 다른 사람의 관점에서 세상을 보는 능력을 가지고 있지만, 이 기술을 일관되게 적용하지 못하는 경우가 많습니다. 그 결과로 부모나 교사, 또래들과 오해가 생기는 것은 흔한 일입니다. 타인의 관점으로도 상황을 볼 수 있는 '조망수용 능력'을 강화하는 것은 이 시기 아이들의 대인관계를 향상시키는 데 많은 도움이 됩니다.

 목표

▷ 다른 사람의 관점으로 사물을 보는 능력 발달시키기

 준비물

▷ 각 아이에게 제공할 '그들의 관점에서–활동지'(활동지 13)와 연필
▷ 낡은 안경 한 쌍, 렌즈 위에 붙일 수 있는 노란색과 파란색 종이 한 쌍

진행 절차

1. 두 명의 지원자를 뽑으면서 수업을 시작합니다. 이 지원자들에게만 따로 짧은 시나리오를 읽어 줄 것이라고 안내합니다. 다 읽고 나면, 지원자 중 한 명에게 (노란색 렌즈가 있는) 안경을 줍니다. 그 지원자는 상황에 대한 모든 것이 멋지다고 큰 소리로 말합니다. 즉, 모든 것이 잘될 것이고, 아무 문제가 없다고 이야기합니다. 예를 들어, 만약 시나리오에서 내일 어려운 시험이 있다고 한다면, 노란색 렌즈를 낀 아이는 "나는 분명히 잘할 거야. 아마 시험은 쉽겠지. 만일 내가 시험을 잘 치르지 못하더라도 걱정하지 않을 것이고 그저 잘될 거야."라고 말합니다. 그런 다음, 첫 번째 지원자가 이야기한 후에는, 동일한 시나리오를 다시 읽어 줄 것이라고 설명합니다. 이번에는 (파란색 렌즈가 있는) 안경을 두 번째 지원자에게 줍니다. 이 지원자는 우울하고, 슬프고, 끔찍하고, 나쁘고 등의 독백을

325

할 것입니다. 즉, "나는 너무 멍청해서 낙제할 거야. 내가 하는 일은 하나도 잘 되는 게 없어. 모든 것은 정말 끔찍해."라고 이야기할 수 있습니다.

2. 나머지 아이들에게 두 명의 지원자가 반응할 상황을 읽어 줄 것이라고 설명합니다. 아이들은 지원자들이 쓰고 있는 안경의 렌즈 색깔을 바탕으로 어떻게 관점이 변화하는지 주의 깊게 들어야 합니다.

3. 노란색 렌즈를 쓰게 될 지원자 1에게 다음의 시나리오를 읽어 줍니다.

> 엄마가 잠시 출장을 갈 예정입니다. 그동안 이모네 집에 있으라며 나를 이모 집으로 데려다 주실 것입니다. 이모네 집은 시골에 있고, 거기에는 제 또래 사촌들이 없습니다. 나는 어린 사촌들과 함께 3일 동안 그곳에 있을 것입니다.

지원자 1이 독백으로 응답한 뒤, 파란색 렌즈를 안경 위에 올려놓고 지원자 2에게 건네주면 정반대의 관점으로 응답하게 됩니다.

4. 시연 후, 두 관점의 차이점을 토론하고, 조망수용 능력의 개념 또는 다른 사람의 관점으로 무언가를 보는 것을 소개합니다. 이 예시에서, 두 사람은 같은 상황을 매우 다르게 "보았습니다". 아이들에게 이런 일이 사람들 사이에서 언제든 발생할 수 있다고 생각하는지 물어보면서 몇 가지 예시를 들어 보게 합니다. 예를 들어, 내일은 토요일이기 때문에 아이들은 밤늦게까지 안 자도 된다고 생각하지만, 부모님은 아이들의 컨디션이 나빠지지 않도록 평소 취침 시간대로 잠자리에 들어야 한다고 생각합니다.

5. 각 아이에게 '그들의 관점에서 – 활동지'(활동지 13)를 나누어 줍니다. 각 아이는 파트너를 찾고 함께 작업하여 두 가지 다른 관점을 알아보도록 합니다.

6. 파트너와 활동을 마치면, 전체 그룹과 응답을 공유할 시간을 주고 내용 질문과 개인 질문에 대해 토론합니다.

🧑‍🏫 토론
내용 질문

1. 다른 관점을 취하거나 다른 관점을 고려하는 것은 무엇을 의미하나요?
2. 사람들은 왜 같은 상황에 대해 때때로 다른 조망 또는 관점을 가지고 있다고 생각하나요? (사람들이 그 상황에 대해 어떻게 생각하는지가 그들이 취하는 관점을 결정한다는 것을 강조합니다.)
3. 파트너와 함께 활동지를 작성하면서, 서로 다른 관점을 알아보는 데 어려움이

있었나요?

4. 타인의 관점을 더 잘 볼 수 있다면 타인과의 관계가 개선될 것이라고 생각하나요?

개인 질문

1. 같은 상황에 대해 매우 다른 관점을 가지고 있어서 누군가와 잘 지내는 데 어려움을 겪은 적이 있나요? 그렇다면, 그 문제를 어떻게 해결했나요?

2. 이 수업에서 배운 것을 친구들과의 상호작용에 어떻게 적용할 것이라고 생각하나요? 부모님 그리고 선생님과의 상호작용에는 어떻게 적용할 것인가요?

후속 활동

아이들에게 가장 좋아하는 텔레비전 프로그램을 선택하도록 합니다. 프로그램에 등장하는 캐릭터의 다른 관점을 파악할 수 있는지 생각해 보도록 격려합니다.

12세

그들의 관점에서

지시사항: 파트너와 함께 각각의 상황을 읽은 다음, 자신이 취할 사람의 관점을 결정합니다. 각자 그 사람의 관점이 무엇이라고 생각하는지 적습니다. 두 사람 모두 글을 다 썼으면, 두 가지 관점에 대해 토론합니다.

1. 사라는 수학에 어려움을 겪고 있습니다. 아빠는 사라에게 수학 과외를 시키고 싶어 하지만, 사라는 이 생각을 좋아하지 않습니다.

   사라의 관점: _____

   _____

   아빠의 관점: _____

   _____

2. 앨리슨이 학교 모임에서 에밀리의 옆에 앉지 않았다는 이유로 두 사람은 싸웠습니다.

   앨리슨의 관점: _____

   _____

   에밀리의 관점: _____

   _____

3. 부모님은 한 살 많은 형에게 데미안보다 더 많은 것을 할 수 있도록 허락했습니다.

   데미안의 관점: _____

   _____

   부모님의 관점: _____

   _____

그들의 관점에서

4. 닉과 보이스카우트 파트너는 누가 가장 큰 텐트에서 자야 하는지에 대해 의견이 다릅니다.

   닉의 관점: _____

   _____

   파트너의 관점: _____

   _____

12세

5. 앰버는 내일 과학 시험이 있습니다. 오늘 밤 스케이트를 타러 가고 싶지만, 부모님은 집에
   서 공부해야 한다고 생각합니다.

   앰버의 관점: _____

   _____

   부모님의 관점: _____

   _____

6. 아빠는 가브리엘에게 아이스링크장까지의 혼잡한 길을 자전거로 가지 말라고 하십니다.
   가브리엘은 왜 그렇게 할 수 없는지 이해하지 못합니다.

   가브리엘의 관점: _____

   _____

   아빠의 관점: _____

   _____

그건 선택이야

발달의 관점

아동기의 후반에 도달하게 되면 아이들에게는 선택의 기회가 점점 더 많아집니다. 선택의 중요성을 파악하고 평가하는 방법을 이해하는 것은 아이들이 좀 더 복잡한 문제를 처리할 수 있도록 준비하는 인지 기술입니다.

목표

▷ 선택을 파악하는 방법 배우기
▷ 선택의 중요성을 평가하는 방법 배우기

준비물

▷ 각 아이에게 제공할 큰 백지 한 장과 연필
▷ 아이 2명당 하나씩 제공할 풀, 가위, 낡은 잡지 몇 권
▷ 각 아이에게 제공할 종이와 크레용(후속 활동용)

진행 절차

1. 아이들에게 '선택'이란 단어를 정의하도록 함으로써 수업을 시작합니다. 선택의 일부 측면에 대해 생각해 볼 것이라고 이야기합니다. 아이들에게 읽어 준 것에 강하게 동의한다면 손을 높이 들라고 합니다. 어느 정도 동의한다면 손을 앞으로 내밀게 하고, 동의하지 않는다면 손을 내리게 합니다.

   ▶ 모든 사람은 선택권이 있습니다.
   ▶ 우리는 매일 많은 선택을 합니다.
   ▶ 어떤 선택은 다른 선택보다 낮습니다.
   ▶ 나이가 들수록 선택의 폭은 넓어집니다.
   ▶ 선택을 하는 것은 어려울 수 있습니다.
   ▶ 어떤 선택은 다른 선택보다 더 중요합니다.

2. 다음에는, 각 아이들에게 파트너를 찾게 합니다. 그런 뒤 각 아이들에게 큰 종이 한 장과 연필 한 자루를 나누어 줍니다. 각 파트너에게 풀, 가위, 낡은 잡지 몇 권을 줍니다.

3. 아이들에게 잡지를 빠르게 훑어보게 하고 흥미로운 4장의 사진을 오려 내라고 요청합니다. 각각의 아이들에게 이 사진들 중 2장을 가지고 있는 종이에 붙이게 합니다. 그런 다음, 파트너와 함께 각 사진과 어떤 선택이 연관되어 있는지 논의하고, 사진당 최소 3가지 선택사항을 기록하게 합니다(예를 들어, 누군가가 우유를 마시는 사진을 오려 낸다면, 이에 대한 선택으로는 우유를 마실지 말지, 얼마나 자주 마실지, 어떤 브랜드의 우유를 마실지, 무지방 우유를 마실지 유지방 우유를 마실지 등이 있을 수 있습니다.)

4. 선택사항을 모두 작성한 후, 4명씩 한 그룹으로 나뉘어 자신의 사진과 표현된 선택사항에 대해 토론하게 합니다.

5. 선택사항을 공유한 후, 아이들에게 4인 그룹을 유지하고 그들이 선택한 모든 항목을 살펴보라고 합니다. 이제 아이들은 가장 중요한 것부터 가장 덜 중요한 것까지 그림에 나타난 선택들에 순위를 매겨야 합니다. 이를 위해 아이들은 선택이 현재와 미래에 어떻게 영향을 미칠지, 특정 선택이 그들에게 미치는 상대적 가치, 그리고 선택이 일반적으로 삶에 크고 작은 영향을 미칠지 여부와 같은 요소를 의논해야 합니다. 순위를 매기는 데 10~15분의 시간을 줍니다.

6. 내용 질문과 개인 질문을 통해 활동을 진행합니다.

🧑‍🏫 토론

내용 질문

1. 각각의 사진과 관련된 선택을 생각하는 것이 어려웠나요? 어떤 사진들이 다른 사진들보다 더 어려웠나요? 만약 그렇다면, 무엇이 그것을 더 어렵게 만들었다고 생각하나요?

2. 일반적으로 어떤 것과 관련된 모든 선택에 대해 생각하나요? 만약 그렇지 않다면, 이렇게 하면 어떤 이점이 있다고 생각하나요? (공유하게 합니다.)

3. 선택의 순위를 매기려고 할 때 어떤 경험을 했나요? 순위를 매길 때 어떤 요소를 고려했나요? (아이들이 자신의 선택 순위를 매기는 방법과 이러한 결정을 내리는 방법에 대한 사례를 공유하도록 시간을 줍니다.)

개인 질문

1. 선택을 할 때 관련된 모든 요소들을 주의 깊게 생각하나요? 아니면, 모든 측면을 고려하지 않고 빠르게 결정하나요? 어느 방법이 가장 좋다고 생각하나요?

2. 좀 더 빠르게 선택해야 할 것과 좀 더 신중하게 선택해야 할 것이 있다고 생각하나요? (예시를 공유합니다.)

3. 다음에 선택을 할 때, 이 수업에서 배운 것을 바탕으로 다르게 행동할 것이 있나요? 만약 그렇다면 무엇인가요?

후속 활동

아이들에게 종이 왼쪽 아래에 '선택'이라는 글자를 쓰도록 합니다. 각각의 글자 옆에 그 글자로 시작하는 것과 관련된 그림을 그리거나 단어를 쓰게 합니다.

그게 말이 되나요?

발달의 관점

후기 아동기의 아이들은 더욱 복잡한 사고 기술을 사용하는 능력에도 불구하고, 여전히 상황을 문자 그대로 해석할 수 있기 때문에 비합리적으로 생각하는 경향이 있습니다. 비합리적 사고는 아이들의 발달의 모든 측면에서 부정적인 영향을 미칩니다. 아이들이 합리적으로 생각하는 것을 배우도록 돕는 것은 인지 발달에 큰 도움이 됩니다.

12세

목표

▷ 합리적 신념과 비합리적 신념 구별하기
▷ 개인 상황에 합리적 신념을 적용하는 방법 배우기

준비물

▷ '그게 말이 되나요?–위험표시 포스터'(활동지 14)
▷ 4명으로 구성된 된 각 그룹에게 제공할 '그게 말이 되나요?–게임 카드'(활동지 15)가 담긴 봉투

진행 절차

1. '그게 말이 되나요?–위험표시 포스터'(활동지 14)를 보여 주면서 수업을 시작합니다. 각각의 용어를 설명하는 방법으로 다음의 예시들을 사용합니다.

   ▶ 누군가가 점심시간에 내 옆에 앉기를 거부합니다. 나는 이렇게 생각합니다. "아무도 나와 점심을 먹고 싶어 하지 않아." (**과잉일반화**)

   ▶ 형이 새로운 게임기를 빌려주려고 하지 않습니다. 나는 이렇게 생각합니다. "정말 나쁜 형이야. 형은 나한테 더 잘해야만 해." (**당위적 사고**)

   ▶ 시험을 보는 동안 선생님이 나를 지켜보는 것처럼 보입니다. 나는 이렇게 생각합니다. "선생님은 내가 이 시험에서 부정행위를 한다고 생각하고 있어."

(독심술)

▶ 누군가가 내 책상에서 점심값을 훔칩니다. 나는 이렇게 생각합니다. "누가 감히 나한테 그런 짓을 할 수가 있지? 그렇게 못되게 굴다니 날 정말 싫어하나 봐."**(개인화)**

▶ 부모님은 우리 가족이 다른 도시로 이사갈 것이라고 말합니다. 나는 이렇게 생각합니다. "만약 내가 다른 도시로 이사를 가야 한다면, 나는 그것을 견딜 수 없을 거야. 내 친구들을 떠나가기는 너무 힘들 것 같아. 나는 항상 너무 불행해서 아무것도 할 수 없을 거야." **(과장화/낮은 욕구좌절 인내심*)**

2. '합리적'과 '비합리적'이라는 용어를 정의하고 토론합니다. 합리적 신념은 보통 이치에 맞고 현실과 부합한다고 설명합니다. 합리적 신념은 대부분 감정을 상하게 하지 않습니다. 반면에, 비합리적 신념은 과잉일반화(어떤 것이 항상 어느 한쪽 방향이라고 생각함), 당위적 사고(상황이나 다른 사람들이 어떻게 행동해야 하는지에 대한 요구를 함), 그리고 독심술(상황에 대하여 가정을 함)을 포함합니다. 또한 비합리적 신념은 개인화(자신이 그 사건의 원인이라고 생각하거나 모든 것이 자신의 잘못이라고 생각함), 과장화(어떤 것을 지나치게 부풀림), 낮은 욕구좌절 인내심(무엇이 너무 힘들거나 불편해서 견딜 수 없다고 생각함)을 포함합니다. 아이들에게 위의 예시 각각을 비합리적으로 만드는 원인이 무엇인지 찾아보게 하고, 좀 더 합리적인 반응들, 예를 들어 "오늘 누군가가 내 옆에 앉아 있지 않다고 해서 영원히 그럴 것이라는 의미는 아니다."와 같이 생각하도록 요청합니다.

3. 아이들을 4명씩 한 그룹으로 나누고, 각 그룹에게 '그게 말이 되나요?-게임 카드'(활동지 15)를 한 세트씩 줍니다. 게임을 하는 데 다음의 규칙을 설명합니다.

   딜러는 카드를 섞고 4명의 플레이어에게 각각 8장의 카드를 나누어 줍니다. 플레이어는 돌아가면서 오른쪽 플레이어에게서 카드를 뽑습니다. 게임의 목적은 비합리적인 카드를 합리적인 카드와 짝을 맞추는 것입니다. 한 플레이어가 카드의 짝을 찾아서 맞췄다고 생각할 때 그 플레이어는 카드를 내려놓고 비합리적 카드가 왜 비합리적인지, 합리적인 카드는 무엇이 이치에 맞는지를 설명합니다. 또한 그 플레이어는 합리적인 신념이 적용될 수 있는 실제 상황을 설명해야 합니다(예를 들어, 합리적인 카드에 "나는 모든 것을 완벽하게 할 수는 없습니다."라고 적혀 있

* [역주] 낮은 욕구좌절 인내심: 욕구가 좌절되는 것을 견뎌 내는 능력이 낮은 것

다면, 플레이어가 "다음번에 내가 실수를 해서 화를 내기 전에 이것을 기억할 수 있을 것입니다."라고 하는 것입니다). 게임은 4명의 플레이어 중에 2명이 마칠 때까지 계속됩니다(즉, 모든 카드를 내려놓을 때까지).

4. 그룹이 게임을 할 수 있도록 시간을 충분히 준 다음, 내용 질문과 개인 질문에 대해 토론합니다.

토론

내용 질문

1. 합리적 생각과 비합리적 생각의 차이점은 무엇인가요?
2. 합리적 생각과 비합리적 생각 중 어느 것이 더 좋은가요? 자신의 답변에 근거를 제시하여 설명해 봅니다.
3. 비합리적으로 생각하는 것의 부정적인 결과가 있다고 생각하나요? (예시를 공유합니다.)
4. 합리적으로 생각하는 것에 부정적인 결과가 있다고 생각하나요?
5. 비합리적 생각과 관련된 감정은 무엇인가요? 합리적 생각과 관련된 감정은 무엇인가요?

개인 질문

1. 자신은 합리적으로 생각하나요, 아니면 비합리적으로 생각하나요?
2. 비합리적으로 생각함으로써 부정적인 결과를 경험한 적이 있나요? (공유하게 합니다.)
3. 어떻게 하면 비합리적인 생각을 멈출 수 있나요?

후속 활동

항상 비합리적인 생각을 하는 아동과 이것이 그의 삶에 미치는 영향에 대한 '비합리적인 이야기'를 써 보게 합니다. 그리고 이야기의 결말을 비합리적인 결말과 합리적인 결말 두 가지로 쓰게 합니다.

그게 말이 되나요?

과잉일반화

당위적 사고

독심술

개인화

과장화

낮은 욕구좌절 인내심

그게 말이 되나요?

지도자 유의사항: 카드를 각각 잘라서 봉투에 넣은 뒤, 4명으로 구성된 그룹에 한 세트씩 줍니다.

항상 나에게만 이런 일이 일어납니다.	이런 일이 가끔 일어난다고 해서 항상 일어나는 것은 아닙니다.
모든 것은 항상 불공평합니다.	때때로 어떤 것들은 불공평합니다. 하지만 그런 것이 인생입니다.
아무도 나를 좋아하지 않습니다.	몇몇 사람이 나를 좋아하지 않는다고 해서 아무도 나를 좋아하지 않는 것은 아닙니다.
이것은 일어날 수 있는 최악의 일입니다.	비록 이것이 나쁜 일이기는 하지만, 나에게 일어날 수 있는 최악의 일은 아닙니다.
나는 하고 싶은 일을 하나도 할 수 없습니다.	가끔은 하고 싶은 일을 하지 못할 때가 있습니다.
모두가 항상 나를 놀립니다.	어떤 아이들은 가끔 나를 놀립니다.
나는 항상 패배자입니다.	가끔은 잘 못하지만 그렇다고 해서 내가 패배자라는 뜻은 아닙니다.
내가 파티에 갈 수 없다면 죽을 것입니다.	파티에 갈 수 있으면 좋겠지만, 가지 못한다 해도 죽지는 않을 것입니다.
그 아이가 나를 다시 쳐다보았습니다. 나는 그 아이가 나를 싫어한다는 것을 압니다.	그 아이가 나를 쳐다보았다고 해서 나를 미워한다는 것은 아닙니다.

활동지 15

그게 말이 되나요?

내 친구들은 항상 내가 하고 싶은 놀이를 해야 합니다.	친구들이 내가 하고 싶은 놀이를 해 주면 좋겠지만, 꼭 그래야 한다는 법은 없습니다.
부모님은 내가 재미있어하는 것을 절대 하지 못하게 하십니다.	가끔 부모님은 내가 재미있는 것을 하도록 허락하십니다.
그 끔찍한 아이들과 함께 그룹에서 활동해야 한다면 참을 수 없을 것입니다.	나는 그 아이들을 좋아하지 않지만, 그들과 함께 활동하는 것을 참을 수 있습니다.
이런 학교 급식은 먹을 수가 없습니다. 한 번 더 먹어야 한다면 차리리 죽어 버릴 것입니다.	나는 학교 급식을 좋아하지 않지만, 그것을 먹는다고 해서 죽지는 않을 것입니다.
수학은 너무 어렵습니다. 나는 이런 문제들을 푸는 것을 도저히 견딜 수가 없습니다.	수학은 나한테 어렵지만 문제를 풀기 위해서 더 열심히 노력하면 됩니다.
부모님은 내가 하고 싶은 것을 하도록 항상 허락해 주셔야 합니다.	부모님이 내가 원하는 것을 하도록 항상 허락해 주시면 좋겠지만, 아마 그런 부모님은 없을 것입니다.
내가 그 팀에 뽑히지 않는다면, 나는 팀의 리더를 절대 용서하지 않을 것입니다.	내가 그 팀에 뽑히지 않는다면 서운하겠지만, 그래도 참고 지내야 한다고 생각합니다.

연쇄 반응

**인지
발달
3**

12세

발달의 관점

이 시기의 아이들은 보다 발달된 인지 능력을 가지고 있지만, 또한 점점 더 어려운 결정을 내릴 나이이기도 합니다. 아이들은 여전히 현재에 대해서만 생각하고 미래에 대해 충분하게 예측하지 않는 경향이 있기 때문에, 자신이 내리는 결정의 결과를 생각해 보는 연습을 하는 것이 필요합니다.

목표

▷ 결정에는 결과가 따른다는 것 배우기
▷ 결정의 긍정적인 결과와 부정적인 결과 알아보기

준비물

▷ 종이 사슬 3개(한 사슬당 6개의 고리)
▷ 3명으로 구성된 각 그룹에게 제공할 큰 종이 3장, 가위 3개, 연필 3자루, 풀

진행 절차

1. 종이 사슬을 들고 종이들이 어떻게 연결되어 있는지 가리킵니다. 한 가지 일이 다른 일을 일어나게 하는 '연쇄 반응'의 개념에 대해 토론합니다. 이것이 결정과 결과에도 마찬가지로 나타난다고 한 뒤, 그 관련성을 설명하기 위해 다음의 예를 사용합니다. 즉, 다음의 각 상황 예시를 읽으면서, 잡고 있는 종이 사슬의 고리를 하나씩 떨어뜨립니다.

   ▶ 상황 1: 당신은 숙제를 하지 않아서 학교에 가는 길에 친구에게 숙제를 베껴도 되는지 물었습니다. 친구는 그렇게 하도록 해 주었습니다. 며칠 후 선생님이 쪽지시험을 내셨는데, 당신은 친구의 숙제를 베껴서 자료를 읽지 않았기 때문에 시험 문제에 어떻게 답해야 할지 전혀 몰랐습니다. 결과적으로 당신은 그 시험에 낙제되어, 부모님은 방과 후 매일 밤 한 시간씩 공부를 하도록

했습니다.

▶ 상황 2: 당신은 이 학교에 처음 왔을 때 얼마나 외로웠는지 기억합니다. 그래서 새로운 아이가 반에 전학 왔을 때, 당신은 그 아이를 점심시간에 같이 앉게 하고 쉬는 시간에도 함께 놀도록 했습니다. 그 주 후반에는 몇 명의 친구들과 그 아이까지 불러서 다 같이 숲으로 하이킹을 가자고 초대했습니다. 모두들 정말 즐거운 시간을 보냈습니다. 당신은 학교에서 계속 그 아이와 함께 했고, 스카우트단에도 합류하도록 권했습니다. 어느 날 그 아이가 당신에게 자신의 부모님과 함께 몇 시간 거리에 있는 큰 놀이동산에 가자고 했습니다. 당신은 이들과 수영장이 있는 근사한 숙소에서 머물렀고, 유명한 박물관에도 다녀왔습니다. 이렇게 멋진 여행을 같이 가자고 했다는 게 믿어지지 않았는데, 그 아이는 자신에게 너무 잘해 줬기 때문에 당신을 초대했다고 했습니다.

▶ 상황 3: 당신은 집에 아무도 없을 때 친구들을 초대하여, 형의 비싼 스피커로 음악을 들려주기로 했습니다. 한 친구가 자신이 이 제품에 대해 잘 알고 있다면서 스피커의 전선이 제대로 연결되지 않았다고 말했습니다. 당신이 전화를 받으러 간 사이에 그 친구가 전선을 바꿨습니다. 후에 볼륨을 높이자, 스피커가 터져 버렸습니다. 당신은 형에게 아무 말도 하지 않기로 했고, 자신과 친구들이 형의 방에 있었다는 사실을 알지 않기를 바랐습니다. 하지만 나중에 형이 스피커를 켜자마자, 즉시 당신을 비난하며 새것을 사야 한다고 했습니다. 친구가 그랬다고 말했지만, 부모님과 형은 당신이 스피커를 새로 살 정도로 충분한 돈을 벌 때까지 매주 토요일에 일을 하도록 했습니다.

2. 결정은 이와 같이 긍정적인 결과와 부정적인 결과 모두 가져올 수 있다는 사실을 강조하면서, 이러한 사례를 토론합니다. 아이들에게 최근에 내린 결정의 긍정적인 결과와 부정적인 결과에 대한 개인적인 예들을 공유하도록 합니다.

3. 아이들을 3명씩 한 그룹으로 나눕니다. 그룹마다 큰 종이 3장, 가위 3개, 연필 3개, 풀을 줍니다. 그런 뒤 각 그룹에게 종이 사슬을 만들기 위해 최소한 12개의 종이 조각을 자르도록 지시합니다. 종이를 길쭉하게 자른 후 아이들에게 최소 세 가지의 결정(한 명당 하나씩)을 떠올려서 종이에 각각 적도록 합니다. 그런 뒤 종이의 한쪽 구석에 별표(*)를 표시합니다. 그런 다음, 각 아이들은 결정을 내리고 긍정적인 결과와 부정적인 결과를 모두 파악한 후 그것들을 여분의 종이 조각에 적습니다. 아이들이 자신의 그룹의 다른 사람들과 결정에 대해 토론하도록 합니다.

4. 이 활동이 끝나면, 그룹은 첫 번째 결정과 결과(순서대로)부터 차례로 종이 조각을 연결하여 종이 사슬을 만듭니다. 아이들은 다른 결정과 결과에 대해서도 동일한 작업을 수행하여 결국 하나의 긴 결정 사슬을 만들게 됩니다(별표는 각각의 새로운 결정을 나타냄).

5. 각 그룹이 결정과 결과에 대한 예시를 공유하도록 시간을 준 뒤, 내용 질문과 개인 질문에 대해 논의합니다.

토론

내용 질문

1. 결정과 결과는 어떻게 연결되나요?

2. 결과를 예측하는 것은 가능한가요? 만약 그렇다면, 어떻게 해야 하나요?

3. 결과에 대해 생각할 때, 보통 부정적인 것과 긍정적인 것을 생각하나요? 둘 다 고려하는 것이 중요하다고 생각하나요?

4. 대부분의 또래 아이들이 결정의 결과들을 고려한다고 생각하나요? 그렇지 않다면, 이것이 좋다고 생각하나요? 아니면 나쁘다고 생각하나요?

개인 질문

1. 보통 결정을 내리기 전에 결과에 대해 생각하나요? 만약 그렇다면, 이것이 결정에 어떤 영향을 미친다고 생각하나요? 그렇지 않다면, 이것이 결정에 어떤 영향을 미친다고 생각하나요?

2. 이 수업에서 미래의 결정에 영향을 미칠 수 있는 것을 배웠나요?

후속 활동

아이들에게 부모님이나 형제들에게 다음의 질문을 하도록 합니다.

▶ 결정을 내리기 전에 결과를 고려하는 것이 중요하다고 생각하나요? 만약 그렇다면, 왜 그런가요? 그렇지 않다면, 왜 그렇지 않은가요?

▶ 결과를 예상하지 않고 내린 결정이 있었나요? 어떤 일이 일어났나요?

▶ 결과를 생각하면 삶이 더 나아질 것 같나요? 예를 들어 주세요.

인터뷰의 내용을 작성하고 결과를 다른 사람들과 공유하도록 제안합니다. 선택적인 활동은 아이들이 텔레비전 프로그램에서 결과/연쇄 반응의 사례들을 찾고 그룹과 사례를 토론하게 하는 것입니다.

의심스러운 결정

인지 발달 4

 발달의 관점

아동기가 끝나갈 무렵에 아이들은 도덕적 판단을 수반하고 더 심각한 결과를 초래하는 결정에 직면하기 시작합니다. 이 나이에 더 강해지기 시작하는 또래로부터의 압력은 아이들의 결정에 영향을 미칠 수 있습니다. 아이들이 직면할 수 있는 몇몇 문제들에 대해 아는 것은 보다 나은 결정을 내릴 수 있도록 도와줍니다.

 목표

▷ 미래의 결정에 영향을 미칠 수 있는 어려운 문제에 대해 자세히 알아보기

 준비물

▷ 칠판

▷ 5명으로 구성된 각 그룹에게 제공할 종이와 연필

▷ 술, 마약, 담배, 절도에 관한 자료

지도자 유의사항: 자료는 신문, 잡지, 지역 약물남용기관에서 구할 수 있습니다.

 진행 절차

1. 아이들을 5명씩 한 그룹으로 나눕니다. 각 그룹에게, 중학교에 입학할 때 결정해야 한다고 생각하는 문제 5개를 브레인스토밍하여 나열하도록 합니다. 몇 분 동안 토론한 다음 아이디어를 공유하고 이를 칠판에 적습니다.

2. 모든 아이들과 합의를 통해 장기적·단기적으로 가장 부정적인 결과를 초래할 수 있는 문제를 몇 가지 고릅니다. 이렇게 고른 문제를 하나씩 각 그룹에게 정해 주고, 아이들은 각각의 분야에서 잘못된 선택을 내렸을 때 초래될 수 있는 부정적인 결과에 대해 브레인스토밍을 합니다.

3. 다음으로, 각 그룹에 '술, 마약, 담배, 절도' 문제 중 하나를 지정하여 좀 더 자세히 조사하도록 합니다. 그리고 다음 지침에 따라 15분간 주제에 대한 발표를 하

도록 지시합니다.

▶ 그룹의 모든 구성원들은 수업에서 적극적인 역할을 해야 합니다.

▶ 제시된 정보는 일반 상식을 넘어서는 구체적인 사실을 포함해야 합니다.

▶ 각 수업은 도표(차트, 그래프, 디스플레이 또는 포스터)를 최소한 하나씩 사용해야 합니다.

▶ 각 발표 내용에는 제시된 정보를 요약하고 강화하기 위해 주제와 관련된 짧은 창작 활동이 포함되어야 합니다(예: 일반 상식 퀴즈, 낱말 맞추기 게임, 붙박이 스티커 만들기 대회).

4. 그룹 전체에 발표를 준비하기 위한 며칠의 시간을 줍니다. 발표가 끝난 후 내용 질문과 개인 질문에 대해 토론하고 활동을 진행합니다.

🧑‍🏫 토론

내용 질문

1. 발표 내용에서 무엇을 배웠나요? (각 주제와 관련된 구체적인 사실들을 공유하도록 격려합니다.)

2. 이러한 문제와 관련된 부정적인 결과에 대해 알게 되었나요?

3. 아이들이 자신에게 잠재적으로 위험할 수 있는 것들을 선택하는 이유는 무엇이라고 생각하나요?

개인 질문

1. 이러한 문제들에 대해 더 많이 아는 것이 미래에 좋은 결정을 내릴 수 있는 능력에 영향을 미칠 것이라고 생각하나요?

2. 이 문제들 중 어떤 것에 대해 나쁜 결정을 내린 사람을 알고 있나요? 만약 그렇다면, 결과는 어떻게 되었나요?

3. 이러한 결정이나 다른 어려운 결정들에 대해 좋은 결정을 내리기 위해 무엇을 기억해야 한다고 생각하나요?

🧑‍🏫 후속 활동

나이가 더 많은 아이들을 수업에 초대하여 그들이 해야 했던 어려운 선택에 대해 이야기하고, 그들의 경험을 바탕으로 조언을 하게 합니다.

Note

Note

Note

Note

Note

Note

저자 소개

앤 버논(Ann Vernon) 박사는 미국 노던아이오와대학교의 명예교수이며, 오랫동안 학교 및 정신건강 프로그램의 상담 코디네이터로 재직하였다. 그녀는 수많은 저서와 논문을 집필하였으며, 주로 아동·청소년 상담, 발달 상담, 아동·청소년에 대한 REBT의 적용을 다루는 30권 이상의 책을 저술하였다. 이 외에도 미국, 캐나다를 비롯한 여러 나라에서 REBT 워크숍을 수행하였다.

역자 소개

박경애(Park, Kyungae)
한국상담심리학회, 한국상담학회 수련감독자이며, 현재 광운대학교 교육대학원 상담심리, 심리치료교육 전공 주임교수 및 동 대학교 일반대학원 교육학과 상담교육 학과장으로 재직 중이다. 미국 미주리 대학교(University of Missouri-Columbia)에서 교육 및 상담심리학으로 박사학위를 받았으며, 1995년 엘리스연구소에서 Ellis Scholar로 선정되는 영예를 얻었다. 1997년 REBT 지도감독 자격증(Supervisory Certificate)을 취득하였고, 영국 킹스 칼리지 런던(King's College of London)의 정신의학·심리학·신경과학연구소(Institute of Psychiatry, Psychology, and Neuroscience)에서 교환교수를 역임하였다. 국내에서는 광운대학교 교육대학원장과 학교상담학회장을 역임하였고, 2019년에는 한국REBT인지행동치료학회를 창설하여 회장으로 취임하였으며, 한국REBT인지행동치료 상담센터(www.rebt.kr)에서 슈퍼바이저로 활동하며 REBT 전문가를 양성하고 있다. 2022년 광운대 참빛교육상, 2010년에는 국무총리상을 수상하였다.
대표 저·역서로는 『인지정서행동치료』(2022), 『상담사례 슈퍼비전』(공저, 2022), 『인지정서행동치료(REBT)와 집단상담』(2020), 『REBT 클로버 보드게임: 집단상담 및 정서교육 프로그램』(2020), 『인지정서행동치료(REBT) 단회기 상담사례』(2018), 『아동 및 청소년을 위한 인지행동치료』(2013), 『아동 및 청소년을 위한 인지행동치료 상담사례』(2013), 『인지정서행동치료(REBT)』(1997), 『REBT를 활용한 정서교육 프로그램 초등학생용/중·고등학생용』(역, 2018), 『인지치료기법』(역, 2019), 『왜 나는 계속 남과 비교하는 걸까』(역, 2015), 『결혼의 신화』(역, 2012), 『우울과 불안장애의 치료계획과 개입방법』(역, 2008), 『우울증 스스로 극복하기』(역, 2005) 등이 있다.

김미경(Kim, Mikyung)
서울교육대학교 대학원(상담교육전공) 석사
광운대학교 대학원 교육학(상담교육전공) 박사
현 한국REBT인지행동치료상담센터 수석상담원

조화준(Cho, Hwajun)
광운대학교 대학원 교육학(심리치료교육전공) 석사
광운대학교 대학원 교육학(상담교육전공) 박사 수료
현 한국REBT인지행동치료상담센터 상담원

정다운(Jung, Dawoon)
캐나다 브리티시컬럼비아대학교(심리학전공) 학사
현 광운대학교 대학원 교육학(심리치료교육전공) 석사 재학

REBT 기반 인성교육 프로그램 ❶
-창의적 사고와 포용을 중심으로

The Passport Program
-A Journey through Emotional, Social, Cognitive, and
Self-Development

(초등학생용 · 8~12세 권장)

2023년 1월 25일 1판 1쇄 인쇄
2023년 2월 5일 1판 1쇄 발행

지은이 • Ann Vernon
옮긴이 • 박경애 · 김미경 · 조화준 · 정다운
펴낸이 • 김진환
펴낸곳 • ㈜**학지사**

04031 서울특별시 마포구 양화로 15길 20 마인드월드빌딩
대표전화 • 02-330-5114   팩스 • 02-324-2345
등록번호 • 제313-2006-000265호

홈페이지 • http://www.hakjisa.co.kr
페이스북 • https://www.facebook.com/hakjisabook

ISBN 978-89-997-2829-7 93180

정가 20,000원

출판미디어기업 **학지사**

간호보건의학출판 **학지사메디컬** www.hakjisamd.co.kr
심리검사연구소 **인싸이트** www.inpsyt.co.kr
학술논문서비스 **뉴논문** www.newnonmun.com
교육연수원 **카운피아** www.counpia.com